Führen und Leiten

in dynamischer Balance

- Stimmiges Führen und Leiten von sozialen Organisationen im Bildungs- und Erziehungsbereich -

Klaus de Jong

Autor: Klaus de Jong

Coverdesign: lehrer-online, Bild: Klaus de Jong

ISBN: 9789463429764

Vorwort

Führungspersonen gerade in sozialen Organisationen, seien dies Horte, Kindergärten und Schulen fühlen sich in erster Linie den ihrer Organisation anvertrauten Kindern und Jugendlichen verpflichtet (Anm.: Das ist auch so von den Auftraggebern so gesetzt): Sie fühlen sich zum einen noch als Inhaltsvermittelnde und zum anderen als erziehend Verantwortliche. Aus dieser Blickrichtung gestalten sie oft auch die Art und Weise des Umgangs mit den in der Organisation Mitarbeitenden. Nun haben Sie aus persönlich gutem Grund eine Leitungsaufgabe in ihrem ´System´ übernommen und wollen / müssen diese Funktion und zugleich Rolle bestmöglich ausgestalten bzw. ausfüllen; d.h. Sie wollen sowohl für die Zielgruppe (Kinder, Jugendliche) als auch für ´Ihre´ in `Ihrer´ Organisation Mitarbeitenden möglichst stimmig agieren. Hierbei stellen bzw. stellten Sie wahrscheinlich schon recht bald fest, dass Sie Entscheidungen, oft unaufschiebbare, treffen müssen bei flacher, unvollständiger bzw. unsicherer Informationslage. Sie haben z.B. das Gefühl, die in ´Ihrer´ Organisation Handelnden ´nicht im Griff´ zu haben; jedoch die Verantwortung für alles, was in ´Ihrer´ Organisation abläuft zu haben. Auch hier will die vorliegende Schrift Anregungen geben, die so wichtige innere Balance zwischen Führen bzw. Leiten zu halten und einem verantwortungsbewussten ´Gewährenlassen´ gerade deshalb stimmig, konstruktiv und verantwortlich zu handeln.

Die vorliegende Schrift baut auf den langjährigen Erfahrungen des Autors in einer Leitungsfunktion einer sozialen Organisation, einer Schule, auf. Zugleich fließen mehrjährige Erfahrungen als Erwachsenenbildner aus Fortbildungs- wie Führungsseminaren ein. Ziel ist es, der Leserin / dem Leser grundlegende Ansätze für das Leiten in einer sozialen Organisation aufzuzeigen und zugleich Anregungen für perspektivische Handlungs- und Gestaltungsmöglichkeiten in der je eigenen Organisation zu geben. Hiermit wird intendiert, dass die Leserin / der Leser zum einen breitere Einblicke in die vielfältigen Herausforderungen von ´Führen und Leiten´ erhält und zum anderen sich selbst mit dem Feld des Leitungshandelns besser in einer förderlichen Balance halten kann.

In den einzelnen Kapitel wird je ein Themenfeld entfaltet. Grafiken verdeutlichen wesentliche Elemente einer Thematik. Jeweilige Anlagen geben spezifische Anregungen und Hilfen. Die Kapitel sind in sich abgeschlossen und können daher auch gezielt einzeln gelesen werden.

In den Formulierungen des Textes ist aus Gründen der besseren Lesbarkeit ggf. jeweils die weibliche Form mit zu denken.

1 Führen und Leiten – Instrumente, Ansätze

1.1 Management und Leadership – zwei Seiten einer Medaille

„Wer Verantwortung für andere hat, kann sie auf verschiedene Weise wahrnehmen. Er kann andere klein machen, damit er an seine eigene Größe glauben kann. Er kann abhängige Menschen um sich sammeln, deren einzige Aufgabe ist, den Chef bzw. die Chefin zu bewundern. Doch ... von Bewunderungszwergen wird nichts Kreatives ausgehen."

Anselm Grün

Einleitende Gedanken

Wer eine Führungsfunktion übernehmen will bzw. übernimmt, sollte sich grundlegend mit den geforderten Aufgaben und jeweiligen Herausforderungen intensiver im Vorfeld z.B. durch fach- und sachbezogene Fortbildungen und Gesprächen mit in jeweiligen Führungsfunktionen Tätigen beschäftigt bzw. auseinandergesetzt haben. Sehr hilfreich sind auch gewonnene Erfahrungen und Einblicke durch ein möglichst breites Mitwirken in Führungs- und Leitungsfeldern im bisherigen Berufsbereich. So werden die An- und Herausforderungen der angestrebten Führungsaufgabe und die Setzungen bzw. grundlegend wirkende Elemente der Gesamtorganisation bzw. des Gesamtsystems in wichtigen Teilen klarer. Auch sollten möglichst umfassende Informationen über das jeweilige Teilsystem, die bestimmte Organisation z.B. eine Schule, in der die Führungsstelle angesiedelt ist, eingeholt werden. Der besonders wichtige und zugleich persönlich anspruchsvollste Part ist ein in den Blick nehmen der eigenen Person z.B. mit einer realistischen Stärken- und Schwächenanalyse, dem auch kritischen Reflektieren eigener Haltungen, Vorstellungen und Intentionen sowie dem Abwägen hinsichtlich erforderlichem Arbeits- und Zeiteinsatz, gesundheitlichen Aspekten und der eigenen Lebensplanung.

Ist dies alles bedacht und die Entscheidung, sich um eine Funktionsstelle zu bewerben getroffen, so wollen die folgenden Ausführungen vertiefende Gesichtspunkte zur Reflexion, Elemente eigener Entwicklungsbereiche in Führungs- und Leitungsfeldern und Anregungen je eigenen Lernens und Handelns aufzeigen.

1.1.1 Management versus Leadership

„Die wahre Herausforderung zwischen Mitarbeiterführung und Management liegt in der idealen Kombination beider Elemente“ (Kotter 1990, S. 26).

Mitarbeiterführung wird in der Literatur von Management unterschieden. Eine klare, trennscharfe Differenzierung oder detaillierte Abgrenzung findet sich zwischen Leadership und Management jedoch nicht. Aufgrund vielfältiger Überschneidungen scheint dies generell sehr schwierig oder auch nicht zwingend und abschließend nötig zu sein.

Nach Fraude beschäftigt sich Führung mit Handeln in Beziehung und Veränderung sowie Management mit Handeln bei Komplexität (Ordnung und Konsistenz). Plakativ gesagt richtet sich der Blick von Management auf: „Die Dinge richtig tun!“, der Blick von Leadership richtet den Blick auf: „Die richtigen Dinge tun!“.

1.1.2 Management

Management ist nach F. Malik (2006) vor allem am Lösen und Bearbeiten von Aufgaben orientiert. Hierfür hat er Lernfelder identifiziert, deren Kenntnis und Anwendung zu besserem Managmenthandeln führen. In diesen Lern- und Handlungsfeldern geht es u.a. um:

- Planen und Budgetieren,
- Agemda setzen,
- Zeitvorgaben machen,
- Ressourcen alloziieren,
- Organisation,
- Strukturgebung,

- Arbeitszuweisungen,
- Regeln aufstellen und Prozesse initiieren,
- Controlling und Problemlösung,
- Anreize setzen,
- kreativ passende Lösungen anstreben,
- korrektive Maßnahmen ergreifen.

Als wichtigste Aufgabenfelder benennt Malik:

Es gilt zwischen Sachaufgaben und Managementaufgaben zu unterscheiden. Hier geht es nur um die Aufgaben, durch die die Wirksamkeit von Management maßgeblich bestimmt wird. Ohne die handwerklich professionelle Erfüllung dieser Schlüsselaufgaben wird es keiner Organisation möglich sein, Ergebnisse zu erzielen.

1) Für Ziele sorgen

Das Grundprinzip des „Führens mit Zielen“ (Management by Objectivs) ist im Grundsatz unbestritten. Malik versteht darunter das Führen mit persönlichen Jahreszielen. Für die Vereinbarung von Zielen sagt er, dass „der mündliche Weg wirksamer und motivierender ist, der schriftliche dagegen präziser, rekonstruierbar und weniger anfällig für willkürliche Interpretationen.“

Einige Thesen zum Führen mit Zielen:

- wenige Ziele und nicht viele;
- wenige Ziele aber dafür große;
- die Aufgabe, der Job, das Ziel soll den Menschen führen, nicht der Chef;
- das Ziel soll die Quelle von Autorität, Direktion und Kontrolle sein, nicht ein Vorgesetzter.

Entscheidend ist es, Ziele zu quantifizieren, d.h.: es darf kein Ziel ohne Termin geben.

Die ewige Frage lautet: Soll man Ziele vorgeben oder vereinbaren? Für den Manager ist diese Frage falsch gestellt. Er hat dafür zu sorgen, dass Ziele da sind – das ist seine Aufgabe. Partizipation darf kein Selbstzweck sein. Zu wenig Partizipation führt in der Regel zu einem Mangel an Verantwortung und Motivation, zu viel Partizipation dagegen führt häufig zu einem Mangel an Leistung. Man kann eben alles auch endlos diskutieren und zerreden.

2) Organisieren

„Effektive Menschen warten nicht darauf, bis sie organisiert werden, sie tun es selbst für sich und ihre unmittelbare persönliche Aufgabe sowie für ihre Verantwortungsbereiche." Malik warnt vor der beliebten Krankheit „Organisitis". Ständige Reorganisationen und Umstrukturierungen führen zu Irritationen, Frustrationen und Reibungsverlusten. Es gibt keine guten oder schlechten Organisationen, sondern nur die Wahl zwischen mehr oder weniger schlechten. Alle Organisationen erfordern Kompromisse. Man sollte auf eine geringst mögliche Zahl von Ebenen und kürzest mögliche Wege achten.

3) Entscheiden

„Es ist eine Illusion zu glauben, wer viele und schnelle Entscheidungen trifft, sei eine gute Führungskraft. Wirklich gute effektive Manager treffen wenige Entscheidungen, aber diese treffen sie mit Bedacht und wohl überlegt. Sie wissen, dass Entscheidungen mit Risiken verbunden sind und dass sie Folgen haben, und zwar nicht nur die erwünschten Folgen, sondern immer auch unerwünschte. Und sie wissen vor allem, dass die Korrektur von Entscheidungsfehlern viel mehr Energie, Arbeit und Zeit kostet, als sie für eine arbeitsintensive Entscheidung selbst nötig gewesen wäre." Das Abwägen von Tempo und Gründlichkeit ist eines jener Managementprobleme, für die es keine Formel gibt. Dazu sind Urteilskraft (die man schärfen kann), Erfahrung (deren Erwerb Zeit braucht) und sehr viel Sachkenntnis nötig (die man nicht durch flotte Sprüche ersetzen kann).

Wirksame Manager gehen von der Prämisse aus: „Es gibt immer noch mehr Alternativen, als wir sie bisher kennen."

„Kardinalsfehler bei Entscheidungen ist es, diese zu treffen, zu protokollieren und zu verkünden und nicht gleichzeitig für ihre Umsetzung und ihre Kontrolle zu sorgen. Für die Führung einer Organisation ist nicht Konsens wichtig, sondern Dissens."

Entschlüsse werden durch den termingebundenen Vollzug von Maßnahmen durch Personen realisiert.

4) Kontrollieren

„Nicht die Frage, ob man kontrollieren soll oder nicht, ist zu stellen, sondern „Wie?" Das beste wäre wahrscheinlich, sie in Form von Selbstkontrolle auszuüben. Das Vertrauen in die Leistungsfähigkeit, in die Leistungsbereitschaft muss die Grundlage sein.

Es gelten folgende „Prinzipien:

- das nötige Minimum und nicht das mögliche Maximum;
- Stichproben statt Vollerhebung;
- jeder Mitarbeiter muss über entstehende Probleme so rasch wie möglich berichten und nicht, wenn diese nicht mehr beherrschbar sind."

5) Menschen entwickeln und fördern

Erster Grundsatz muss sein: „Menschen entwickeln sich mit und an ihren Aufgaben. Entwicklung muss stärkenorientiert sein. Die meisten Menschen können viel mehr leisten als sie selbst für möglich halten. Daher sollte man ihnen die Möglichkeit geben, diese Erfahrung auch zu machen." Weitere Elemente können sein: Job-Rotation und Job-Design.

Interessant bei Malik ist, dass er neben den Aufgaben von Management auch einsetzbare Werkzeuge für eine gelingende Aufgabenbewältigung nennt.

1.1.2.1 Werkzeuge wirksamer Führung

Vorbemerkungen:

Um Werkzeug zu beherrschen, muss man in erster Linie üben. Unermüdliches, fortgesetztes, nie endendes Üben und Trainieren ist der Weg zur Beherrschung von Tools. Es gibt keinen anderen Weg. Das Wesentliche aber ist nicht die Begabung, sondern das was man daraus macht.

1) Die Sitzung

Die Verbesserung der Sitzungseffektivität beginnt mit der Streichung von Sitzungen. Die eigentliche Arbeit wird in der Regel nicht in der Sitzung geleistet, sondern davor und danach. Die Wirksamkeit einer Sitzung steht und fällt mit ihrer Vorbereitung. Und das heißt praktisch: mit der Erstellung der Tagesordnung und mit der Realisierung der Beschlüsse nach der Sitzung.

Sitzungsleitung ist harte Arbeit und erfordert vor allem Disziplin. In einer Sitzung wird man als deren Leiter / Leiterin für alle persönlich sichtbar und spürbar. Die Teilnehmer merken instinktiv, ob die Sitzungsleitung die Dinge im Griff hat oder nicht. Hier ist also eine jener Gelegenheiten, sich Respekt zu verschaffen - oder ihn zu verlieren -, und zwar durch Führungsleistung und nicht aufgrund eines Amtes und der Stellung die man innerhalb der Organisation innehat.

2) Der Bericht

In der Sitzung dominiert das gesprochene Wort. Bei dem Thema „Bericht“ geht es um alles was Schriftform hat. Man muss sich das geschriebene Wort zum Werkzeug machen. Denken Sie daran, dass Schriftstücke, die die Organisation verlassen, immer empfängerorientiert sein müssen. Beispiel sind Schreiben an Kooperationspartner ein Elternbrief einer Förderschule mit 60 % Migrantenanteil oder ein Projektbericht an das Ministerium. Schriftliche Kommunikation ist - richtig eingesetzt - eine außerordentlich effiziente und effektive Art der Kommunikation. Nützen Sie die darin liegenden Möglichkeiten.

3) Job Design und Assignment Control

Die richtige Gestaltung der Aufgaben und Stellen der Mitarbeiter sind Voraussetzung, dass Ziele wirksam werden können. Die Stellengestaltung (Job Design) und eng damit verbunden die Steuerung des Einsatzes von Menschen (Assignment Control) müssen genau bedacht werden.

Einige typische Fehler bei der Stellengestaltung:

- der zu kleine Job
- der zu große Job
- der Multi-Personen-Job
- Jobs mit ein bisschen von allem
- der Killer-Job.

4) Persönliche Arbeitsmethodik

Die persönliche Arbeitsmethodik ist für Führungskräfte von außerordentlicher Bedeutung. Kaum etwas anderes beeinflusst ihre Wirksamkeit so direkt und so umfassend. Von ihr hängen Erfolg und Misserfolg ab.

Die Wirkung einer methodischen, effizienten Arbeitsweise reicht weit ins Privatleben hinein. Die Begleiterscheinung intensiver Arbeit und beruflichen Leistungsdrucks wie Stress, Hetze und Hektik, gesundheitliche Schäden und familiäre Irritationen lassen sich überaus häufig auf Mängel in der Arbeitsweise zurückführen. „An viel und harter Arbeit erkrankt man nicht so leicht. Davon wird man nur müde. Man erkrankt an ineffizienter, sinnloser und ergebnisloser Arbeit.“

5) Budget und Budgetierung

Auch das Budget und die Entscheidungen, die beim Einsatz des Budgets getroffen werden, sind entscheidende und wirksame Führungsinstrumente in einer Organisation.

Im Bildungs- und Erziehungsbereich können wir damit nur teilweise operieren, weil wir je nach Träger nur über das Budget für die sächlichen Aufgaben der Einrichtung verfügen und beispielsweise beim Personalbudget nur geringe Einflussmöglichkeiten zu haben scheinen.

Bei genauer Betrachtung gibt es aber auch in diesen Bereichen jetzt schon genügend positive Einflussmöglichkeiten, die man als Leitung nutzen sollte. Für die Zukunft können wir uns darauf einstellen, dass dieses Werkzeug im Rahmen der Weiterentwicklung der Budgetierung zu einem noch wichtigeren Werkzeug wird.

6) Leistungsbeurteilung

Zu diesem Werkzeug haben viele Manager / Führungspersonen ein zwiespältiges bzw. gestörtes Verhältnis. Sie unterziehen sich dem periodisch wiederkehrenden Ritual der Einordnung der Leistung nach Beobachtungen (z.B. Besuchen im Arbeitsfeld), einer Langzeitbeurteilung (u.a. dem Dienstbericht z.B. unter Einbezug von über die Zeit gemachten Notizen), der Anlassbeurteilung (z.B. im Bewerbungsverfahren für eine Funktionsstelle) und anderer Beurteilungsformen, weil es eben von ihnen verlangt wird.

Führungspersonen stehen oft nicht dahinter und deshalb erledigen sie diese lästige Pflicht mit einem Minimum an Zeit- und Denkaufwand. Meistens betrifft die Ablehnung aber nicht die Sache an sich, sondern die geforderten Leistungsbeurteilungssysteme wegen ihrer unsäglichen bürokratischen Begleiterscheinungen.

7) Systematische Müllabfuhr

„Organismen haben Systeme, die sie von Abfallstoffen befreien. Ohne systematische und kontinuierliche Entgiftung ist kein Überleben möglich. Auch in jeder Institution muss ein Prozess des Ausmerzens von Altem, Überkommenem und Überflüssigem installiert werden.

Auch Institutionen sind ´Gewohnheitstiere´. Alles wird mitgeschleppt. Die regelmäßige Frage muss lauten: *„Was von all dem was wir heute tun, würden wir nicht mehr neu beginnen, wenn wir es nicht schon täten?“*

Systematische Müllabfuhr ist der Schlüssel zu mindestens 3 weit reichenden Konsequenzen:

- zu wirksamem Lean – Management;

- zu effektivem Management of Change bzw. zu wirksamer Innovation;

- zur Definition des fundamentalen Organisationszwecks.“ (nach Malik, 2014).

1.1.3 Leadership

Die (Mitarbeiter-)Führung stellt ein enorm komplexes Themen- und Forschungsgebiet dar und ist insbesondere in der Psychologie verortet. Führung im Sinne von Leadership umfasst:

- Richtung festlegen
- Vision kreieren und etablieren
- Gesamtzusammenhänge erläutern
- Strategien erarbeiten
- Personen aufeinander ausrichten
- Kommunikationsziele
- Generierung von Selbstverpflichtung
- Teams und Koalitionen fördern und bilden
- Motivation und Inspiration
- inspirieren und Energie auslösen
- Empowering von Mitarbeitern
- unbefriedigte Bedürfnisse befriedigen.

Sohm benannte 2007 folgende Merkmale der Personal- oder Mitarbeiterführung:

-„Führung ist ein Prozess und impliziert in der Folge, dass diese keine absolut starren Eigenschaften besitzt, sondern sich durch eine hohe dynamische Komponente auszeichnet.

- Führung beinhaltet die Einflussnahme von Menschen (Führungskräfte) auf andere Menschen (geführte Mitarbeiter), die sich in der Form einer interpersonellen Beziehung zwischen einer Führungskraft und entsprechenden Geführten darstellt.

- Führung findet immer in einem Gruppenkontext statt und zeichnet sich somit durch eine starke und ausgeprägte soziale Komponente aus, die von menschlichen Gefühlen und Emotionen geprägt ist.

- Führung definiert sich immer aus dem Anspruch, ein Ziel gemeinsam zu erreichen. Nur dieses gemeinsame Ziel rechtfertigt die Existenz bzw. Anwendung von Führung überhaupt. Ohne dieses gemeinsame Ziel ist die Führung per se obsolet."

Als Führungskraft sind Sie verantwortlich, dass das Thema „Führung" in ihrer Organisation Thema ist und dass daraus auch organisatorische Entscheidungen getroffen bzw. Konsequenzen gezogen werden. Insbesondere bedeutet dies, dass eine Führungskonzeption entwickelt wird. Diese umfasst für den Leitungsbereich:

• Das Formulieren eines gemeinsamen Führungsverständnisses;

• für alle die Führung und Führungsstile transparent machen;

• situations- und zeitgemäße Führung praktizieren;

• Führungshandeln muss dosiert, strategisch konsequent und situativ passend erfolgen.

Lungershausen (2012) hat in einer Zusammenschau wichtige Elemente von Leadershipansätzen ausgewählt und übersichtlich vorgestellt. Er nennt dies „Leadership-Sixpack". In seinem Modell zeigen sich etliche gemeinsame Begriffe zum Managementansatz von Malik. Jedoch ist der Blick auf Führung ein anderer.

Verschiedenste Forschungsergebnisse zeigen, dass die Persönlichkeit des/der Führenden, ihre Haltungen, Vorstellungen, ihre Art der Kommunikation und Beziehungsgestaltung sowie ihr konkretes, situatives und strategisches Handeln wesentlichen Einfluss auf das Miteinander in einer Organisation haben. Die Zusammenschau von Lungershausen umfasst folgende Bereiche:

1) Führen mit Leitbild und Zielen

Ein Kompass für die Führung sind Wertorientierung und Sinnstiftung. Eine gemeinsame Besinnung, was wichtig und erstrebenswert ist, welche Visionen das Handeln in der Organisation prägen, welches Verhalten gefördert bzw. nicht toleriert werden soll, ist gerade für eine Nonprofitorganisation, z.B. eine Schule, unerlässlich. Der Leitungsebene kommt dabei die Aufgabe zu, diese Diskussion in Gang zu setzen, immer wieder Impulse zu geben und zu einem pädagogischen

Leitbild zu führen. Ebenso muss sie für Ziele sorgen, die zu gemeinsamen Zielen im Diskurs heruntergebrochen, dann vereinbart, verständlich formuliert festgehalten und den Partnern der Organisation übermittelt werden.

Gut formulierte Ziele fordern zur Zielerfüllung heraus und haben aus sich heraus ein gewisses Führungs- und Motivationspotenzial, das es zu nutzen gilt. Darüber hinaus sind die Ziele eines Organisationprogramms bindend für das Führungshandeln, aber auch das Handeln aller übrigen in der Organisation Tätigen muss an diesen Zielen gemessen werden.

2) Führen mit Empathie und Wertschätzung

Empathie und Wertschätzung sind „weiche Faktoren“, die durch persönliche Einstellung und individuelles Handeln deutlich werden. Das einfühlsame und wertschätzende Verstehen ist eine wichtige Voraussetzung dafür, dass Führung auch in real oder subjektiv belastenden Situationen akzeptiert und angenommen wird.

Empathie gründet auf persönlichen Haltungen und Einstellungen. Sie umfasst die Kunst des Zuhörens, das Verständnis für andere Sichtweisen, Haltungen und Gefühle sowie die Fähigkeit zur angemessenen Reaktion darauf. Diese Mischung aus sozialer und kommunikativer Kompetenz stellt sich meistens erst nach einem längeren Lern- und Erfahrungsprozess ein. Sie kann nicht kognitiv erworben werden.

Empathie und Wertschätzung stellen die größte Herausforderung für Führungspersonen dar, denen deren Vermittlung schwer fällt. Neben dem relativ langsamen sukzessiven Erwerb dieser Fähigkeit z.B. in Supervisionsgruppen oder TZI-Persönlichkeitskursen bietet es sich an, über die übrigen Mitglieder in der Leitung dafür zu sorgen, dass dieser Aspekt in der konkreten Institution ausreichend gelebt wird.

3) Führen in kooperativer und partizipativer Weise

Für die Führung von Mitarbeitenden gibt es die Faustregel, dass ein Vorgesetzter nicht mehr als 12 bis 15 Mitarbeiter führen sollte. Damit wird deutlich, dass an allen größeren Organisationen die Leitungsperson die Führungsarbeit kaum allein leisten kann, ohne sich hoffnungslos zu überfordern. An großen Organisationen sollte es ein „erweitertes Leitungsteam" geben, das sich auch als Team versteht und entsprechend arbeitet (z.B. Team- oder Abteilungsleitungen). Somit ergibt sich eine „Mittlere Führungsebene", die sich insbesondere um die Qualität in den konkreten Aufgabenfeldern kümmert.

Zu einer partizipativen oder kooperativen Führung gehören neben Teamarbeit, Absprachen, Arbeitsteilung und Delegation auch ein entsprechender Umgang und die Darstellung nach außen.

4) Führen mit transparenter Organisation

Organisationsstrukturen und -instrumente können die Führungsarbeit vereinfachen. Daher ist es sinnvoll zu überprüfen, wo die Führungsarbeit durch organisatorische Maßnahmen entlastet werden kann. Beispiel dafür sind kurze Entscheidungswege, klare Kompetenzzuweisungen, sachgerechte Organisationsstrukturen, offene und klare Kommunikation sowie zielführende, eindeutige Regelungen.

Prozessbeschreibungen sind ein gutes Beispiel für strukturelle Führung. Einmal erstellt, kommuniziert und in das Intranet der Organisation gestellt, regeln sie ein einheitliches Vorgehen, ersparen Anweisungen und Erklärungen und tragen zur Qualitätssteigerung bei. Ein weiteres Beispiel sind ein systematisches Beschwerdemanagement und die Schulung von Mediatoren.

5) Führen nach situativen Gegebenheiten

Führungshandeln muss immer personelle Beziehungen und den sachlichen Kontext berücksichtigen: Menschen müssen je nach Stand der fachlichen Fähigkeiten und Grad der Motivation oder des Engagements unterschiedlich behandelt und geführt werden. Ebenso sind wichtige äußere Umstände bei Führungsentscheidungen zu berücksichtigen (z.B. Maßnahmen des Trägers oder der vorgesetzten Behörde). Deshalb empfiehlt es sich, keine generellen oder pauschalen Regelungen zu treffen, sondern nach situativen Gegebenheiten zu entscheiden.

6) Führen mit Feedback und Außenperspektive

Für Führung einer Organisation ist das Einbeziehen von „Mehrperspektivität" von großer Bedeutung. So lässt sich eine Verengung der Sichtweise oder gar die Gefahr von Betriebsblindheit vermeiden. Systeme, die ohne Außenperspektive arbeiten, werden in der Systemtheorie „selbstreferentiell" genannt, weil sie sich nur an ihren internen Maßstäben orientieren, was dazu führt, dass wichtige äußere Einflüsse übersehen oder verkannt werden.

Bei der Führung jeder Organisation sollten Rückmeldungen von außen willkommen oder gar institutionell und formal installiert sein (z.B. in Form von Umfragen, Feedbackrunden, Evaluationen), um deren Ergebnisse dann mit den situativ örtlichen Gegebenheiten und Vorstellungen kritisch abzugleichen.

Literatur:

Butzmann, B; Eignungs- und kompetenzspezifische Bedingungen und Erfolgsindikatoren von Führung durch Selbstführung, Koblenz 2011

Fraude, S; Die Persönlichkeit einer Führungskraft als relevanter Einflussfaktor auf den Führungsstil – Mythos oder Realität der Führungspersönlichkeit?, St. Gallen 2015

Lungershausen, H.; Führen nach dem „Leadership-Sixpack". Ein pragmatisches Führungsmodell für die Schulleitung. In: Beruf: Schulleitung, 02/2012, S. 12–14.

Malik, F.; Führen Leisten Leben: Wirksames Management für eine neue Welt, Frankfurt 2014 /14

Nufer, R; Emotionale Kompetenz bei Führungskräften als Erfolgsfaktor im Umgang mit Mitarbeitern, Olten 2013

Rolff, H.G.; Konfluente Leitung. Führung aufteilen und Co-Management praktizieren. In: Buchen, H.H., Leonhard/Rolff, H.G. (Hrsg.): Schulleitung und Schulentwicklung. Loseblatt, 29. Ausgabe, Beitrag C 1.7. Stuttgart/Berlin 2006.

Anlagen

Leitfragen für eine sinnstiftende Weiterentwicklung eines Organisationsprogramms

Folgende Fragen eignen sich auch gut für die gemeinsame Bearbeitung im Rahmen von moderierten Großgruppen-Veranstaltungen:

- Wie hat sich unsere Adressatengruppe verändert (u. a. Ausgangsvoraussetzungen, Interessen, Umfeld) und wo wollen wir jetzt in unseren Arbeitsfeldern Schwerpunkte legen?
- Wie sehen wir unsere (Biographie-)Verantwortung für die Kinder und Jugendlichen in unserem Einzugsbereich? Was kann unser Beitrag sein? Welche Kooperationen wollen wir dazu initiieren, pflegen oder verstärken?
- Welche besonderen Kompetenzen haben wir im Kollegium sowie auf Seiten der Adressaten und deren Eltern? Wie können diese mit Blick auf unsere Ziele besser einbezogen werden?
- Wie können wir Rückmeldungen bringen, wie sich unsere Klientel nach Verlassen unserer Organisation weiterentwickelt?
- Wie können wir das, wofür wir stehen und Verantwortung übernehmen wollen, in einen Leitspruch („Slogan“) fassen, der sich nach innen und nach außen „griffig“ kommunizieren lässt?

(Verändert nach: Carmen Kloft, Sinnstiftende Führung in Schulen, 10.19 Praxiswissen Schulleitung, Wolters Kluwer Verlag, Neuwied o.J)

Der Weg zu einer Führungskonzeption

Eigenverantwortliche, selbstständige oder teilautonome Organisationen benötigen Führung, um ziel- und ergebnisorientiert arbeiten zu können. Deshalb ist eine innerorganisatorische Führungskonzeption hilfreich.

1. Starten Sie mit der Reflexion Ihrer Vorstellungen von „Führung" im Leitungsteam.
2. Ihre Vorstellungen können Sie anhand des ´Leadership-Sixpacks´ präzisieren.
3. Untersuchen Sie Ihre Führungspraxis auf Stärken und Verbesserungspotenziale.
4. Formulieren Sie ein gemeinsames Führungsleitbild.
5. Kommunizieren Sie Ihre Konzeption in einem gestuften Prozess mit den in ihrer Organisation tätigen Personen.

(Lungershausen, Helmut: Führen nach dem „Leadership-Sixpack")

Analyse der Arbeitsfelder in der Führung bzw. im Führungshandeln

<table>
<tr><td colspan="3">1. Was sind Ihre zentralen Aufgaben? Welche halten Sie selbst für bedeutsam für die Gestaltung und Weiterentwicklung Ihrer Organisation?</td></tr>
<tr><td colspan="3"></td></tr>
<tr><td colspan="3">2. Womit beschäftigen Sie sich an einem Arbeitstag am meisten, was sind Ihre Haupttätigkeiten? Womit verbringen Sie die meiste Zeit?</td></tr>
<tr><td colspan="3"></td></tr>
<tr><td colspan="3">3. Welche dieser Haupttätigkeiten sind wichtig, welche sind dringlich? Welche sollten weniger Raum in Anspruch nehmen, als dies bislang der Fall ist, weil sie weder wichtig noch dringlich sind? Worauf müssten Sie mehr Zeit verwenden, welche Tätigkeiten sind „Chefsache“? Welche könnten delegiert, welche regelrecht „ausgemustert“ werden beziehungsweise sollten deutlich weniger Zeit beanspruchen?
3.a) Analyse</td></tr>
<tr><td></td><td>wichtig</td><td>unwichtig</td></tr>
<tr><td>dringlich</td><td></td><td></td></tr>
<tr><td>nicht dringlich, eher langfristig</td><td></td><td></td></tr>
<tr><td colspan="3">3.b) Konsequenzen</td></tr>
<tr><td>„Chefsache“; benötigt mehr Zeit</td><td></td><td></td></tr>
</table>

	delegierbar		
	zum „Ausmustern“		
4. Bei welchen der an Sie gestellten Anforderungen würden Sie gerne unterstützt werden? Ist Unterstützung vorhanden? Funktioniert sie? Wo müssten Sie noch weitere Unterstützung bekommen? Wo könnten Sie sie finden?			
	Anforderung	vorhandene Unterstützung; funktioniert sie? (ja/nein)	weitere benötigte Unterstützung / mögliche Quelle

(Stephan G. Huber, Anforderungen an Schulleitung: Überlegungen aufgrund der Veränderungen in den Bildungssystemen vieler Länder, 10.23 Praxiswissen Schulleitung, Wolters Kluwer Verlag, Neuwied o.J)

Was gehört in ein Leitungsinfo?

Je nachdem, wie häufig Sie ein Kollegeninfo herausgeben, gehören unterschiedliche Dinge hinein:

1 Aktuelle Termine, die noch nicht im Jahresterminplan stehen;

2 Erinnerung an ablaufende Fristen (Anmeldung von Klassenreisen, Zensureneintragungen, Abgabe von Themen für Prüfungen, statistische Angaben etc.);

3 Berichte aus organisationsübergreifenden Konferenzen oder Sitzungen mit der vorgesetzten Behörde;

4 Veranstaltungsangebote für Lern- oder Arbeitsgruppen;

5 Hinweis auf Fortbildungen;

6 Aktuelle Nachrichten, wie Prüfungsergebnisse, Zahlen von Anmeldungen, geplante politische Neuerungen;

7 Informationen aus organisationsinternen Gremien bzw. von Kooperationspartnern.

(Verändert nach: Maja Dammann, Neu im Amt – Information und Kommunikation reflektieren und gestalten, 11.33 Praxiswissen Schulleitung, Wolter-Kluwer-Verlag, Neuwied o.J.)

1.2 Aspekte des Wachsens einer Führungspersönlichkeit

„Wenn Du ein Schiff bauen willst, dann trommle nicht Männer zusammen um Holz zu beschaffen, Aufgaben zu vergeben und die Arbeit einzuteilen, sondern lehre die Männer die Sehnsucht nach dem weiten, endlosen Meer.“ Antoine De Saint-Exupéry

1.2.1 Einleitende Gesichtspunkte

„Führungskräfte müssen gleich doppelt mit der zunehmenden Komplexität von Arbeit umgehen, einmal in Bezug auf sich selbst und ihre eigenen Arbeitsbedingungen und zum zweiten mit den Reaktionen ihrer Mitarbeiter auf diese Anforderungen. Das Arbeitsengagement der Mitarbeitenden aufrecht zu erhalten, wird zu einer zentralen Aufgabe der Führungskräfte. ... Die herausragende Führungskraft wird als eine in Beziehung stehende Führungsperson gesehen, die mit klarer Selbstsicht aus einem breiten Wissensfeld (broad knowledge) schöpft und den Horizont des Handelns weit über die eigene Person heraus setzt“ (nach Wagner, 2013). Die Fähigkeit zur Selbstführung ist wesentlich als Grundlage für das Führen in Beziehung: Selbstführung ist ein Prozess, der sich in Personen abspielt und mit dem die Person darauf abzielt, eine stimmige, individuelle und soziale Identität zu entwickeln.

In der GLOBE-Studie 51/611, S. 23 (2007) werden sechs Dimensionen als grundlegende Eigenschaften, Fertigkeiten und Fähigkeiten (skills and abilities) zusammengefasst, die für Führungspersonen besonders bedeutsam sind. Dies sind:

Charismatisch/wertebasiert (Charismatic/value based),

Team orientiert (Team oriented),

Selbstschützend (Self-protective),

partizipativ (Participative),

humanitär/menschlich orientiert (Humane oriented),

autonom (Autonomous).

Die Dimension „autonom" verweist auf eine unabhängige, individuelle Führungsweise.

Die in der GLOBE Studie erfasste Wertedimension „humane orientation" beschreibt hingegen individuelles prosoziales Verhalten (z.B. offen sein, freundlich, akzeptierend, anderen zu Wachstum verhelfend, usw.). Führungskräfte benötigen insbesondere die Fähigkeit, zwischen widersprüchlichen oder doch zumindest spannungsreichen Anforderungen integrieren und ausgleichen zu können (nach Wieland 2010).

Die Komplexität und interpersonale Dimension von Führungssituationen sowie die ethische Herausforderung bei der Balance von Interessen und Zielen fordern und fördern nach Yank ′weisheitliche Kompetenz′. Diese Ansicht findet sich auch bei Vertretern der Entwicklungspsychologie, z.B. Erickson (1995). Erickson sieht ′Weisheit′ als Ergebnis der Auseinandersetzung mit komplexen Lebensproblemen. Reflektiertes, authentisches und klares Führungshandeln wäre in diesem Sinne eine Chance, weisheitliches Wissen und Handeln zu erwerben.

Wie kann es gelingen, eine nachhaltige, für sich selbst und die Mitarbeitenden positive Veränderung des eigenen Führungsverhaltens zu erreichen? - Wesentliche Fähigkeiten dazu beruhen auf emotionaler Intelligenz.

1.2.2 Emotionale Intelligenz - emotionale Kompetenz – soziale Intelligenz

Im Folgenden soll der Frage nachgegangen werden, wie Führungskräfte ein emotionales Klima schaffen können, welches Mitarbeitende so anspricht, dass sie sich selbstmotiviert voll in ihrem Arbeitsfeld einsetzen? Ist es möglich, Mitarbeitende so individuell anzusprechen bzw. auf sie zu reagieren, dass die anstehenden Aufgaben zielstrebig, sachbezogen effizient und in wirtschaftlich angemessenem Rahmen erfolgreich bearbeitet werden?

Damit richtet sich der Blick auf den oft gebrauchten Begriff der emotionalen Kompetenz.

Emotionen werden verstanden als „vorübergehende, innere Zustände einer Person“, die folgende vier Komponenten enthalten:

Fühlen: Erleben eines Gefühls wie Stolz, Unruhe und Lust;

Denken: Emotionsspezifische Gedanken, z.B. Kummer über Misserfolge;

Erleben: Physiologische Veränderungen, wie z.B. gesteigerte Schweißproduktion, Blutdruck, Adrenalinausschüttung;

Wirken: Spezifische Verhaltensweisen und Verhaltensbereitschaft wie Mimik, Gestik.

„Jede Emotion weckt eine spezifische Handlungsbereitschaft, die uns in eine Richtung weist, welche sich in der Evolution angesichts von Umständen, gut bewährt hat“ (Goleman).

Unter emotionaler Intelligenz versteht Seidel die Fähigkeit, Gefühlsimpulsen zu widerstehen und mit diesen umzugehen. Dies zeigt sich in der Selbstbeherrschung, welche dazu dient Affekthandlungen zu bremsen oder zu verhindern. Emotionale Intelligenz ist auch Grundlage für ein positives Selbstbild (Selbstsicherheit und Selbstbewusstsein) und damit ein stabiles und erfolgreiches Selbstwertgefühl. Goleman definiert emotionale Intelligenz als „die Fähigkeit, unsere eigenen Gefühle und die anderer zu erkennen, uns selbst zu motivieren und gut mit Emotionen in uns selbst und in unseren Beziehungen umzugehen“ (Goleman). Emotionale Intelligenz kann entwickelt werden!

Unter emotionaler Kompetenz versteht Goleman eine auf der emotionalen Intelligenz beruhende erlernte Fähigkeit. Die Ausprägung, der erreichbaren emotionalen Kompetenz basiert auf der vorhandenen individuellen emotionalen Intelligenz. Die aktivierbare emotionale Kompetenz hängt von der Selbstwahrnehmung, Intrinsischen Motivation, Selbstregulierungsfähigkeit, Empathie und Gestaltungsfähigkeit in Beziehungen ab. Erst darauf aufbauend können die vielfältig erforderlichen hohen Arbeitsleistungen erbracht werden. Damit ist die emotionale Intelligenz die Grundlage der emotionalen Kompetenz. Je höher die emotionale Intelligenz ist, desto höher kann sich auch die emotionale Kompetenz ausbilden.

Mit emotionaler Kompetenz werden folgende Fähigkeiten verbunden:

1. Die eigenen Emotionen wahrnehmen und einschätzen.
2. Sie anderen gegenüber exakt ausdrücken und mitteilen.
3. Die Emotionen anderer richtig erkennen und mit sozial angepasstem Verhalten auf sie reagieren.
4. Die eigenen Emotionen und die anderer effektiv regulieren, um bestimmte Ziele zu erreichen und die eigenen Emotionen durch die Veranlassung zu adaptivem Verhalten zur Lösung von Problemen zu verwenden (nach Mayer & Salovey, in Schulze et al., 2006).

Unter sozialer Intelligenz versteht Schulze: „Andere verstehen und in interpersonalen Beziehungen klug handeln."

Spätestens mit den Erkenntnissen des Change Management wurde deutlich, dass Emotionen entscheidenden Einfluss sowohl in jedem Einzelnen als auch in jeder Gruppe und auch Organisation haben. Sie werden mittlerweile als „weiche Faktoren" benannt und anerkannt. Denn das in einer Organisation empfundene Klima (die immaterielle Realität) beeinflusst die Art und Weise, wie Mitglieder einer Organisation ihre eigenen und die gemeinsamen Tätigkeiten wahrnehmen, interpretieren, steuern und bewerten. Effektive Führungspersonen machen ggf. Emotionen zum Thema und beeinflussen dadurch die Werte und Gefühle der Mitarbeitenden (New Leadership). Goleman ist der Ansicht, dass für herausragende Leistungen in allen Berufen und in jedem Bereich emotionale Kompetenz doppelt so wichtig ist, wie rein kognitive Fähigkeiten.

„Einer Führungsperson, die fähig ist zur Introspektion und Reflexion (Selbstwahrnehmung der eigenen Gefühle und der damit verbundenen Gedanken), fällt es leichter, die Möglichkeiten und Grenzen der eigenen Rolle zu erkennen, sowie eine komplexe Führungssituation in Bezug auf anstehende Entscheidungen und deren Bedeutung für sich und andere ganzheitlich einzuschätzen. Gerade in schwierigen, unübersichtlichen und widersprüchlichen Situationen sollte eine Führungskraft fähig sein, mit bedrängenden Emotionen wie zum Beispiel Angst oder Aggressionen angemessen umzugehen und diese adäquat auszudrücken, so dass die eigene Handlungs- und Leistungsfähigkeit respektive diejenige der unterstellten Mitarbeiter erhalten bleibt. Zudem ist es bedeutsam, dass sich eine Führungsperson in anspruchsvollen und sich laufend veränderten Führungssituationen auf ihre Bezugspersonen – wie zum Beispiel Mitarbeitetende, Klienten, Kollegen, Vorgesetzte usw. – immer wieder neu emotional einstellen kann, sich in diese hineinversetzt und ihre Rolle neu zu definieren weiß" (nach Nufer).

1.2.3 Ansätze des Entwickelns bzw. Wachsens der eigenen Führungspersönlichkeit

Da Veränderung des eigenen Verhaltens auf gewachsenen, ganz persönlichen Gegebenheiten gründet, kommt der Erinnerung und dem darauf aufbauenden je eigenen Gewahrwerden große Bedeutung zu. Daher rege ich Sie zu folgender Übung an:

Setzen oder legen Sie sich in einer für Sie entspannten Weise hin. Schließen Sie alles, was Sie ablenken könnte aus. Legen Sie einen Notizblock und Bleistift bereit. Gehen Sie in Ihren Erinnerungen zurück zu Situationen, in denen Sie Nachhaltiges gelernt bzw. erfahren haben. Merken Sie sich ganz bewußt diese Situationen und das dort Gelernte bzw. Erfahrene. - Notieren Sie nach einer Weile, welche Merkmale diesen Situationen gemeinsam sind.

Mit hoher Wahrscheinlichkeit dürften Aspekte des selbstbestimmten Lernens (u.a. die Lernhaltung), des gesehenen Handeln von wichtigen Bezugspersonen und die Reflexion darüber sowie situativ positive und kritische eigene Erfahrungen im jeweiligen Handlungszusammenhang in Ihren Erinnerungen anspringen.

Insbesondere das selbstbestimmte Lernen, das auch eine grundlegende Haltung von Neugier, Aufgeschlossenheit und Einsatzbereitschaft beinhaltet, bewusstes Lernen aus gemachten Erfahrungen und Klarheit über sich selbst (Selbstführung im Sinne von „Meister seines inneren Teams“ (Schultz v. Thun) sind Grundlagen für das Entwickeln und Stärken von Führungskompetenzen.

1.2.3.1 Modell von Goleman und Boyatzis

Goleman et al. (2010), siehe Abbildung, zeigt das von Richard Boyatzis erstellte Lernmodell auf der Grundlage seiner 30-jährigen Erfahrung mit der Entwicklung von Führungskompetenzen.

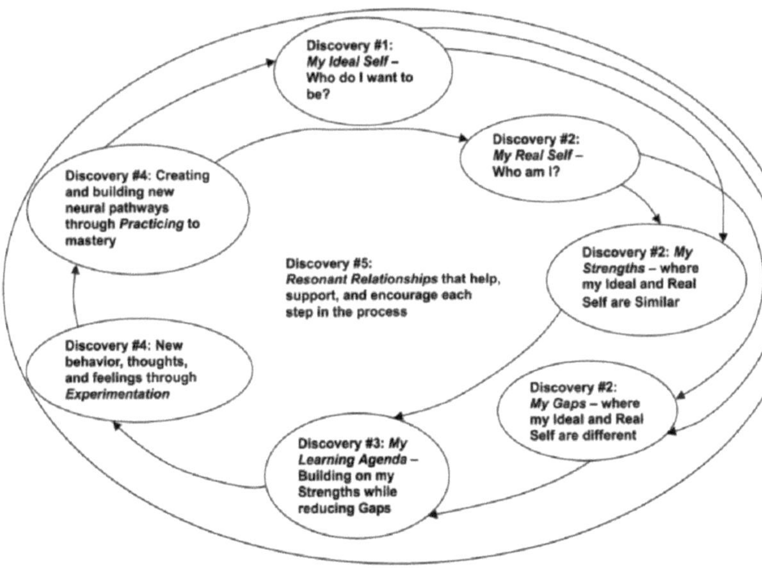

Das Ziel besteht darin, jede Erkenntnis als Instrument für Veränderungen zu verwenden, um eine emotional intelligente Führungskraft zu werden. Der Prozess besteht aus mehreren Schritten, die verschieden viel Zeit und Anstrengung erfordern. Menschen, die sich nachhaltig verändern durchlaufen die folgenden Phasen (vgl. Goleman et al., 2010):

1) Mein ideales Selbst – Wer möchte ich sein?

2) Mein reales Selbst – Wer bin ich? Welche Stärken und Schwächen habe ich?

3) Mein Lehrplan – Wie kann ich meine Stärken ausbauen und meine Schwächen verringern?

4) Mit neuen Verhaltensweisen, Gedanken und Gefühlen experimentieren und sie in der Praxis erproben.

5) Beziehungen entwickeln, die die Veränderung unterstützen und fördern.

1.2.3.2 Modell der Themenzentrierten Interaktion (Ruth Cohn)

Anregung, Struktur und Analyseinstrument sowohl zum Einordnen und Klären einer Situatuation als auch zu deren Reflexion bietet das vier Faktorenmodell der Themenzentrierten Interaktion:

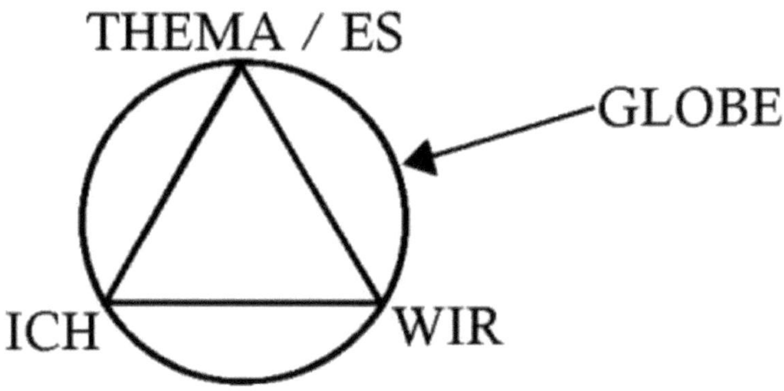

Eine Gruppe von Menschen, deren Teil auch ich bin, wird in / aus vier Dimensionen betrachtet. Diese vier Faktoren sind bestimmend in jedem Gruppenprozess:

ICH : Fähigkeiten, Verhalten und Persönlichkeit eines jeden Gruppenmitglieds;

WIR : Interaktion, Kommunikation, Kultur und Dynamik der Gruppe;

THEMA : Anliegen, Auftrag, Sache, Ziele der Arbcit;

GLOBE : Umfeld in sozialer, ökologischer, ökonomischer, technischer, räumlicher, zeitlicher, ...? Hinsicht.

Diese Dimensionen sind interdependent. In einem gelingenden Leitungsprozess soll jede Person (ICH), die Interaktion der Gruppe (WIR) und die Arbeit an einer Aufgabe (THEMA, ES) als gleichwertig angesehen und die Wechselwirkungen mit und aus dem Umfeld (GLOBE) beachtet werden: Insbesondere die drei Faktoren „ICH, WIR und ES“ sollen in einer dynamischen Balance zueinander sein bzw. gehalten werden, unter Einbezug des Umfelds (GLOBE).

Im Ansatz der Themenzentrierten Interaktion sind für Führungspersonen zwei Postulate hilfreich, die die eigene Handlungsfähigkeit stärken bzw. eine Art Handlungskonzept im Führen bzw. Leiten von Gruppen oder Teams darstellen.

Das Chairpersonpostulat: Leite Dich selbst!

Es bedeutet konkret:

- sich die eigene innere und äußere Wirklichkeit bewusst zu machen;
- Sinne, Gefühle und Gedanken zum Verständnis von sich selbst und der Umwelt zu nutzen;
- Entscheidungen bewußt zu treffen und die Verantwortung dafür zu übernehmen.

Die menschliche Existenz beinhaltet auch, dass die Selbstbestimmung inneren und äußeren Bedingungen unterliegt. Paradox ist, dass ich lernen soll, mich selbst zu leiten – und zugleich kann ich mich der Selbstleitung und Selbstverantwortung nicht entziehen: Selbst wenn ich jemandem gehorche, bin ich es, der entschieden hat, zu gehorchen.

2. Das Störungspostulat: Störungen nehmen sich Vorrang!

Hier richtet sich die Aufmerksamkeit auf Störungen z.B. bei einer anwesenden Person und aus dem Umfeld.

Dies umfasst:

- Hindernisse, Ablenkungen und Beeinträchtigungen auf dem Weg zum Ziel als Realität anzuerkennen;
- nach Möglichkeiten zu suchen, sie zu bearbeiten und zu überwinden.

Mögliche Störquellen können sowohl innere Vorgänge körperlicher, emotionaler und rationaler Art als auch äußere Gegebenheiten physischer, ökologischer, sozialer, politischer Art sein. Werden Störungen ignoriert oder verleugnet, greifen sie Raum und treten offen oder verdeckt zu Tage. indem sie Lernen, Arbeit und Entwicklung behindern. Störungen sind daher ernst zu nehmen und soweit zu bearbeiten, bis die Person oder Gruppe bzw. das Team wieder handlungs- und arbeitsfähig ist.

Somit wird deutlich, dass Führung sowohl die eigene Person als auch die zu führenden Personen umfasst.

1.2.3.3 Modell „Inneres Team“ (Schultz von Thun)

Das Modell des „Inneren Teams“ will den Umgang mit sich selbst, mit den je eigenen Gefühlen und Emotionen verständlicher, greifbarer und sichtbar machen. Das Modell fußt auf der Grundhaltung: „Was immer sich in mir regt und rührt, was immer in mir aufkommt, sei mir willkommen als Sendbote eines Geschehens, das auch zu mir gehört, selbst wenn es nur ein Teil von mir ist. ... Diese innerpersönliche Willkommenskultur gilt auch und besonders für innere Anteile, die mir, dem Oberhaupt und seiner <Regierungsmannschaft> peinlich, unheimlich oder fremd vorkommen, die nicht so recht zu meinem Selbstbild, erst recht nicht zu meinem Idealbild, passen wollen.“ Gerade dieses Unangenehme, das meist un-erhört bzw. verdrängt wird, gilt es zu sehen, damit es keine „Untergrundbewegung“ gründet und so oft im unpassendsten Augenblick durchschlagende Energie entfaltend sich meiner Denk- und Handlungsweise bemächtigt (z.B. Kontrollverluste, Depression, usw.):„Erst die Integration des Schattens erlaubt eine Souveränität höherer Ordnung.“ Durch das Sehen und Eingestehen meiner Schatten bin ich weniger in der Gefahr, diese projektiv beim Mitmenschen entlarven zu wollen, zu bekämpfen und mich selbst als einzig Guten zu stilisieren.

Schultz von Thun hat sein Modell in Analogie zu einer Arbeitsgruppe entworfen, indem es die „inneren Wortmelder“ (z.B. aufkommende Gefühle, Regungen, Emotionen) durch klare Benennung (z.B. „der Zögerliche“, „der Rebell“, „der Antreiber“, usw.) unterscheid- und fassbar macht. Im nächsten Schritt werden die „inneren Wortmelder“ visualisiert. Das so konkret erhobene Innere Team „ist durch zweierlei definiert: durch die Besetzung (wer hat sich eingefunden, mit welcher Botschaft und welchem Namen?) und durch die Beziehung der Mitglieder untereinander und zum <Oberhaupt>“ des Teams. Die Erkenntnis der Bezogenheit und der Umgangsweise der Teammitglieder sind für das <innere Betriebsklima> entscheidend. Das Benennen und Visualisieren der innerlichen Prozesse erlaubt die ′wichtige Disidentifikation′, das heißt das Heraustreten aus dem aufwühlenden inneren Geschehen und der Blick von außen durch das <Oberhaupt> auf das <Getümmel>.“ Diese „inneren Stimmen“, die sich bei jeder Entscheidungssituation oft schon im Vorfeld melden, sollen mit dem Modell als Klärungshelfer für eine persönliche und situationsbezogen stimmige Handlungsfindung nutzbar gemacht werden. Bei einiger Übung mit dem Modell werden immer wieder bestimmte Teammitglieder situationsübergreifend besonders in den Vordergrund drängen. Es sind die personspezifischen „Stammspieler“. Mit Hilfe des Modells „Inneres Team“ eröffnen sich Möglichkeiten, um die wirkende „innere Pluralität für differenziertes und stimmiges Handeln zu nutzen“. Mithin ergibt sich so die Chance, „wirklich in Übereinstimmung mit sich selbst zu kommen“, authentisches Handeln wird so angebahnt und gestärkt.

In der Leitung treten oft uneindeutige Situationen auf, die oft rasche Entscheidungen erfordern. - Wie gelingt Ihnen Orientierung im Nebel der Verhältnisse? - Hier kann die Arbeit mit dem Inneren Team, Ihr gewachsenes, <strukturiertes Bauchgefühl> bzw. ihre auch bei unklarer Faktenlage anspringende, auf Intuition und Erfahrungen beruhende innere Deutungshoheit hilfreich sein:

-"Ein Bewusstsein der eigenen mentalen Modelle, aus denen Sie üblicherweise deuten,

- ein Bewusstsein der Deutungsmuster, die Sie aktuell verwenden,
- ein Bewusstsein des kulturellen Kontextes und der Organisationskultur, in denen Sie diese Muster und Modelle anwenden" (Reineck u.a.).

Auf der personalen Ebene (Subjekt und Emotionen) heißt dies u.a.:

-"Klarheit über den eigenen aktuellen Status im Deutungsumfeld (stark – schwach, aggressiv – defensiv),

- Bewusstsein der aktuellen subjektiven Lage,
- Zugang zur eigenen emotionalen Situation (z.B. ausgeglichen, gereizt)" (nach Schulz von Thun).

Jede Leitungsperson wird bestrebt sein eine erhöhte Ambiguitätstoleranz zu entwickeln, um auch bei unklarer Faktenlage handlungsfähig zu sein. Hilfreiche Leitfragen könnten sein:

- Wie sehe ich die Situation (mein Eindruck) und die Beteiligten?
- Welche Bilder kommen in mir hoch; was / wer regt sich in meinem Inneren (Inneres Team: Emotionen, Gefühle, Fragen)?
- Was spricht mich in der Situation an, wovor fürchte ich mich?
- Was könnte geschehen, wenn ich vor einer Entscheidung etwas Zeit verstreichen lasse?

Übung: Stellen Sie sich eine uneindeutige Situation vor:

- Wer ´springt´ in Ihrem Inneren Team sofort, Aufmerksamkeit heischend, an und fordert eine Entscheidung in seinem Sinne?
- Wer ist eher zögerlich, vorsichtig oder gar warnend?
- Müssen Sie überhaupt (jetzt) entscheiden?
- Nutzen Sie bei uneindeutigen Situationen eine Visualisierung?

- Welche Handlungsoptionen ergeben sich daraus? Welche sind angemessen?

Eigene Selbstführung ist mit derjenigen der Mitarbeitenden verbunden: Wollen Sie selbstverantwortlich handelnde Mitarbeitende, so bedeutet dies z.B. wenn diese mit einer Frage kommen, verlassen sie Ihr Büro mit von Ihnen weiter und tiefer gestellten, mit präzisierenden Fragen; denn selbst zu deuten heißt eigene Fragen entwickeln, eine Situation aus anderem Blickwinkel neu zu sehen, kurz Selbstverantwortung zu praktizieren. Ein solches Vorgehen ist, wenn es erfolgreich sein soll, an die aktivierbaren Kompetenzen der Mitarbeitenden geknüpft.

Anlagen

Checkliste der Persönlichkeitsentwicklung

1) Mein ideales Selbst – Wer möchte ich sein?
2) Mein reales Selbst – Wer bin ich? Welche Stärken und Schwächen habe ich?
3) Mein Lehrplan – Wie kann ich meine Stärken ausbauen und meine Schwächen verringern?
4) Mit neuen Verhaltensweisen, Gedanken und Gefühlen experimentieren und sie in der Praxis erproben.
5) Beziehungen entwickeln, die die Veränderung unterstützen und fördern.

Faktorenmodell der TZI (Themenzentrierte Interaktion

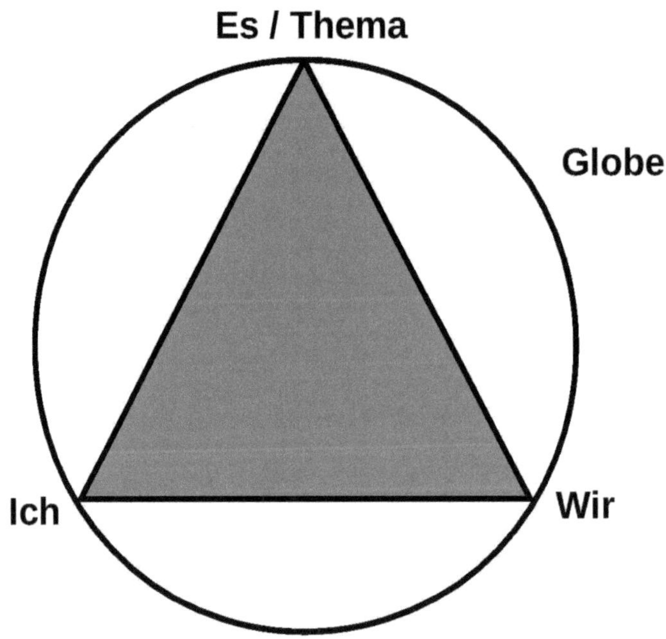

1.3 Grundlegende Aspekte zu Führungsweise und Führungshandeln

„Der einzige Mensch, der sich vernünftig benimmt, ist mein Schneider: Er nimmt jedes mal neu Maß, wenn er mich trifft, während alle anderen immer die alten Maßstäbe anlegen in der Meinung, sie passten auch heute noch“ (George Bernard Shaw 1856 -1950).

1.3.1 Führungsweise im Gesamtkontext

Das individuelle Führungsverhalten ist in seiner Einbettung in einen Gesamtprozess der Führung zu sehen und einzuordnen (siehe Abbildung). Das Führungsverhalten wird zunächst durch die Personmerkmale der Führungskraft beeinflusst, wie z.B. deren Motive, Eigenschaften und Kompetenzen. Im Weiteren beeinflussen die Kontextbedingungen der spezifischen Führungssituation, wie z.B. Organisationsstruktur oder -kultur die Beziehungen zwischen Persönlichkeitsmerkmalen, Führungsverhalten und dem Führungserfolg. Einen Überblick gibt das Führungsmodell nach von Rosenstiel (2001):

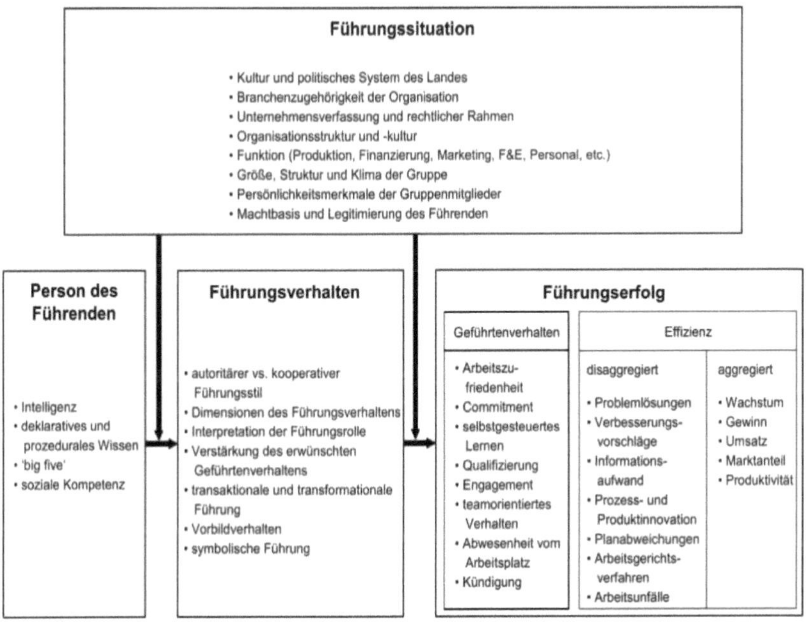

1.3.2 Führungsweise - aufgaben- und / oder mitarbeiterorientiert?

Unter Einbezug der zu führenden Personen ist Führung ein dynamischer und zugleich reziproker Prozess, der sich in interpersonellen Beziehungen im Sinne einer Einflussnahme von Führungskraft auf Mitarbeitende und umgekehrt zeigt. Das bedeutet, dass eine Führungskraft in ihrem Wachsen als Führungspersönlichkeit auch die Mitarbeitenden als „Lernfelder" begreift und „nutzt".; d.h. auch hier sind z.B. Überlegungen und Entscheidungen der Führungskraft mit Blick auf „Nähe und Distanz" zu treffen. Die Führungskraft selbst muss, um den Prozess motivierend, förderlich und konstruktiv für alle zu gestalten in ihrer Haltung bzw. ihrem Handeln zukünftige Veränderungen bzw. Gestaltungsfreiräume sehen, erspüren und auch visionär denken und vorstellen. Sie bedarf organisationsspezifisch grundlegender Managementkenntnisse und -fähigkeiten, um passende, optimale Prozessabläufe zu initiieren, zu implementieren, zu kontrollieren und immer wieder an sich verändernde Bedingungen anzupassen. Hierdurch generiert die Führungskraft die erforderliche Zeit, um über ihre Führung nachzudenken, einschlägige Literatur zu lesen und zu durchdenken, durch passende Kommunikation die vorgegebenen und die organisationsinternen Zielsetzungen sowie laufende, anstehende und zukünftige Veränderungen zu vermitteln. - Führung erfordert angemessene Führungs- oder Leitungszeit sowie passende, qualitativ hochwertige Fortbildung. -

Von den Psychologen Blake & Mouton (1964; 1966) wurde zur Aufgaben- und / oder Mitarbeiterorientierung ein umfassendes Modell entwickelt (Modell Managerial Grid), das noch heute vielfach Grundlage in der Führungsforschung ist.

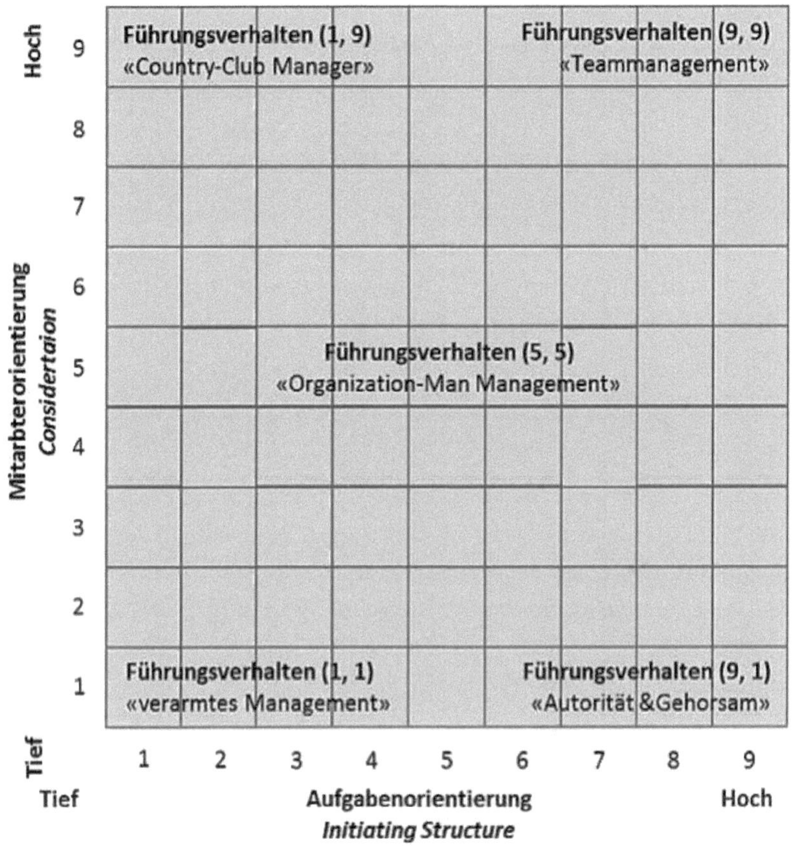

Es kann in den Grundzügen auch zur Analyse verwendet werden, welches Führungsverhalten in einer Situation wahrscheinlich angemessen sein dürfte.

Führungsverhalten (1, 1): verarmtes Management

Grundsätzlich besteht eine sehr schwache Einflussnahme der Führungskraft. Sie kann als außerordentlich passiv beschrieben werden.

Führungsverhalten (9, 1): Autorität & Gehorsam

Es kann ein stark aufgabenorientierte bzw. ein strukturgebender Verhaltensstil der Führungskraft festgestellt werden. Die entsprechenden Arbeitsleistungen und –ziele werden primär durch die Implementierung von Regeln, Bedingungen und Anreizsystemen erreicht und vernachlässigen grösstenteils einen menschlichen bzw. sozialen Einfluss.

Führungsverhalten (1, 9): Country-Club Manager

Dieses spezifische Verhalten fokussiert sich auf die Bedürfnisse der Mitarbeiter – im Zentrum steht eine gesamtheitliche Etablierung von guten sozialen Beziehungen im Kontext eines angenehmen Arbeitsklimas und die Entwicklung, Förderung und Forderung der Teammitglieder.

Führungsverhalten (5, 5): Organization-Man Management (Mittelweg)

Dieser als Mittelweg zu bezeichnende Verhaltensstil zielt darauf ab beide Orientierungen auf einem zufriedenstellenden Niveau auszubalancieren. Die adäquate Organisationsleistung wird durch die Balance zwischen solider Arbeitsleistung und gutem Betriebsklima möglich gemacht.

Führungsverhalten (5, 5): Teammanagement

Dieser Verhaltensstil basiert auf sozialen Beziehungen, welche durch Vertrauen und Respekt geprägt sind und die Mitarbeiter bzw. Teammitglieder sehr motiviert und leistungsorientiert arbeiten. Die Mitarbeitenden sind dezidiert engagiert, um die Aufgaben optimal zu bearbeiten.

An die Führungsperson werden die höchsten Anforderungen gestellt; denn sie muss es verstehen, die Aufgaben- und Mitarbeiterorientierung ideal miteinander zu verbinden. (nach Fraude, 2015)

Für die eigenen Führungsaufgaben dürfte die grundsätzliche Zielrichtung auf dem „Organization-Man Management“ liegen mit Vision des Teammanagements, wobei je nach Situation auch anderes Führungsverhalten angemessen sein kann. Das jeweils stimmige Führungsverhalten zu finden und sich selbst darin selbstkritisch zu erproben ist eine permanente und anspruchsvolle Herausforderung.

1.3.3 Führungweise – ein komplexes Handlungsfeld

Führungskräfte sollten sich bewusst sein, dass ihr Denken und Handeln in Systemen stattfindet:

Für Führung und Führungshandeln ist es wichtig, sich in den für die Organisation relevanten Systemen „sinnvoll“ orientieren zu können. Dies bedeutet, die unterschiedlichen Logiken und Wirkungsweisen von komplexen Systemen zu erfassen. Damit verbunden ist das Sich-Verabschieden von leicht begreifbaren Ursache-Wirkungsprinzipien und einem damit verbundenen Kontrollbestreben. Bei Interaktionen von Menschen sowie der damit verbundenen Prozesse benötigen Führungspersonen professionelle Konzepte und „Landkarten“, um Komplexität sinnvoll reduzieren und Dynamiken abbilden zu können. Wichtig dabei ist, die „Landkarte“ nur als grundlegende Orientierung zu sehen. Ein darauf aufbauendes, konkretes Führungshandeln richtet sich nach den situativen Gegebenheiten und dem auf Wissen und Erfahrungen gründenden „inneren Kompass“. Mit Hilfe des „Steuerungsdreiecks“ kann eine derartige „Landkarte“ erstellt werden.

1.3.4 Führungshandeln - mit Intuition und Überblick („Helikopterblick“)

Einen Überblick zu haben bedeutet u.a. ein System und seine Prozesse aus einer höheren Perspektive („Helikopter“) betrachten zu können; ähnlich dem Blick auf ein Labyrinth von einem Turm am Rande aus. So lassen sich besser Strukturen erfassen. Eine Führungsperson, die zeitweise die „Niederungen des Alltagsgeschäftes“ gezielt ausblenden und einen Gesamtblick auf ihre Organisation als System richten kann, wird so die auch strategisch wichtigen Handlungsfelder erkennen und „Sackgassen“ vermeiden können.

Durch die auch selbstkritische „Draufsicht“ lernt und erfährt die Führungskraft die Wirkungen und Verwicklungen der eigenen Person im System sowie die gegebenen Wechselwirkungen zu erkennen und kann eine distanzierte Haltung dazu gewinnen, was Klarheit für weiteres Planen und Handeln schafft. Das Führen und Leiten komplexer Systeme erfordert den Abschied vom eigenen Anspruch der „umfassenden und detaillierten Informiertheit“ als Grundlage für Entscheidungen. Entscheidend sind eine klare Sicht der rahmengebenden Fakten und des eigenen Entscheidungsfeldes (Ermessensumfang und -spielraum) bzw. Gestaltungsrahmens, das Gestalten der organisationsinternen Kommunikation und einer konstruktiven Interaktionsweise mit und zwischen den Mitarbeitenden. Dies ist um so wichtiger, wenn eine Expertenorganisation geführt werden muss. Mit zunehmender, bewusst reflektierter Erfahrung sowie einer kognitiv gesteuerten Analysefähigkeit gelingt es einer Führungskraft immer besser, eine eigene, professionelle Intuition zu entwickeln (Persönlichkeitsentwicklung).

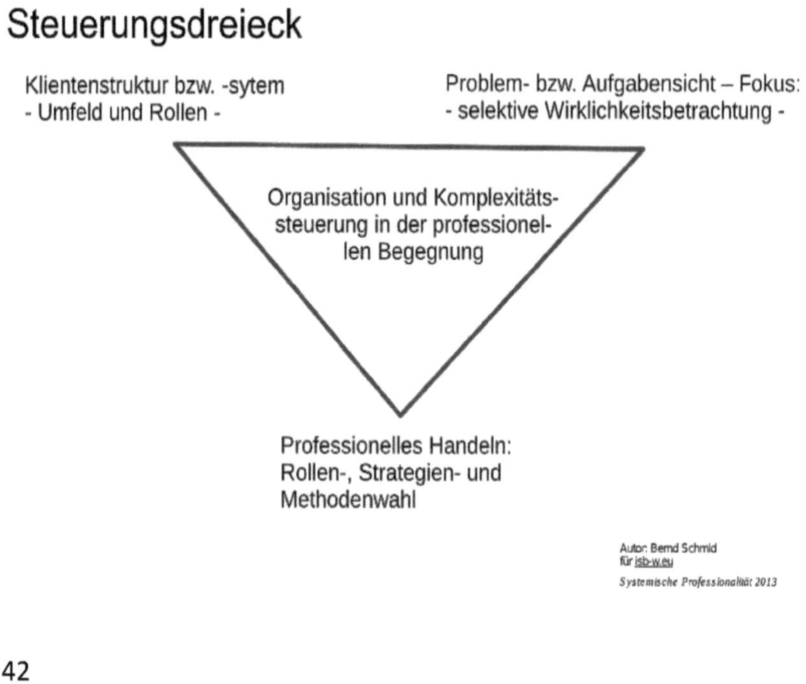

1.3.5 Führungshandeln - mit Konzept und Struktur

Jedes Führungshandeln sollte klar und transparent gehandhabt werden. Dies bedeutet, dass das Thema „Führung“ in der jeweiligen Organisation von der Führungsperson zum Thema gemacht wurde bzw. bei anstehenden Veränderungen situationsbezogen wieder thematisiert wird.

Es erleichtert zahlreiche Führungssituationen, wenn in der Organisation dazu sogenannte Rituale z.B. in Form von Rahmenvorgaben eingeführt sind; z.B. Aufbau und Ablauf von Besprechungen und Konferenzen; Ablauf und Gestalten innerorganisatorischer Veranstaltungen; Gestaltung des Informationsflusses. Hierzu gehören aus systemischer Sicht auch der Umgang mit Rückkopplungsverfahren bzw. Feedbackschleifen, d.h. die Feedback-Kultur. In allen NonProfit-Organisationen kommt der Kommunikation und Beziehungsgestaltung große Bedeutung zu. Hier kann eine gute Feedback-Kultur wesentlich zu einem positiven Klima beitragen.

Sollen Veränderungen oder Entscheidungen von möglichst vielen Mitarbeitenden mitgetragen und umgesetzt werden, so ist eine systemische Haltung der Führungskraft hilfreich: Dies zeigt sich z.B. in ritualisierten Elementen der Selbstorganisation (z.B. thematische Arbeitsgruppen oder Teams (beratend oder in Teilen selbstentscheidend)), um den Mitarbeitenden auch in ggf. kontroversen Auseinandersetzungen ihre eigenen Wirkungsweisen erfahren zu lassen; mithin systemische Lernprozesse anstoßend.

Sollen Arbeitsgruppen oder Teams zielbezogen Aufgabenfelder oder Aufträge selbständig und erfolgreich bearbeiten, so ist es Aufgabe der Führungsperson klare Rahmenvorgaben zu machen z.B.:

1. „Ziele, die mit dem Auftrag erreicht werden sollen.
2. Inhalt des Auftrags und erwartete Ergebnisse und / oder Produkte.
3. Erwartete Qualität der Ergebnisse und Produkte.
4. Art und Weise, in der die Zielerreichung und ihre Qualität und Wirksamkeit überprüft werden soll.

5. Termine und Fristen;
6. Informationsrechte und -pflichten;
7. Zeitliche und sächliche Ressourcen und Rahmenbedingungen, ggf. eine Finanzierung;
8. Begründung, warum die Fachkraft bzw. das Team mit dem Auftrag betraut wird, und Verpflichtungsgrundlagen (z. B. Auftrag im Rahmen einer Beförderungsstelle oder einer Sonderaufgabe, für die Stunden-entlastung gewährt wird);
9. Konsequenzen, wenn der Auftrag nicht angemessen bearbeitet wird (Verbindlichkeit).
10. Klarstellen der Verantwortung für eine zielgerechte und qualitativ angemessene Bearbeitung“ (nach Bartz, A.).

Diese Punkte werden schriftlich in einer Art Kontrakt festgehalten, um so sowohl Klarheit als auch Verbindlichkeit zu erreichen. Das Unterzeichnen des Kontrakts durch die Mitarbeitenden stellt eine Selbstverpflichtung dar.

Die Führungsperson nimmt auf diese Weise ihre Führungsrolle deutlich auch als Entscheidende wahr (Rollenklarheit).

1.3.6 Führungsweise - Zusammenfassung

Grundsätzlich gilt: Alles Führungshandeln gründet auf Zweierbeziehungen (Partnerbeziehungen). Dies bedeutet, dass alle Mitarbeitenden - je nach Situation und angestrebtem Ziel - in anderer Weise behandelt werden wollen, müssen und sollen. Die Führungsperson sollte ihrem Gesprächspartner mit echtem Interesse und Respekt gegenübertreten; ihn kennen lernen, seine fachliche Leistungsfähigkeit korrekt einschätzen und zugleich seine Bedürfnisse erkennen und so weit als möglich berücksichtigen. Geht die Führungsperson in je passender, spezifischer Weise mit dem Mitarbeitenden um, nimmt ihn ernst, geht auf ihn ein, greift Anregungen auf, informiert ihn rechtzeitig in einer für ihn angemessenen Weise, schätzt die Stärken und bezieht ihn in den Entscheidungsprozess mit ein, dann ist dies der

Weg zu gegenseitigem Respekt und Vertrauen sowie gemeinsamem Erfolg.

1.4 Führungsstile - Ansätze und Elemente

Eine Metapher:

Führungsarbeit ist und bleibt Arbeit mit und an Menschen. Jede Führungskraft ist daher gut beraten, einen Kompass zu entwickeln, mit dem die Richtung für das persönliche Führungshandeln und die Orientierung auf hoher See – im Sturm und auch bei schlechter Sicht – angezeigt werden. Ohne soziale und personale Kompetenz erleidet Führung jedoch Schiffbruch. Andererseits ist eine Führungskraft „mit Kompass" in der Lage mit Ihren Mitarbeitern zusammen ein großes und mächtiges Schiff zu entwickeln, das den Stürmen und Wellen auf hoher See bestmöglich trotzt.

1.4.1 Grundführungsstile

In den Extrempositionen bewegen sich einzelne Führungsstile zwischen den Positionen „rein aufgabenorientiert" oder „rein mitarbeiterorientiert". Jeder Führungsstil ist ein Modell, um die Leistungen der Mitarbeitenden aufgaben- und personbezogen zu beeinflussen.

1.4.1.1 Zwischen Dirigieren und Sekundieren

Spezialist für die Aufgabenerledigung	*Spezialist für Zwischenmenschliches*
Dirigieren (Bestimmen) » Lenken – genau Vorgabe der Vorgehensweise » Genaue Vorgabe der erwarteten Ergebnisse » Vorgaben von Zielen und	*Sekundieren (Begleiten und Partizipieren)* » Zuhören » Um Vorschläge bitten » Mitarbeiter am WEG zum ZIEL beteiligen

Umsetzungsplänen » Aufgabenerledigung strukturieren » Formulierung von Erwartungen und Richtlinien » Mitarbeiter als Ausführender » Kontinuierliche Überwachung der Ausführung » Kontrolle der Ergebnisse (Leistungen) » Rückmeldung der Ergebnisse – Feedback *Mitarbeiterbedürfnisse: Orientierung, Sicherheit (Fremdverantwortung)*	» Ideen der Mitarbeiter Raum lassen » ermutigen, unterstützen » Präsent und ansprechbar sein » Problemlösungen moderieren » Freie Hand lassen » ermächtigen *Mitarbeiterbedürfnisse:Beteiligung (Einfluss), Selbstwert (Eigenverantwortung)*

(nach: Hilsenbeck, T, Handbuch Situatives Führen, Würzburg o.J)

Aus diesen zwei Extrempositionen haben Blanchard & Hersey vier Grundstile des Führens entwickelt.

1.4.1.2 Situationsorientierte Führung

Den Ansatz einer „Situativen Führung" entwickelten u.a. Hersey und Reddin. Aufbauend auf den vier von Reddin beschriebenen Grundstilen der Führung, unterscheiden sie situativ erfolgreiche Führungsstile: Diese sind „telling" - die Unterweisung (Dirigieren), „selling" - die Überzeugung (Trainieren), „participating" - das Partizipieren (Sekundieren) und „delegating" - die Delegation. Die Autoren berücksichtigen dabei eine Situationsvariable, den „Reifegrad" der Mitarbeitenden beziehungsweise der Arbeitsgruppe. Dieser „Reifegrad" ergibt sich aus der genauen Analyse von Fähigkeiten und Motivationen der Mitarbeitenden.

Aufgabe und Herausforderung für die Führungskraft ist es zunächst die wichtigsten Hauptaufgaben bzw. -felder genau zu bestimmen und operational aufzubereiten. Danach erfolgt die differenzierte Betrachtung der Fähigkeiten und Motivationen der Mitarbeitenden mit dem Ziel, die jeweiligen „Reifegrade" zu erkennen und zuzuordnen. Jetzt erstellt die Führungskraft ein Konzept des situativ angemessenen Führens jedes Mitarbeitenden. Mit Hilfe dieses Ansatzes wird die Komplexität der Führungsarbeit sichtbar und lässt sich besser visualisieren und strukturieren. Deutlich wird auch, was primär Führungsarbeit und -handeln ist: Einen andauernden Anpassungsprozess des Führungsverhaltens zu gestalten, der eine Balance anstrebt zwischen den gesetzten Vorgaben und den Kompetenzen und Intentionen der Mitarbeitenden (dynamische Balance).

Quelle: In Anlehnung an Hersey, P., Blanchard, K. H., 1977, S. 194

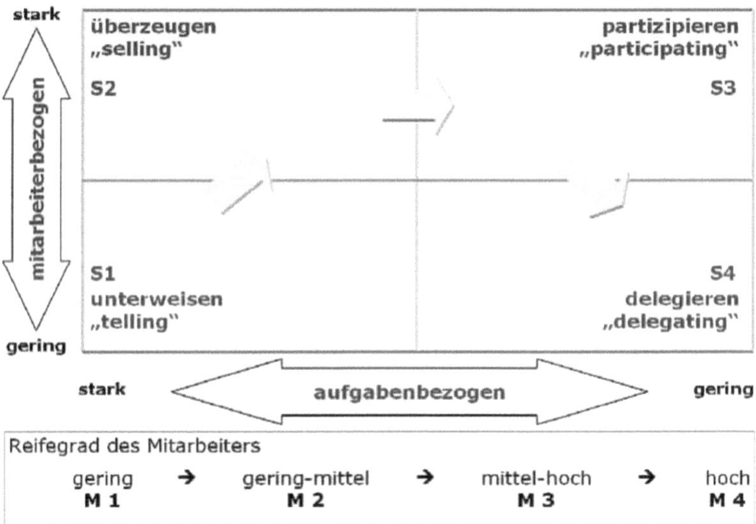

Die einzelnen Felder weisen folgende Merkmale auf:

- Unterweisen bzw. Dirigieren: Vorgabe klarer Strukturen, keine Möglichkeit für Änderungen.
- Überzeugen bzw. Trainieren: Klare Struktur, Kontrollieren der Aufgabenerledigung, Vorschläge einfordern, Besprechen von Entschei-

dungen mit den Mitarbeitenden, Unterstützen der Fortschritte der Mit-arbeitenden; jedoch grundlegend: Strukturieren, Kontrollieren, Supervidieren, Umsetzen der Ideen der Führungsperson.

- Partizipieren bzw. Sekundieren: Nur die Aufgabenziele werden vorgegeben. Ideen der Mitarbeitenden werden gefördert und einbezogen. Die Verantwortung wird geteilt. Den Mitarbeitenden wird der „Rücken" gestärkt: Anerkennen, Zuhören, Raum für Ideen der Mit-arbeitenden.
- Delegieren: Die Verantwortung für die Aufgabenerledigung wird vollkommen den Mitarbeitenden übertragen. Sie haben Berichts- und Rechenschaftspflicht.

(nach Hilsenbeck, T, Handbuch Situatives Führen, Würzburg o.J)

Reifegrad Mitarbeiter/in	**M1**	**M2**	**M3**	**M4**
Kompetenz	Wenig →	Mittel ↑	Hoch ↑↑	Hoch ↑↑
Engagement	Hoch ☺☺☺	Wenig ☹😐	Schwankend ☺😐☹	Hoch ☺☺☺
Führungsstil	**Dirigieren**	**Trainieren**	**Sekundieren**	**Delegieren**

(Hilsenbeck, T, Handbuch Situatives Führen, Würzburg o.J)

Für die Führungskraft ergeben sich daraus mit Blick auf die Führung eines Mitarbeitenden in einer konkreten Situation folgende grundlegenden Überlegungen bzw. Ansätze.

1.4.1.3 Situativer Führungsstil

Der Struktur eines Mitarbeitendenstabes und den spezifischen Aufgaben einer Non-Profit-Organisation mit Experten als Mitarbeitenden entspricht am besten ein kooperatives bzw. partizipativ-situatives Führungsverständnis (M3 - M4). Zu Beginn der Berufstätigkeit bzw. im Einarbeitungsprozess kommen auch Elemente des direkten Führens zum Einsatz (M1 – M2), um die Mitarbeitenden individuell und situationsbezogen mit ihren Aufgabenfeldern vertraut zu machen. Im Vordergrund steht das Ziel bzw. die Idee, den Mitarbeitenden bzw. deren Arbeitsgruppen oder Teams innerhalb des gesetzten Rahmens möglichst viele Gestaltungs- und Entfaltungsmöglichkeiten zu geben, damit über eine bessere Motivation bessere Leistungen (bessere Passung und Qualität der Aufgabenerledigung) und eine größere Arbeitszufriedenheit entstehen können.

Dies ist auch bedeutsam hinsichtlich des Erhalts der Gesundheit von Mitarbeitenden. Deshalb geben Führungskräfte / Vorgesetzte bei einem partizipativ-situativen Führungsverständnis ihren Mitarbeitenden grundsätzlich einen Vorschuss an Vertrauen,

- indem sie mit ihnen Ziele vereinbaren (zielorientierte Führung) und ihnen eigene Aufgaben-, Kompetenz- und Verantwortungsbereiche übertragen (Delegation) sowie
- einen Führungsstil pflegen, der ein positives Klima in der Organisation ermöglicht bei dem die Mitarbeitenden förderlich-konstruktive sozialen Beziehungen aufbauen und pflegen können sowie in ihren Handlungsfeldern Mitwirkungsmöglichkeiten haben (partizipativ-situativer Führungsstil).

Grundlegende Voraussetzung für den Erfolg einer partizipativ-situativen Führung sind sinnvoll strukturierte Arbeitssituationen und transparente Abläufe (Organisation) sowie das offene Gespräch und die breite Information (integrative Kommunikation), denn gerade in der Kommunikationsweise sind häufig die Ursachen für viele Schwierigkeiten und unerwartete Hindernisse zu suchen.

Der partizipativ-situative Führungsstil geht davon aus, dass gute Führung umso eher gelingt, je besser die, der jeweiligen Persönlichkeit entspringenden Verhaltensweisen, mit den Situationen in Einklang gebracht werden können. Für die Führungsperson heißt dies, dass sie die Erwartungen und Vorgaben der Umwelt (gesellschaftliche Entwicklungen, Vorgaben der vorgesetzten Behörden, Wünsche der Klienten bzw. deren Angehörige etc.) ebenso wie die Reaktionen der regionalen Umwelt (politische Gemeinde, Vereine, usw.) auf ihre Maßnahmen berücksichtigt. Sie bezieht die Mitarbeitenden in ihre Entscheidungsfindung in unterschiedlicher Weise je nach Aufgabe, Beteiligten und Situation ein. Zu definieren ist, bei welcher Lösung von Führungsaufgaben die Mitarbeitenden paritätisch mitbestimmen können, bei welchen sie mitberaten und Vorschläge unterbreiten und welche Entscheidungen allein die Führungsperson treffen wird. Orientierung bei der Festlegung von Formen der Mitwirkung geben z.B. rechtliche Vorgaben.

Für die Anwendung des partizipativ-situativen Führungsstils gibt es bestimmte Regeln: Soll in einer Gruppe ein Ziel effektiv erreicht werden und das Klima zwischen Führungsperson und Mitarbeitern gut sein, so soll die Führungskraft ihre Mitarbeitenden bei der Entscheidung umso mehr mitwirken lassen,

- je unstrukturierter die Aufgabe ist, d. h. je weniger klar der Weg vorgegeben ist, wie die Aufgabe gelöst werden soll;
- über je mehr Kenntnisse und Fähigkeiten die Mitarbeiter verfügen;
- je besser sie informiert und je fähiger sie zur Kommunikation sind;
- je mehr Zeit zur Bewältigung der Aufgabe zur Verfügung steht;
- je mehr die Mitarbeiter gewillt sind, mitwirken zu wollen.

Umgekehrt kann die Führungsperson ihre Mitarbeitenden ohne Nachteil für das Klima und die Zielerreichung umso weniger mitwirken lassen, also direkt anordnen, je stärker eine Aufgabe strukturiert ist, je geringer die Kenntnisse und Fähigkeiten sowie der Informationsstand der Mitarbeitenden sind, je größer der Zeitdruck ist und je geringer die Bereitschaft der Mitarbeitenden ist, überhaupt mitwirken zu wollen.

Mitwirkung beinhaltet umfassende, mit dem Aufgabenfeld und der Aufgabenerledigung zusammenhängende Information; ggf. auch passende Fortbildungen. Es ist eine zentrale Führungsaufgabe, den Mitarbeitern den nötigen Kenntnis- und Könnensstand zu vermitteln. Zeitdruck kann u. U. gemildert werden, wenn die Zeit- und Arbeitsplanung überprüft und angepasst wird.

Der partizipativ-situative Führungsstil birgt die Gefahr, dass keine Entscheidung getroffen und alles „zerredet" wird. In solchen Situationen muss die Führungskraft bzw. der/die Vorgesetzte frühzeitig im passenden Moment und transparent begründend den Prozess an sich ziehen, um ggf. selbst zu entscheiden. Je klarer einer Arbeitsgruppe gleich zu Beginn eines Partizipationsprozesses die Aufgabenstellung, die Ziele und eröffnete Handlungsspielräume sowie die strukturellen Setzungen sind, um so mehr ist dieser Prozess und die Partizipation für die Mitarbeitenden glaubwürdig und steuerbar.

Anlagen

Führungsgrundsätze

„Wir pflegen einen wertschätzenden Umgang miteinander.

Wertschätzung bedeutet für uns, die Einzigartigkeit des Menschen und seiner erbrachten Leistung anzuerkennen, sich bereitwillig in die Rolle der Mitarbeitenden hineinzudenken und Fehler auch als Chance zu begreifen.

Wir fördern die Offenheit für Neues.

Diese Offenheit verlangt, dass wir Freiräume für selbständiges Arbeiten ermöglichen, persönliche und kulturelle Vielfalt fördern und unsere Entscheidungen nachvollziehbar treffen.

Wir sind loyal zueinander und zum Unternehmen.

Loyalität ist für uns eine Haltung, die sich in Zuverlässigkeit und Verbindlichkeit ausdrückt und die dadurch belastbar wird, dass sie die Bereitschaft zu fairer Kritik mit einschließt.

Wir streben eine Kultur des unvoreingenommenen Dialogs an.

Dies verlangt, dass wir uns ständig im Austausch von Meinungen üben, unser Wissen und unsere Erfahrungen teilen sowie uns nicht leichtfertig von Vorurteilen leiten lassen.

Wir stehen zu unserer Verantwortung.

Verantwortung verstehen wir als die Pflicht, die Folgen unseres Handelns selbst zu tragen und uns Konflikten, die im betrieblichen Alltag unvermeidlich sind, auch zu stellen.“

(Jugendhilfe Oberbayern, Führungsgrundsätze, Diakonie,o.J., http://www.jugendhilfe-oberbayern.de/ueber-uns/unser-traeger/fuehrungsgrundsaetze/)

Checkliste zur Analyse des „Reifestandes“ von Mitarbeitenden

Die Führungsweise eines Mitarbeitenden richtet sich nach dessen „Reifestand“ (in Bezug auf eine bestimmte Aufgabe) und nach seinen Bedürfnissen.

Zur Analyse sind folgende Fragen hilfreich:

1. “Welche Aufgaben hat / hatte der Mitarbeiter? (Fachaufgaben, Führungsaufgaben, Projekte, Erfahrungen)
2. Beantworten Sie nun jede der folgenden Fragen für jede Aufgabe einzeln:

► Kompetenz

- Über welche praktische Erfahrung verfügt sie/er (in Bezug auf die Aufgabe)?
- Wie hoch ist sein/ihr Fachwissen?
- Wie gut weiß er/sie, was getan werden muss?
- Wie gut weiß sie/er, wie es getan werden muss?

► Engagement

- Wie hoch ist das Engagement (die Motivation) meines(r) Mitarbeiters(in)?

► Selbstständigkeit

- Wie oft sucht sie/er den Kontakt zu Ihnen?
- Wie sicher wirkt er/sie in Bezug auf die konkrete Aufgabe (Person)
- Wie gut kann er/sie auftretende Probleme alleine lösen (Kenntnisse, Handwerkszeug, Vernetzung, usw.)?
- Wie verlässlich, u.a. termintreu, ist er/sie?“

(nach: T. Hilsenbeck, Handbuch Situatives Führen, Würzburg o.J.)

Beispielfragen zum Erarbeiten eines Führungskonzepts

» Welches Leitbild von Führungshandeln wird zu Grunde gelegt?

(Steuern und Lenken von Prozessen aus der "Mitte", oder eher funktionales, hierarchisches Leiten von "Oben"?)

» Welche Stellung wird den Mitarbeiter(inne)n im Unternehmen eingeräumt?

(z.B. Mitarbeiter/- innen als "funktionale (dienende) Kräfte" oder als "innovatives Kapital"?)

» Wie werden die Ziele der Organisation entwickelt - wer ist beteiligt?

» Wie werden Entscheidungen getroffen - wer ist an einer Entscheidungsfindung beteiligt?

» Wie werden die innovativen Kräfte der Mitarbeiter/-innen gefördert?

» Wie wird iin der Organsation eine Erfolgskontrolle durchgeführt?

» Wie sind die Aufgaben und Kompetenzen geregelt?

(Welche Handlungs- und Entscheidungsspielräume haben die Mitarbeiter/-innen?)

» Wie ist der Informationsfluss geregelt?

(z.B. "Jede/-r erhält die Informationen, die sie/er zur Erfüllung der Aufgaben braucht - ein Recht auf Informationen, eine Pflicht zur Weitergabe")

» Welchen Stellenwert haben "Feedback-Runden"?

(gibt es eine Kritikkultur und wie sind die Rückmeldungen geregelt (auch von "unten" nach "oben")?)

» Wie wird mit Konflikten umgegangen (Konfliktkultur)?

(Werden sie vermieden oder eher als Chance verstanden?)

» Welches Delegationsverständnis (als Übertragung von Verantwortung) besteht?

(Delegation von Zielerreichung oder eher von Aufgabenerfüllung?)

» Welche Bedeutung und welche Formen hat die Personalentwicklung in der Organisation?

» Wie wird mit strategischen Bündnissen im Umfeld umgegangen?

» Wie sind Zuständigkeiten und Verantwortung im Umgang mit "Kooperationspartnern" geregelt?

» Nach welchen Maßstäben wird gehandelt?

(nach: http://www.awo-bundesakademie.org/fileadmin/user_upload/PDFs/Spannungsfelder.pdf)

1.5 Eine Art Führungskompass

- Führen und Leiten mit Elementen der Themenzentrierten Interaktion -

1.5.1 Institutionelle Vorgaben

Die grundlegenden Vorgaben für die Arbeit von sozialen Organisationen wird i.d.R. in Gesetzen oder in Satzungen geregelt. Das Aufgabenfeld der Führung in einer konkreten Organisation umfasst meist sowohl kollegiale als auch direktorale Elemente. Beides gilt es unter Beachtung der rechtlichen Vorgaben in ausgewogener Balance zu halten. Dies beinhaltet einmal viel Kommunikation, Transparenz, Ermutigung, Offenheit und Einfühlungsvermögen und zum anderen klare Ansprache, Konsequenz, deutliches Benennen und Würdigen von Aufgaben und deren Erledigung, organisatorisches Geschick sowie das Setzen, Anregen und Überprüfen von Zielen.

1.5.2 Handlungsansätze von Führung im TZI-Dreieck

1.5.2.1 Axiome der Themenzentrierten Interaktion – Gedanken zu Führung

1) „Der Mensch ist eine psycho-biologische Einheit. Er ist auch Teil des Universums. Er ist darum autonom und interdependent.

Autonomie (Eigenständigkeit) wächst mit dem Bewusstsein der Interdependenz (Allverbundenheit). Menschliche Erfahrung, Verhalten und Kommunikation unterliegen interaktionellen und universellen Gesetzen. Geschehnisse sind keine isolierten Begebenheiten, sondern bedingen einander in Vergangenheit, Gegenwart und Zukunft“ (Cohn, 2000, S. 120).

Jede Führungsperson wird gemäß der Vorgaben aufgabenbezogen verantwortlich auf einem aktuell zugänglichen Wissens- und Erfahrungshintergrund eigene Entscheidungen treffen müssen (Autonomie). Zugleich werden die in der Organisation tätigen Mitarbeitenden sowie vor allem auch die Zielgruppe bei den meisten

Entscheidungen mit Ermessensspielraum maßgeblich mit im Blick sein (Interdependenz).

2) „Ehrfurcht gebührt allem Lebendigen und seinem Wachstum. Respekt vor dem Wachstum bedingt bewertende Entscheidungen. Das Humane ist wertvoll; Inhumanes ist wertebedrohend." (ebd., S. 120).

Grundlegende Voraussetzung für jedes Leiten einer Organisation ist die Achtung vor den dort handelnden Personen. Seien dies nun Personen der Zielgruppe, deren Angehörige bei Minderjährigen, die Mitarbeitenden oder das Verwaltungs- oder Versorgungspersonal. Nur eine solche grundlegende personale Achtung eröffnet Handlungsspielräume und Unterstützungspotentiale, die erst das Leiten einer Organisation ermöglichen.

3) „Freie Entscheidung geschieht innerhalb bedingender innerer und äußerer Grenzen. Erweiterung dieser Grenzen ist möglich. Unser Maß an Freiheit ist, wenn wir gesund, intelligent, materiell gesichert und geistig gereift sind, größer, als wenn wir krank, beschränkt oder arm sind und unter Gewalt und mangelnder Reife leiden. Bewusstsein unserer universellen Interdependenz ist die Grundlage humaner Verantwortung" (ebd., S. 120).

Diese Grenzen sind für die Führung einmal die gegebenen rechtlichen Vorgaben und zum anderen oft unausgesprochene Erwartungen und Anforderungen an eine konkrete Organisation (u.a. die informell wirkenden Mechanismen). Im rechtlich geregelten Bereich gilt es, die Ermessenspielräume zu sehen und wahrzunehmen. Im zweiten Bereich ist nach genauer Betrachtung und Reflexion ein offenes Ansprechen und Kommunizieren sowie, wo immer möglich, Entscheiden vor und unter Einbezug aller Beteiligten nötig.

Alle in der Organisation Tätigen sind in eine hierarchische Struktur eingebunden. Diese wird im organisatorischen und beaufsichtigend-kontrollierenden Bereich in der Organisation besonders deutlich. Andererseits können die Mitarbeitenden maßgeblich die engeren, konkreten Tätigkeitsbereiche sowie ihr Zusammenarbeiten gestalten.

Hierbei können sie entscheidend auch Unterstützung von der Führungsperson erfahren, erwarten und sogar einfordern.

1.5.2.2 Das TZI-Dreieck als Orientierung für Führungshandeln

Für ein humanes Gestalten der Leitungsfunktion ist die Kenntnis des TZI-Dreiecks und seine Bedeutung sehr hilfreich: Das TZI-Dreieck im Kreis zeigt mit seinen vier wesentlichen Punkten die Einbettung jedweden Führungshandelns und jeder Gruppen- und Teamarbeit auf. Sie sind alle vier miteinander verbunden und gleich wichtig. Diese Punkte sind:

- ICH = Jede Person, die sich selbst, den anderen und dem Thema (einer Aufgabe) zuwendet.
- WIR = Die Gruppenmitglieder, die durch die Zuwendung zum Thema und ihre Interaktion untereinander zur Gruppe werden.
- ES = Das Thema, also die gemeinsame Sache, der Lernstoff oder die von der Gruppe zu behandelnde Arbeitsaufgabe.
- GLOBE = Das jeweils konkrete Umfeld von Zeit und Situation, die gesellschaftliche, örtlichen und rechtlichen Rahmenbedingungen sowie die Situation der Gruppe selbst, die diese beeinflusst und von ihr beeinflusst wird, also die Umgebungssituation im unmittelbaren und weitesten Sinne. Die aufeinander bezogenen Gesichts- oder Orientierungspunkte ICH, WIR und THEMA werden in den GLOBE hineingestellt.

Jede Organisation verrichtet ihre Aufgaben in einem spezifischen Umfeld und einer gegebenen geschichtlich-gesellschaftlichen Situation. Dies umfasst sowohl regionspezifische rechtliche Regelungen als auch Wohn- und Lebensumfelder, aus denen die Personen der Zielgruppe aber ebenso die Mitarbeitenden kommen. Zudem ist eine Organisation in ein spezifisches Umfeld eingebettet mit daraus sich ergebenden Wirkungen (GLOBE).

Die Arbeitsfelder einer Organisation, ihr Auftrag, also die gemeinsame Aufgabe ist nur in engen Grenzen verhandelbar: Mehr Freiheitsgrade eröffnen z.B. Fortbildungs- und Aktivitätsfelder in der Ausgestaltung der inneren Angelegenheiten (ES).

(Quelle: Langmaak, 1994)

Wesentlich für das Arbeitsfeld einer Organisation sind die personalen Bereiche. Im Ausgestalten dieser Beziehungsgefüge finden die an der Organisation Beteiligten ihre Identifikation: Jede(r) ist wichtig (ICH)! Wir schaffen die Aufgaben gemeinsam (WIR). Im Interesse möglichst optimaler Arbeitsprozesse wird jede Führung bestrebt sein, die inhaltlichen und personalen Kompetenzen der Mitarbeitenden zu stärken; denn am Ende müssen die intendierten Ziele bei den Personen der Zielgruppe erreicht sein. Dies erfordert ein regelmäßiges, von hohem gegenseitigem Vertrauen geprägtes Kommunizieren, was auch Kritikgespräche einschließt. Erfahrungen z.B. in einer TZI-Ausbildung unterstützen die Führung in ihrer personalen Kompetenz ganz entscheidend.

Hier kann das TZI-Modell und seine Grundannahme zum Tragen kommen: Alle in der Organisation sollten sich als eine Gemeinschaft, eine Lern- und Arbeitsgemeinschaft, verstehen. Teamarbeit und lebendiges Lernen sollten in der DYNAMISCHEN BALANCE zwischen

ICH-WIR-ES unter Berücksichtigung der Rahmenbedingungen (GLOBE) stattfinden. Wird einer der Pole vernachlässigt (z.B. individuelle Bedürfnisse, gruppendynamische Prozesse, Sachstruktur), kommt es über kurz oder lang zu Störungen. Für die Führung stellt sich die Aufgabe, bezogen auf die Mitarbeitenden, diese Störungen konstruktiv in den gemeinsamen Arbeitsprozess einzubeziehen.

Die Aufgabe der Führung nach TZI besteht darin, z.B. die Themen in Konferenzen, Arbeitstreffen, Projektgruppen oder in Mitarbeitergesprächen so auszuwählen und zu formulieren, dass die dynamische Balance gewahrt bleibt und so die Handlungsbereitschaft und -fähigkeit der Mitarbeitenden gestärkt wird. In zahlreichen, vorausgehenden Kommunikationsprozessen wird eine Führung zu einzelnen Teilbereichen Meinungen und Stimmungen einholen als auch selbst Informationen, Ansichten und Gegebenheiten kommunizieren, um durch diesen vorlaufenden Wechselprozess dann Themen zu benennen, die zugleich ansprechend als auch zielführend sind. Sowohl im vorbereitenden wie im eigentlichen Arbeitsprozess gilt für die Führungsperson, das Gegenüber als Person zu respektieren und durch einen partizipativen Leitungsstil diesem Verantwortungsübernahme für sich selbst wie für die Aufgabe zu ermöglichen und ggf. Störungen ernst zu nehmen, aufzugreifen, zu benennen (Ichbotschaft) und konsequent einer gemeinsamen Lösungssuche und -vereinbarung zuzuführen. Eine in TZI ausgebildete Leitungsperson bringt hier eine die Prozesse positiv beeinflussende vertiefte (Selbst-)Wahrnehmung ein.

1.5.2.3 TZI – ein Kompass für Führungshandeln

Eine Organisation zu leiten setzt neben bedachter Selbstachtung und -wahrnehmung, Humor und Geduld mit sich selbst und anderen einen konsequenten Blick auf sich selbst (Ich) und die gemeinsam (WIR) gesetzten Ziele und Handlungsvollzüge voraus. Objektive und subjektive Gegebenheiten gilt es zusammenzuführen. Die Prozesse, vor allem bei Veränderungen, sollten meist in „kleinen Schritten“ erfolgen. Jeder einzelne kleine Schritt ist zu würdigen, zeigt Wirkung und führt weiter. Das Besteigen eines Berges ist ein angemessenes Bild für eine Handlungsstrategie nach TZI: Jeder Schritt zählt, konsequentes, bedachtes Vorwärtsschreiten mit ggf. erforderlichen Umwegen und dem Angebot an alle „Bergkameraden“, sie mitnehmen zu wollen, ermöglicht ein gemeinsames sich Nähern ans Ziel. Das TZI-Dreieck kann in seiner übersichtlichen Grundstruktur und der Verknüpfung seiner Einzelelemente als eine Art Kompass, als Wegweiser zum Planen und Leiten von organisationsspezifischen Gremien und Teams dienen. Das Reflektieren der Elemente und Wechselwirkungen im TZI-Dreieck projeziert auf eine gegebene Situation bzw. Aufgabe stärkt verantwortliches Handeln. Werden Elemente daraus umgesetzt, so erhalten bzw. fördern die Kommunikation und das gemeinsame Verhalten einen kooperativen Stil. Insbesondere wird jede Führung die personalen wie inhaltlichen Prozesse wesentlich bestimmenden Faktoren und Elemente genau beobachten, Tendenzen zu erkennen suchen und Wirkungen für das Arbeiten der Mitarbeitenden vorausschauend einschätzen, ggf. z.B. in jeweiligen Projektteams ansprechen, um erste Ansichten und Stellungnahmen zu erhalten und dann eine Handlungsplanung für Aufgabenstellungen im Team zu entwerfen. Hierbei wird die Führung die Aufgaben- bzw. Anforderungsstellung so zu formulieren suchen, dass möglichst jeder Mitarbeiter (ICH) sich angesprochen fühlt und am gemeinsam (WIR) erkannten Ziel personen- und inhaltsbezogen produktiv gestaltend mitarbeiten kann: Fokus ist die gemeinsam zu bewältigende Aufgabe (THEMA).

1.5.3 Dynamische Balance – Aufgabe für Führung

Eine der wichtigsten Grundlagen in der TZI sieht Cohn im Prinzip der dynamischen Balance. Die Balance zwischen den vier Gegebenheiten (ICH, WIR, ES, GLOBE) ist nie vollkommen und starr, sondern bedarf einer relativen, dynamischen Ausgeglichenheit, welche sich in der Balance zwischen physischen, emotionalen, intellektuellen und spirituellen Bedürfnissen und Wünsche befindet. Dabei schließt sie auch die Balance zwischen Geben und Nehmen, Hören und Empfangen sowie Aktivität und Ruhe mit ein (vgl. Langmaack. 114 ff.).

Für das Handeln in der Führung verdeutlicht das TZI-Dreieck, dass Menschen eine Einheit von Kopf und Seele sowie Körper und Gefühl sind, und dass ihre Wirklichkeit immer auf die Wirklichkeit der Welt, in der die Menschen leben bezogen ist. Das Bemühen um die Balance von ICH-WIR-ES-GLOBE ist eine aktiv zu bewältigende Aufgabe. So geht es z.B. im kollegialen wie im dienstlichen Beraten von Mitarbeitenden darum, mit diesen eine Lebensbalance im Arbeitsfeld zu finden, diese damit mit den angesprochenen Inhalten zu erreichen und so wirkliche personale Bewegung zu ermöglichen oder auszulösen. Dynamische Balance im TZI-Sinn ist der fortlaufende Wechsel von Balance verlieren und Balance neu finden. Dies bezieht sich auf die eigene Lebensführung genauso wie auf das Leiten einer Organisation, einer Arbeitsgruppe oder eines Teams.

Beim Führen wie bei der Reflexion z.B. eines Gespräches in Funktion der Führung hilft das Beachtung des ICH-WIR-ES-GLOBE-Gleichgewichtes zu erkennen, wo bei einem Gesprächspartner Stagnation eingetreten ist oder wo ggf. eine zu heftige Dynamik den Blick für Handlungsalternativen oder -möglichkeiten versperrt. Hier kann das TZI-Dreieck (= ICH-WIR-ES-GLOBE-Gleichgewicht) als Handlungshilfe wie Reflexionsinstrument dienen: In Achtung und Wahrnehmung der eigenen Körpersignale wird leichter erkennbar, warum z.B. der Gesprächspartner in Unruhe gerät und das Reflektieren der Elemente des Dreieck kann für das eigene Handeln Ansätze aufzeigen helfen, wie vom Gesprächspartner / von der Gesprächspartnerin wieder eine neue Balance gefunden werden könnte. Dies vor allem im Blick auf das Stärken der Selbstverantwortung des Gegenüber.

1.5.4 Sachanforderungen versus Gefühle und Gruppeneinflüsse

– „Eisbergbild“ - Folgerungen und Gesichtspunkte für Leitungshandeln -

Das Bild eines im Meer schwimmenden Eisberges gibt eine gute Vorstellung davon, wie Menschen zusammenarbeiten bzw. agieren. Der gesamte Eisberg kann als das Denken und Handeln eines Menschen aufgefasst werden: Der aus dem Wasser herausragende, kleine Teil ist das Sichtbare daran. Dieses wird jedoch erst verständlich, wenn der größere, unsichtbare Teil, der unter dem Wasser ist bzw. das nicht sichtbare Bewusste und vor allem Unbewusste, mit in den Blick genommen wird. Dieser nicht sichtbare Teil steuert nämlich entscheidend sowohl das Denken und vor allem das Handeln u.a. über Gefühle und Haltungen. Übertragen auf Aufgabenstellungen ergibt das Eisbergbild folgendes: Über der Wasseroberfläche, für alle sichtbar, liegt die Aufgaben- oder Sachebene. Unterhalb der Wasseroberfläche, verborgen und unsichtbar, liegen die das Handeln maßgeblich steuernden „Massen" der emotionalen und sozialen Faktoren. Wird nun nur der sichtbare Teil in die Planung und Gestaltung von Arbeitsprozessen einbezogen, so wird die viel größeren Einfluss auf Arbeitsweise und -ergebnisse eines Menschen habende psychosoziale Ebene öfter „unerklärliche" Friktionen bewirken. Hier setzt das TZI-Handeln ein: Sinnvolle und stimmige Sachergebnisse bedingen das Einbeziehen der psychosozialen Ebene. Oder in der TZI-Sprache: Themen werden erst dann sinnvoll bearbeitbar, wenn das ICH, das WIR und der alles umschließende GLOBE mit gesehen und gleichbedeutend einbezogen werden.

Beim Leiten eines Mitarbeiterstabes bzw. einer Arbeitsgruppe daraus bedeutet dies für das Handeln der Führungsperson, dass die Zusammenarbeit ein dynamischer Prozess ist, in dem immer wieder die Balance zwischen den Teilbereichen THEMA-ICH-WIR vor allem unter Einbeziehung der Rahmenbedingungen (GLOBE) zu suchen ist: Wenn sinnvolle, gut durchdachte und objektiv notwendige Dinge nicht funktionieren, dann meist deshalb, weil auf der emotionalen Ebene etwas blockiert: Rivalität, Angst, Neid oder Zuneigung regieren aus ihrem Schattendasein und lehnen sich gegen ein Handeln in die gewünschte Richtung auf (siehe auch Inneres Team). Die emotionale Ebene ist dabei aber nicht unbedingt sachlich korrekt, aber sie hat bestimmende Einflüsse auf das Handeln.

Führung hat daher wesentlich etwas mit richtig verstandener Beziehungspflege (Gegensatz wäre „Eierkuchen“ oder Kungelei mit hohem Harmonieanspruch usw.), persönlicher Anerkennung von Leistungen, persönlichen Gesprächen, Sehen von Belastungen und persönliche Zuwendung; kurz Beziehungsarbeit zu tun. Hier helfen die Strukturen der TZI, der Balancegedanken im Dreieck und das Achten auf das Gewicht des GLOBE als alles umfassende Bedingungen, zu einer anderen Qualität im Leitungshandeln.

Es ist eine Aufgabe der Führung und ein wichtiges, für die Psychohygiene im Mitarbeiterstab bedeutsames Moment, immer wieder offen und nachdrücklich auf ein dynamisches Gleichgewicht der ICH-WIR-ES-GLOBE-Faktoren zu achten bzw. hinzuarbeiten, um so optimale Bedingungen für die Interaktion im Kollegium bzw. im Arbeitsteam für die Erfüllung der zu leistenden Aufgaben zu ermöglichen.

Besonders hilfreich aber auch zunächst anspruchsvoll ist dabei für die Führung die konkrete, selbst durchlaufene Erfahrung in der Gruppe z.B. während der Supervision oder TZI-Ausbildung. Hier eröffnet sich ein konkretes Erfahrungs- und Rückmeldefeld, das nachhaltig Führungsverhalten beeinflusst und verändert im Sinne des zunehmenden Wachsens einer konstruktiv realistischen Selbstreflexion und -wahrnehmung sowie das Erfahren von Interaktionen und Wechselwirkungen innerhalb der Gruppe. Auf diesem Hintergrund des Beachtens der ICH-WIR-ES-Faktoren sowie des Bezugsrahmens des GLOBE gelingt so das Leiten einer Organisation oder Gruppe für alle Beteiligten zunehmend besser.

1.5.5 Postulate der TZI - Gesichtspunkte für Führungshandeln

1.5.5.1 Das erste Postulat: „Sei Deine eigene Chairperson“

Dies umfasst nach Cohn: Chairman of myself = Leiter meiner selbst; und Chairman of a group = Vertreter der Interessen aller in einer Gruppe (nicht nur Vorsitzender oder Moderator) (Cohn, S. 120).

Ruth Cohn fordert auf: „Sei Dein eigener Chairman / Chairwoman, sei die Chairperson Deiner selbst. Höre auf Deine inneren Stimmen - Deine verschiedenen Bedürfnisse, Wünsche, Motivationen und Ideen. Gebrauche alle Deine Sinne - höre, sieh, rieche und nimm wahr. Gebrauche Deinen Geist, Dein Wissen, Deine Urteilskraft, Deine Verantwortung, Deine Denkfähigkeit. Wäge Entscheidungen sorgfältig ab. Niemand kann Dir Deine Entscheidungen abnehmen. Du bist die wichtigste Person in Deiner Welt, so wie ich in meiner. Wir müssen uns untereinander klar aussprechen können und einander sorgfältig zuhören, denn dies ist unsere einzige Brücke von Insel zu Insel.“ Damit spricht sie die beiden Seiten auch in Sicht und Handeln von Führung an: Autonomie (ICH) und Interdependenz (WIR).

Formulierung für das Chairman-Postulat findet sich bei Dietrich Stolberg 1982: „Die Verantwortung muss jeder für sich selber tragen, keiner für den anderen, es sei denn für das, was er dem anderen tut. Das Chairman-Postulat ist Ausdruck des Zutrauens in die Fähigkeit des Menschen (wenn er nicht hinter Gittern lebt oder krank ist), sich selbst zu leiten oder zu organisieren, mehr und mehr um die Verantwortung für sich selbst und andere zu übernehmen. Es ist das Wissen um den Menschen, sich zu entwickeln und mit zu entwickeln, was um ihn herum Lebendigkeit schafft.“

Eine konstruktiv handelnde Führungsperson wird zum einen achtsam und wahrnehmend zu sich selbst sein und zum anderen den Mitarbeitenden zum einen einen weiten Vertrauensvorschuss geben und sie zum anderen langsam an Gedanken des TZI-Dreiecks heranzuführen suchen, damit sie sich selbst besser erkennen und steuern können im Sinne einer erhöhten Eigenverantwortung. Denn Jede(r) sollte die Chance erhalten, sich zu seiner eigenen Chairperson zu entwickeln, um dann zufriedenstellender und sinnvoller mit allen anderen, auch der Führungsperson, in den gestellten Aufgabenfeldern zusammenarbeiten zu können:

Es geht darum, dass jede(r) im pädagogischen Feld Tätige im Raume der konkreten Organisation und auch privat im Leben diese Pole miteinander in Verbindung bringen kann sowie um das Ausbalancieren von kognitiven, emotionalen, sozialen und praktischen Fähigkeiten und Bedürfnissen in der je eigenen Person.

Gerade auch in der Führung gilt es immer wieder die Balance zwischen Autonomie und Interdependenz zu bedenken; denn in einigen, für die unterstellten Mitarbeitenden entscheidenden Bereichen, könnte die Autonomie der Führungskraft strikt, rigoros und ohne persönliche Nachteile befürchten zu müssen durchgezogen und umgesetzt werden. Eine Führungskraft muss daher grundlegend eine Entscheidung treffen: Will ich autonom sein und meine ICH-bezogenen Gedanken durchziehen, oder mein Handeln, meine Allverbundenheit und Eingegliedertsein in allem und mit allem (Interdependenz) in der Organisation als Ziel und anzustrebende Maxime nehmen? - Das Anstreben der Balance als Prozess ist bedeutsam; denn im Führungshandeln müssen immer Entscheidungen getroffen werden: Passivität, auch kurzfristig führt bald zu einem destruktiv wirkenden Hin- und Herschwanken, Orientierungslosigkeit im Mitarbeiterstab würde einsetzen.

Führung wie Mitarbeitende müssen den Spannungsbogen aushalten und sinnvoll ausfüllen; denn sie sind in besonderem Maße nie völlig autonom und nie völlig abhängig in dem, was sie tun und entscheiden. Ihr Handeln ist immer teilweise autonom und interdependent zugleich, kurz sie haben immer den sozialen Aspekt ihres Handelns mit im Blick. Bedenken müssen sie: Erst wenn ich die beiden Blickrichtungen, den nach außen zu den anderen und den zu mir selbst hin gleichen Stellenwert und Respekt gebe, kann ich verantwortlich entscheiden und handeln (nach Ruth Cohn).

1.5.5.2 Das zweite Postulat: Störungen haben Vorrang oder „Störungen nehmen sich de facto den Vorrang“ - Gesichtspunkte für Führungshandeln

„Absolute Offenheit ohne Berücksichtigung und Rücksichtnahme auf die jeweilige Tragfähigkeit und Verletzlichkeit anderer ist von gegenseitiger Schädlichkeit. Authentizität muss selektiv sein, sowohl in Aussagen wie in der Art des Handelns“ (Cohn, S. 439).

Störungen können von personenbezogenen, individuellen, prozessbezogenen, interaktionellen und im Umfeld bedingten Ursachen ausgehen.

TZI versteht unter dem Begriff „Störung“ alles, ob negativ oder positiv, was jemanden abhält, sich mit etwas zu beschäftigen oder am eigentlichen gemeinsamen Thema mitzumachen, obwohl er / sie es eigentlich möchte. Ebenso umfasst Störung alles, was einen Menschen nicht uneingeschränkt bei sich selbst oder in einer Beziehung sein lässt.

Somit lassen sich „Störungen“ im TZI-Sinne als Aufmerksamkeitsverschiebungen (z.B. Trauer, Freude, Angst, Erinnerungen) bei einzelnen oder mehreren Teilnehmenden bezeichnen. Die bewirken, dass sich die Betreffenden innerlich (bewusst oder unbewusst) vom vereinbarten, vorgenommenen Thema entfernen. „Antipathien und Verstörtheiten können den einzelnen versteinern und die Gruppe unterminieren; unausgesprochen und unterdrückt bestimmen sie Vorgänge in Schulklassen, in Vorständen, in Regierungen. Das Postulat, dass Störungen und leidenschaftliche Gefühle den Vorrang haben, bedeutet, dass wir die Wirklichkeit des Menschen anerkennen“ (Ruth Cohn). „Die TZI sieht in jeder Störung eine Chance, die zu mehr Lebendigkeit im Miteinander führen kann.“ Diese Lebendigkeit und ein förderliches Miteinander sind gerade für die Bildungs- und Erziehungsarbeit in einer Organisation von großer Bedeutung.

Für das Planen und Handeln der Führungsperson ist wichtig, dass sie Störungen als Botschaften sieht und erkennt, die sagen wollen, dass im Arbeitsfeld oder im Beziehungsgefüge etwas nicht stimmt. Auf Arbeitsteams bezogen sind Störungen nicht zuletzt Indikatoren für Friktionen in Prozessabläufen oder auch vom Umfeld hereinwirkenden Gegebenheiten, z.B. neue Arbeitsbedingungen, Beschlüsse des Gesetz- oder Satzungsgebers oder der vorgesetzten Behörde sowie Umweltanforderungen.

1.5.6 TZI-Gesichtspunkte in der Zusammenarbeit von Angehörigen und Führungsperson

Die Art der Zusammenarbeit von Angehörigen und Führungsperson ist oft störungsbeladen. Dies ist nicht unbedingt auf eine aktuelle Situation zurückzuführen, sondern weist oft auf leidvoll erfahrene Dinge der jeweiligen Person mit Organisationen hin: Ein Angehörigenteil überträgt seine bisherigen Erfahrungen auf eine aktuelle Situation und dies meist unbewusst. Eine solche Übertragung sollte die Führungsperson als einen Irrtum in Zeit, Ort und Person sehen. Es ist eine unkorrigierte Neuauflage eines einmal erlebten Geschehens. Hier gilt es, klar, transparent, freundlich und entschieden zu handeln. Kurz, die Übertragung muss angesprochen werden, um einen Dauerstörfaktor aufzulösen und die Chance für eine beidseitig sinnvolle Zusammenarbeit zu eröffnen.

Neben der Übertragung ist oft auf Angehörigenseite Angst ein Auslöser für unerwartetes, situativ unangemessen erscheinendes Verhalten. Entscheidend ist, darauf weist das TZI-Dreieck hin, dass sich die jeweilige Person so wie sie ist ernst genommen, grundlegend akzeptiert und respektiert fühlt. Hier helfen die Erfahrungen aus eigener Fort- und Ausbildung der Führungsperson sowie Fähigkeiten des aktiven Zuhörens meist zum Entspannen und Klären der Situation.

1.5.7 TZI-Gesichtspunkte im beruflich-persönlichen Umgang mit Mitarbeitenden

Das eigene Handeln in einer Organisation, in Beziehungs-, Arbeits- und Gesprächssituationen, ist oft für Mitarbeitende angstbesetzt. Gibt es doch in diesen Feldern meistens keine „harten Fakten“, oder klare Regeln, die ein eindeutig richtiges Handeln bestimmen ließen. Dies ist das besonders Schöne und zugleich Beängstigende in sozialen Berufen. Eine Führungsperson, die Kolleginnen / Kollegen in fachlichen und beruflichen Dingen beraten will und muss, wird hier sehr oft auf meist gut kaschierte Ängste stoßen. Angst ist eine der tiefgreifendsten und intensivsten Anlässe für Störungen. Solche oft unbewusst mit Angst besetzten Situationen lassen sich z.B. bei persönlichen Gesprächen meist an körperlichen Merkmalen erkennen: Körperhaltung, Auftreten, Stimme und Stimmlage, Sitzweise und Fingerhaltung, Augen- Mundpartie usw.

Körpersprache ist nonverbale Sprache (Mimik, Gestik, Art wie man sitzt, läuft usw.) und damit oft präziser als das gesprochene Wort. Körpersprache ist unmittelbar, spontan und damit authentisch.

Für das Handeln der Führungsperson geht es darum, die Körperreaktion zu erkennen, dem aktuellen Prozess einzelner oder dem Gruppengeschehen zuzuordnen und entsprechend situationsangemessen zu handeln.

Somit ermöglicht das Achten der Führungsperson auf die Sprache sowohl des eigenen Körpers wie diejenige der Beteiligten wichtige, zusätzliche Informationen zu gewinnen, und sie kann so eher weitergehenden Störungen vorbeugen.

Jede Führungsperson sollte auf solche Signale achten. Hier hilft der Führungsperson grundlegend auch das Beachten des GLOBE, das bewusste Schaffen einer ansprechenden, akzeptierenden, freundlich, zugewandten Atmosphäre z.B. durch die Sitzordnung oder einen entsprechenden Gesprächseinstieg. Insbesondere sollte die Führungsperson vor einem Gespräche z.B. Die Grundlagen des TZI-Dreiecks nochmals situationsbezogen durchdenken z.B. hinsichtlich:

· ICH-Störungen (Unterforderung, Überforderung, Zweifel am Selbstwert, Erinnerung an alte Geschichten;

· WIR-Störungen (Unklarheit in Nähe und Distanz zu Leitung oder Kollegen);

· THEMEN-Störungen (Uneinigkeit in der Zielvorgabe, in den Wertvorstellungen, in der Organisation);

· GLOBE-Störungen (Äußerer Rahmen, aktuelle Situation, Informationen); und entsprechende Vorbereitungen treffen.

1.5.8 Eine Organisation leiten mit Blick auf die TZI-Hilfsregeln

Unter in sozialen Berufsfeldern Tätigen sollten eigentlich Kenntnisse und Fähigkeiten zu einer stimmigen, konstruktiven Kommunikationsweise situationsunabhängig geläufig sein. Dem ist jedoch oft nicht so, vor allem in personbezogen belastenden oder belasteten Situationen gehen rational bekannte Kommunikationsregeln häufig verloren. Hier können bei der Führungsperson Erfahrungen und Trainingsergebnisse aus Gruppenerfahrungen z.B. in einer TZI-Ausbildung zu einer direkten und offenen Kommunikation beitragen.

Die TZI-Hilfsregeln wollen im Umgang mit sich selbst und mit anderen zu mehr selbstverantworteten „Aussagen" führen. Die Hilfregeln stehen in engem Zusammenhang mit den TZI-Postulaten.

Die TZI – Regeln sind Hilfsangebote zu direkter und offener Kommunikation, sind Leitlinien, nicht Kampfinstrumente. Sie sollen das „Versteckspiel" indirekter und verschlüsselter Kommunikation aufdecken helfen. Die Hilfregeln der TZI sind weder als Ordnungsfaktor zu betrachten noch wollen sie die Hierarchie in der Organisation verdeutlichen oder gar besser steuern helfen. (vgl. Langmaack, 1994, S.103)

Die folgend genannten Hilfsregeln gilt es situationsgerecht und der Gruppe entsprechend zu formulieren und einzuführen. Es sind Regeln, die für jedwede Gruppen, Teams oder Versammlungen als vor allem auch für berufsbezogene Arbeitsteams, Teil- und Gesamtkonferenzen hilfreiche Orientierungen darstellen. Für Mitarbeitende sind sie bezogen auf ihr eigenes Handelns und Verhalten oft ungewohnt. Ihre Beachtung bringt jedoch entscheidende Vorteile im gegenseitigen Verstehen und im Miteinander in einem Mitarbeitendenstab. Die Aufgabe der Führung ist dabei das sukzessive Einführen bzw. Vereinbaren und dann auch Einfordern der jeweiligen Verhaltensregel.

1) Vertritt dich selbst in deinen Aussagen; sprich per „Ich" und nicht per „Wir" oder „man" (ebd. S. 124)!

Begründung: Wenn ich an meine Aussage glaube, brauche ich keine fiktive und quantitative Unterstützung des/r Anderen (vgl. ebd.).

2) Wenn du eine Frage stellst, sage warum du fragst und was deine Frage für dich bedeutet. Sage dich selbst aus und vermeide das Inter-view (ebd.).

Begründung: Fragen, die kein echtes Verlangen nach Information ausdrücken, bringen kein Gespräch/Diskussion zum Laufen. Echte Kommunikation kann ebenso übertragbar sein wie Abwehr (vgl. ebd.).

3) Sei authentisch und selektiv in deinen Kommunikationen. Mache dir bewusst, was du denkst und fühlst, und wähle, was du sagst und tust (ebd. S. 125).

Begründung: Durch Konformitätsdruck und Übereilung kommt kein Vertrauen und Verständnis zustande, da ich nicht wirklich hinter dem Gesagten stehe. Jede Handlung bedarf meiner eigenen Überprüfung (vgl. Cohn, 1999, S.362 f.).

4) Halte dich mit Interpretationen von anderen so lange wie möglich zurück. Sprich statt dessen deine persönlichen Reaktionen aus (Cohn, 2000, S.125).

Begründung: Interpretationen können hilfreich sein, wenn sie zeitadäquat eingesetzt werden. Meistens sind sie jedoch nichts anders als „Selbstbewunderungsspiele", erregen Abwehr und können den Gruppenprozess verlangsamen (vgl. ebd., S. 125 + 126).

5) Sei zurückhaltend mit Verallgemeinerungen (ebd. S. 126).

Begründung: Verallgemeinerungen haben die Eigenart, Prozesse zu bremsen oder gar zu unterbrechen. Sie können die dynamische Balance stören. Anderseits können Verallgemeinerungen sinnvoll eingesetzt werden, wenn ein Unterthema ausreichend diskutiert worden und der Wechsel des Gegenstandes angezeigt ist (z.B. als Hilfe, dynamische Balance herzustellen oder zu einem anderen Unterthema überzuleiten) (vgl. ebd.).

6) Wenn du etwas über das Benehmen oder die Charakteristik eines anderen Teilnehmers aussagst, sage auch, was es dir bedeutet, dass er so ist, wie er ist (d.h. wie du ihn siehst). (vgl. ebd.)

Begründung: Ein Individuum kann nur seine persönliche Ansicht über den anderen aussprechen, nicht aber den Anspruch auf allgemeine Gültigkeit. Wenn der Sprecher hinzufügt, was ihm seine Frage und/oder sein Feedback bedeutet, werden echte Dialoge begünstigt und gefördert (vgl. ebd.).

7) Seitengespräche haben Vorrang. Sie stören und sind meist wichtig. Sie würden nicht geschehen, wenn sie nicht wichtig wären (Mögliche Frage der anderen GruppenteilnehmerInnen: "Vielleicht wollt ihr uns erzählen, was ihr miteinander sprecht?"). (ebd.)

Begründung: Es würde sie nicht geben, wenn sie nicht wichtig wären. Seitengespräche als Ausdruck von Angst, sich nicht in der Gruppe zu exponieren oder als Möglichkeit eines Wiedereinstieg ins Gruppengeschehen. Diese Regel sollt als eine Aufforderung verstanden werden und nicht als Zwang (vgl. ebd.).

8) Nur einer zur gleichen Zeit bitte (ebd. S. 127).

Begründung: Niemand kann bewusst mehreren Äußerungen zur gleichen Zeit folgen. Ein Gruppenzusammenhalt ergibt sich aus konzentriertem Interesse füreinander und für die Aussagen und Aktionen jedes Teilnehmers. Diese Hilfsregel bezieht sich vor allem auf verbale Aussagen. Es gibt jedoch auch Situationen, wo nonverbale Kommunikationen (Gesten, Paarbildung usw.) sehr störend sind. In solchen Momenten empfiehlt es sich, die Störung aufzugreifen und in den Gesamtstrom einzubringen (vgl. ebd.).

9) Wenn mehr als einer gleichzeitig sprechen will, verständigt euch in Stichworten, über was ihr zu sprechen beabsichtigt (ebd.).

Begründung: Eine kurze Kommunikation mindert explosive Bedürfnisse, sich mitzuteilen, und befähigt die Gruppe zu wählen. Durch diesen Vorgang wird die Entscheidung, wer sprechen soll, von der Gruppe getragen und nicht nur vom Gruppenleiter. Diese Regel ist sehr hilfreich, da sonst ein verstärktes Rollenverhalten eintreten kann: Der Scheue zieht sich noch weiter in sich zurück und der Dominante beansprucht noch mehr Raum. (vgl. ebd.).

10) Beachte Signale aus deiner Körpersphäre und beachte Signale dieser Art bei anderen Teilnehmern (Cohn, 1999, S. 363).

Begründung: Körperreaktionen stellen erste Hinweise auf die Einstellung (z.B. Behagen, Unbehagen, Langeweile, Abschweifen usw.) der einzelnen Teilnehmer gegenüber dem Thema, der Gruppe bzw. einzelner Teilnehmer dar, manchmal lange bevor diese kognitiv bewusst erfasst werden (vgl. Laangmack, 1994, S. 110 ff.).

Oder kürzer formuliert z.B. als Maxime für Mitarbeitergespräche oder als Entscheidungs- und Gesprächsgrundlage für eine Geschäftsordnung der Gesamtkonferenz:

1. Übe Deine Sinne (siehe, höre, empfinde)
2. Werde wach für Deine Gefühle, sie gehören zu Deinem Wert und Deiner Wichtigkeit.
3. Drücke Dich klar aus (sage lieber öfter ich und wir, als man).
4. Halte Dich mit Interpretationen von anderen so lange wie möglich zurück.
5. Sei authentisch und selektiv in Deinen Kommunikationen. Selektive Offenheit ermöglicht Vertrauen und Verständnis. Absolute Offenheit ist meist inhuman.
6. Zuhören, nachdenken und aussagen sind unterschiedliche Tätigkeiten. Erlaube Dir und anderen Pausen und Schweigen, sie gehören zu echter Kommunikation.
7. Beachte Deine Körpersignale und die von anderen.
8. Sprich per Ich anstatt per man oder per wir.
9. Stelle möglichst wenige Fragen, es sei denn, Du erläuterst ihren Hintergrund.
10. Vermeide Interpretationen.

Die Hilfsregel „8“ will einem unpersönlichen „Verstecken“ vorbeugen und dem Gegenüber die eigene Meinung bzw. die eigene derzeitige Gefühlslage offenlegen, um so Vertrauen aufzubauen zu einer offenen

Kommunikation, die beide in der jeweiligen Situation von einander erfahren lässt und sie so sowohl im gegenseitigen Verständnis wie auch hinsichtlich einer Aufgabe weiterbringen kann.

Die Hilfsregel „9“ will zu einer besonderen Sichtweise des Fragens anregen: Diese Frageregel bezieht sich nicht so sehr auf Informationsfragen, als echte Fragen, sondern auf all jede Fragen, die in ihrer Wortwahl leicht als Verhör oder Anklage verstanden werden können. Solche Fragen verunsichern den/die Befragte(n) auch hinsichtlich seiner Situation: Was geschieht nach seiner Aussage? TZI will hier Eindeutigkeit.

1.5.9 Führung unter TZI-Ansätzen - zusammenfassende Gesichtspunkte

Eine leitende Person, die Kriterien der TZI umsetzen will ist nach Ruth Cohn „Hüter der Balance“. Sie hat durch ihr Tun und ihre Beiträge für das Gleichgewicht der vier TZI-Faktoren im Prozess der Gruppe zu sorgen. Sie tut das, indem sie „interveniert“. Das geschieht durch Strukturgeben, Anweisungen, Informationen, Fragen, Aussprechen von Gefühlen, Wahrnehmungen, Assoziationen.

Die Aufgabe einer Führungsperson, die Ansätze der TZI umsetzen will ist es, die Mitglieder einer Organisation zu größtmöglicher Eigenverantwortlichkeit zu führen, so dass sie sich in ihren Äußerungen des gemeinsamen Ziels, den vereinbarten oder gegebenen Aufgaben, dem Arbeiten am Projekt, bewusst werden (nach Hahn et.al., 2001, S. 183).

Eine vorausschauende, in ihrem Handeln transparente und Vertrauen fördernde Führung wird Mischformen aus emotionaler und kognitiver Wahrnehmung heranziehen, um Mitarbeitende erfolgreich zu erhöhter eigener und gemeinsamer Verantwortlichkeit führen zu können. Hierzu gehört als Grundvoraussetzung die offene Reflexion über sich selbst und eine gute und dynamische Kenntnis der eigenen Persönlichkeit. Diese Aufgabe und Anforderung gerade an leitende Personen ist besonders bedeutsam und meint auch ein immer wieder kritisches Hinterfragen und Klären der je eigenen handlungssteuernden Beweggründe, auch im Blick auf eigene Schwächen und Stärken. Beides zusammen setzt die Bereitschaft zu lebenslangem Lernen im eigenen Berufsfeld sowie im privaten Beziehungsgefüge voraus.

Literatur

Cohn, Ruth C.: Von der Psychoanalyse zur themenzentrierten Interaktion. Klett-Cotta, Stuttgart 14. Auflage 2000.

Langmaack, Barbara: „Themenzentrierte Interaktion, Einführende Texte rund ums Dreieck“, Weinheim 1994

Hahn, Karin; Schraut, Marianne; Schütz, Klaus Volker; Wagner, Christel: Kompetente

LeiterInnen; Beiträge zum Leitungsverständnis nach TZI. Matthias-Grünewald-Verlag, Mainz 2001.

Scharer, Matthias: „Themenzentrierte Interaktion“, Katholisch-Theologische Fakultät Innsbruck, http://www.theol.uibk.ac.at/itl

Schwab, Susanne: „Die Bedeutung der Themenzentrierten Interaktion im selbstgesteuerten Lernen“, FU Berlin, Berlin 2005

Schütz, K.-V.: Glossar zur TZI, in: Löhmer, C. und Standhardt, R.: „TZI, pädagogisch-therapeutische Gruppenarbeit nach Ruth Cohn“, Stuttgart 1992

http://leguan.emp.paed.uni-muenchen.de/strategien/lernen_in_gruppen.html

1.6 Integrative Führungsmodelle - New Leadership

„Leadership ist nicht, Leute dazu zu bringen, Dinge zu tun, die sie nicht tun wollen, sondern Leute dazu zu befähigen, Dinge zu leisten, von denen sie niemals glaubten, sie erzielen zu können." Peter F. Drucker

1.6.1 Erkenntnisse und Anregungen aus der Führungsforschung

In der Erforschung eines effizienten Führungshandelns gab es verschiedene Ansätze und Schwerpunkte:

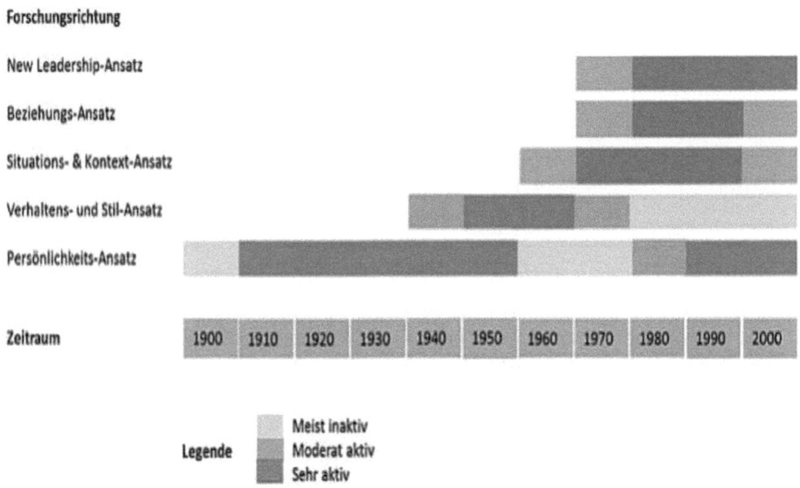

Übersicht der Forschungsströmungen von Leadership;S. Frauke in Anlehnung an Antoniakis, Cianciolo & Sternberg (2004, S. 7)

Das aktuelle Forschungsfeld zur Personalführung (Leadership) ist der „New Leadership-Ansatz". Er umfasst sowohl die gesamte Persönlichkeitsstruktur der Führungskraft wie die Art und Weise der Mitarbeitendenführung. Die Modelle der transaktionalen und transformationalen Führungsweise sind Ausprägungen davon. Modelle der situations- und kontextorientierten Ansätze lassen sich in ihrer Mitarbeitendenorientierung in Verbindung mit dem Modell der transformationalen Führung und in der Aufgabenorientierung in Verbindung zur transaktionalen Führung bringen.

In diesem Zusammenhang ist die „Contingency Theory“ von Fiedler (1964; 1967) interessant. Er unterscheidet drei wesentliche Situationsvariablen für den Erfolg der Personalführung im Zusammenhang von Aufgaben- und Mitarbeitendenorientierung im Führungshandeln:

» „Beziehung zwischen Führungskraft und dem Geführten (Leader-Member-Relations),

» Strukturierung und Klarheit der Aufgaben (Task Structure),

» Positionsmacht (Position Power).

Auf Basis dieser drei Situationsvariablen hat Fiedler (1964; 1967) empirisch eindeutige Erkenntnisse gewinnen können, in welchen Situationen die Verhaltensdimension Aufgaben- (transaktional) bzw. Mitarbeiterorientierung (transformational) die adäquatere ist und somit zu einem besseren Führungserfolg führt“ (nach Fraude, 2015).

Ausprägungen der Situationsvariablen

Situationsvariablen								
Leader-Member-Relations	Tief				Hoch			
Task Structure	Tief		Hoch		Tief		Hoch	
Position Power	Tief	Hoch	Tief	Hoch	Tief	Hoch	Tief	Hoch
Adäquater Stil	AO	MO	MO	MO	MO	AO	AO	AO

AO = Aufgabenorientierung MO = Mitarbeiterorientierung

Nach Fiedler hängt der Führungserfolg wie eine Teamleistung davon ab, wie stimmig das Führungsverhalten zur aktuellen Situation passt. Das Modell von Fiedler ergänzt das Modell der Reifegrade von Blanchard und kann zur weiteren Analyse und Vorbereitung eines Führungshandelns dienen.

Die Modelle des „New Leadership“ unterscheiden sich von allen bisherigen Ansätzen durch das Miteinbeziehen der emotionalen Komponente von Führung. Sie stellen Hybridformen bekannter Modelle dar. „Insbesondere die transformationale Führung stellt eine hybride Kombination des eigenschaftstheoretischen, verhaltensorientierten, situationsorientierten und beziehungsorientierten Ansatzes dar“ (nach Fraude).

1.6.2 Transaktionale und Transformationale Führungsweise

Beide Ansätze sind „integrative Führungsmodelle“ und fußen auf dem Prinzip der wechselwirkenden Interaktion von Führungskraft und Mitarbeitenden (leader-follower interaction). Sie gehen der Frage nach, wie es Führungskräften gelingt, Mitarbeitende und Organisationen so zu führen, dass im Umfeld globaler und dynamischer Veränderungen herausragende Leistungen erzielt werden können. Dies umfasst den Blick auf bestimmte Variablen und spezifische Einflussstrategien der Führungskraft: Situative Ebene, subjektive Kriterien und Leistungsvariablen.

1.6.2.1 Transaktionale Führung

„Transaktionale Führung bezeichnet eine soziale Austauschbeziehung, bei der Führungskraft und Mitarbeiter vornehmlich als rationale Partner agieren, die Einsatz, Chancen und Nutzen genau kalkulieren. Die Führungskraft formuliert klar ihre Erwartungen und Ziele und stellt für gezeigte Leistungen, die sie kontrolliert entsprechend positive bzw. negative Sanktionen in Aussicht. In dem Prozess des „Gebens und Nehmens“ reichen die Austauschgüter von materieller Vergütung bis hin zur Gewährung von Spielräumen und dem Austausch von Vertrauen und Loyalität“ (vgl. Bass 1999, S. 12).

1.6.2.2 Transformationale Führung

Transformationale Führung geht über die Befriedigung ökonomischer und sozialer Austauschbedürfnisse hinaus. Menschliches Handeln ist nicht nur rational und zielgerichtet, sondern auf die Erhöhung des Selbstwertgefühls und der Erfahrung von Selbstwirksamkeit ausgerichtet. Transformationale Führung weckt deshalb neue, vor allem höhere Bedürfnisse und Anspruchsniveaus, um gemeinsame Ziele der Organisation zu erreichen. Die Transformation der Mitarbeiter entsteht durch die Artikulation anspruchsvoller Ziele und Erwartungen, durch die Zurückstellung eigener Interessen zugunsten übergreifender Ziele, den Aufbau einer emotionalen Bindung und die Stärkung des Selbstvertrauens. Dadurch werden Ziele internalisiert und es entsteht eine Leistungsbereitschaft „going beyond selfactualizing“ (Bass, 1999, S.12). Angestrebte hohe Ziele sollten zum einen herausfordernd, überaus ambitioniert und zum anderen absolut realisierbar sein. So kann bei den Mitarbeitenden ein starker, positiver, inspirierender und intrinsisch motivierter Effekt erreicht werden.

Im konkreten Führungshandeln gilt ein „sowohl-als-auch“, dabei kann Transaktionale Führung als Fundament transformationaler Führung betrachtet werden: Die Führungskraft wirkt als persönliches Vorbild, handelt authentisch, orientiert sich an klaren, werteorientierten Prinzipien und nimmt so Einfluss auf die Einstellungen und Werte der Mitarbeitenden. Durch die Erfahrung individuellen persönlichen Wertschätzens und die Möglichkeit zur selbstverantwortlichen Erprobung eigener Ideen im organisationalen Rahmen sowie einer erstrebenswerten, gemeinsamen Vision gewinnt die Arbeitstätigkeit an Bedeutung, die Mitarbeitenden finden Identifikation, im gemeinsamen Absprechen, Vereinbaren und Rückmelden und erreichen so bessere Ergebnisse, als sie selbst ursprünglich erwartet hätten (Bestätigung der Selbstwirksamkeit).

1.6.3 Controlling - im Ausnahmefall aktives Management

Werden durch die Führungskraft an die Mitarbeitenden Aufgabenfelder und Verantwortungsbereiche übertragen, so ist auf der Seite der Führungskraft weiterhin die Führungsverantwortung gefordert. Diese bedingt eine stetige und fortwährend aktive Begleitung und Analyse sowie aktive Kontrolle, um mögliche kritische Tendenzen im personalen Bereich wie in der Aufgabenbearbeitung frühzeitig zu erkennen (Frühindikatoren). Um ein solches präventives Handeln der Führungskraft den Mitarbeitenden verständlich zu machen gilt es einen solchen Prozess projektartig zu gestalten: So werden für alle sichtbar und transparent im Prozess Analyse- und Reflexionsphasen z.B. fürs gesamte Team eingebaut bzw. im personalen Bereich individuell Gesprächszeiten vorgesehen, um zeitnah negative Signale und Anzeichen bei Mitarbeitenden anzusprechen und zu bearbeiten. Die Führungskraft ist hier gefordert ggf. unmittelbar aktiv, korrektive Maßnahmen im Vorfeld potentieller Abweichungen, Fehler oder Probleme einzuleiten.

Kurz: „Anstatt Stabilität zu verwalten, gilt es gravierenden Wandel zu bewältigen, dafür ist es wichtig, dass Führungskräfte Visionen entwickeln, Sinn stiften, unterstützen und motivierend wirken z.B. im Fördern kreativen, innovativen Denkens und Problemlösens, um „transformierend" zu gestalten. Die Führungskraft sieht Probleme als Herausforderung, die dazu da sind, um sie durch neue, passende und unkonventionelle Ideen und Handlungen zu lösen. Dabei toleriert die Führungskraft auch mögliche Fehler, die mit dem Erproben neuer, innovativer Ansätze einhergehen.... Transformational handelnde Führungskräfte kennen und verwandeln die Werte, Überzeugungen und Motive ihrer Mitarbeitenden und unterstützen sie beim Fortschreiten von einer niedrigeren auf eine höhere Reifestufe"(nach Dörr, 206)

1.6.4 Transformationale Führung - Effizienz

In der Forschung finden sich zahlreiche Untersuchungen, die die Effizienz einer transformationalen Führungsweise belegen:

Beispielsweise wird die positive Beziehung der transformationalen Führung auf die Mitarbeiter- bzw. die Organisationskreativität nebst der intrinsischen Motivation und der Unterstützung für Innovation durch die Mitwirkungsmöglichkeit festgestellt (Gumusluoglu & Ilsev, 2009). Auch die Erwartung der Mitarbeitenden hinsichtlich der Wirksamkeit und des Team-Zusammenhalts ist belegt (Bass, Avolio, Jung, & Berson, 2003). Eine hohe Korrelation besteht zwischen transformationaler Führungsweise und der positiven Wahrnehmung des Führungsstils hinsichtlich der Selbstwirksamkeit bei den Mitarbeitenden (Felfe & Schyns, 2010).

Exkurs Selbstwirksamkeit - Führung: *„Das Konzept der Selbstwirksamkeit (oder in Englisch: self-efficacy) beinhaltet die subjektive Gewissheit neue, herausfordernde bzw. schwierige Anforderungssituationen aufgrund der eigenen Fähigkeiten und Kompetenzen bewältigen zu können. Diese Gewissheit und Überzeugung resultiert auf einem ent-sprechenden Erfahrungsschatz – d.h. wer häufig die Erfahrung macht den Dingen gewachsen zu sein (und damit einhergehend die entspre-chenden positiven Gefühle durchlebt) tritt anders auf als eine Person, die permanent an neuen Herausforderungen scheitert und somit die diesbezüglich negativen Gefühle internalisiert“ (Bandura, 1997).*

Im Blick jeder Führungskraft sollte sein, dass ein Führungserfolg eine Gesamtleistung aller daran Mitwirkenden ist; denn er hängt zu einem großen Teil vom „Können“, „Wollen“ und „Dürfen“ der Mitarbeitenden ab. „Können“ heißt, die Mitarbeitenden in die Lage zu versetzen ihre Aufgaben bestmöglich wahrnehmen zu können, also Personalentwicklung und Qualifizierung zu betreiben. „Wollen“ bezieht sich auf den großen Bereich der Motivation von Mitarbeitenden über richtige, passende Zielsetzungen, Anreize, Kontrolle und

Anerkennung. „Dürfen“ beinhaltet das Schaffen von adäquaten Handlungs- und Entscheidungsspielräumen durch Delegation von Aufgaben durch die Führungskraft.

1.6.5 Transformational Führende - Persönlichkeitsmerkmale

In verschiedensten Forschungsergebnissen wiesen transformational handelnde Führungskräfte Persönlichkeitsmerkmale wie ausgeprägtes strategisches Denken, konzeptionelle und innovative Denkansätze, eine hohe kritische Reflexionsfähigkeit sowie ein ausgeprägtes Verantwortungsgefühl auf. Sie zeigten ebenfalls eine gewisse Belastbarkeit, Ambition und Selbstmotivation. Die Führungskräfte wurden zusätzlich als Personen mit einem starken Bedürfnis nach Zusammengehörigkeit, einer guten Ansprechbarkeit sowie einem ausgeprägten Vertrauen und Toleranz anderen gegenüber sowie der Fähigkeit zu einer situativ passenden transaktionalen Führungsweise beschrieben.

1.6.6 Führungsweise - gesundheitliche Wirkungen

Der Art und Weise des Führens einer Organisation hat große Wirkungen hinsichtlich präventiver Faktoren der Gesundheit und Leistungsfähigkeit sowohl bei den Mitarbeitenden als auch bei der Führungskraft selbst. Führungskräfte und Mitarbeiter sind beide Bestandteil der Organisationskultur, jedoch haben erstere größere Möglichkeiten sie aktiv zu gestalten. Eine Führungskraft prägt maßgeblich das Arbeitsklima und die Organisationskultur mit: Durch die von ihr gelebten Haltungen und Einstellungen ist sie Vorbild und setzt Maßstäbe. Sie sendet unausgesprochene und von Mitarbeitenden erfahrbare, wirksame Signale, die ein bestimmtes Klima in der Organisation fördern. Jede Führungskraft ist Promotor von Gesundheitsverhalten in ihrer Organisationseinheit. Dies wiederum hat auch Rückwirkungen auf die Führungskraft selbst. Es gilt Balancen zwischen Belastung / Anforderung und Ressourcen / Puffer im inhaltlich-sachlichen Bereich als auch im Zeiteinsatz zu finden.

1.6.6.1 Blick: Führungsperson - Aspekte der eigenen Gesunderhaltung

Bei der Führungsperson gewinnen Faktoren wie Proaktivität (Selbstverantwortung), Selbstbild, Sinnstiftung und Rollenklarheit als Grundlagen der Fähigkeit zu Selbstführung und Selbstmanagement größere Bedeutung. Selbstführung ist ein Prozess, der sich in einer Person abspielt um eine stimmige, individuelle und soziale Identität zu entwickeln. Um handlungsfähig zu sein und zu bleiben gilt es immer wieder eine innere Balance zu finden. Geführt werden psychische Potentiale und Ressourcen, sogenannte – „innere Mitarbeiter" –, die bewusst und absichtsvoll aktiviert und genutzt werden können. Dieses oft anstrengende Ringen mit der eigenen Person, mit Schultz von Thun gesprochen, dem eigenen „inneren Team", umfasst Bereiche wie z.B.:

- Achten auf den Körper: Bewegung, Schlaf, Ernährung, Stressbewältigung;
- Achten auf den Geist: Neugier, Lernfreude pflegen, Lebensvision entwickeln, Planen, Gedanken festhalten, Ressourcen klären / finden, Wertesystem klären, innere Ruhe und Gelassenheit;
- Humor entwickeln (im Umgang mit sich selbst);
- Achten auf Verhaltensweisen: Klare, respektvolle Ausdrucksweise, stimmiges Handeln;
- Achten auf das 'Wir': Aktive Beziehungspflege, Empathie, Toleranz, Respekt und Achtung.

Jede Führungskraft sollte über Selbstführungsstrategien verfügen, die auf Kenntnissen über lern-, motivations- und kognitionspsychologischen Gesetzmäßigkeiten sowie emotionalen und volitionalen Prozessen basieren.

1.6.6.2 Blick: Mitarbeitende - Aspekte der Gesunderhaltung

Eine Führungsperson kann je nach Organisationseinheit in weiten Teilen die objektive Belastung von Mitarbeitenden bestimmen oder kontrollieren (z.B. Art und Umfang der Aufgabenfelder) auch in der Gestaltung der Arbeitsumgebung (z.B. Arbeitsklima) und dadurch persönliche Ressourcen von Mitarbeiten erhalten bzw. aufbauen (z.B. Wertschätzung und Sinn vermitteln, passende Unterstützung und konstruktiv-förderliches Feedback geben). Das erfahrbare Klima in einer Organisation hat maßgeblichen Einfluss z.B. auf Fehlzeiten von Mitarbeitenden.

Eine Führungskraft sollte im Rahmen ihres Verantwortungsbereichs alles dafür tun, dass Mitarbeitende ihre Arbeit als sinnvoll, erfüllbar und kontrollierbar erleben. In ihrem Arbeitsfeld sollten Mitarbeitende aus ihrem Tun heraus ermuntert werden, sich weiterzuentwickeln und sich herausfordernde, höhere Ziele zu setzen (Ressourcen erweitern, neue entwickeln). Jede Führungskraft sollte aufgrund der komplexer und höher werdenden Anforderungen die Mitarbeitenden darin unterstützen Resilienz zu entwickeln.

Eine gesunde Führung differenziert Kastner (2010a, 95f.) in „eine strukturelle und eine personelle Dimension:

- Strukturelle gesunde Führung besteht, wenn die Prozessorganisation, Entgelt- und Anreizsysteme, Karrierepläne, Regeln und Normen im Hinblick auf Gesundheit optimiert werden.
- Die personelle gesunde Führung berücksichtigt folglich die Interaktionen zwischen Mitarbeiter und Führungskraft bezüglich der Balancen in Person, Gruppe, Sache und Umwelt:

» Adäquate Handlungsspielräume zu gewähren;

» Ein gutes Teamklima erzeugen (soziale Unterstützung, Vertrauen);

» Sinn geben;

» Wertschätzen, Feedback, Anerkennung;

» die richtige Balance aus Verausgabung und Gratifikation berücksichtigen;

» Gesundheitskompetenz fördern;

- Vorbild sein im Sinne einer gesundheitsförderlichen Organisationskultur;
- Zielorientiert und partizipativ führen;
- Ohne Angst führen;
- Motivieren (im Sinne von Entwicklungsperspektiven);
- Informieren;
- Weiterbilden / Fördern;
- Konflikte vermeiden / moderieren;
- Ressourcen / Puffer fördern;
- etc.“

Anlagen

Checkliste - Mein Führungsverhalten

Transformationale Führung	**Verhalten: Mein Fühungshandeln beinhaltet ...** (kurze Konkretisierung)	++	+	0	-	--
	Identifizierung und Artikulation einer Vision: Dabei geht es um die Fähigkeit einer Führungskraft, neue Opportunitäten zu entdecken und diese im Sinne einer inspirierenden und unterstützenden Art mit anderen zu teilen.					
	Verhaltensweise als Rollenmodell: Dabei geht es darum, dass man das, was man					

	als Führungskraft im Rahmen von Werten und Verhaltensweisen von den Mitarbeitern erwartet, adäquat vorlebt.					
	Unterstützung der Akzeptanz von Teamzielen (nicht individuelle): Dieses Verhalten der Führungskraft soll insbesondere die Kooperation und die Zusammenarbeit im Team fördern.					
	Klare Erwartungshaltung für herausragende Leistung: Die Mitarbeitenden müssen spüren, dass ein hohes					

	Maß an Leistung, Qualität und Exzellenz erwartet wird.					
	individuelle Unterstützung / Coaching: Der Mitarbeitenden sollen sich von der Führungskraft respektiert und unterstützt fühlen und sie sollen auch das Gefühl bekommen, dass ihre persönlichen Gefühle und Bedürfnisse von Belang sind.					
	intellektuelle Stimulation: Die Mitarbeitenden sollen immer wieder herausgefordert und in ihren Annahmen und					

	Vorgehensweisen hinterfragt werden, um immer bessere und effizientere Wege zu finden.					
Transaktionale Führung	Das Element der kontingenten, stimmigen Anerkennung bzw. Belohnung wurde als Verhaltensweise für die transaktionale Führung implementiert und mit erfasst.					

(Fraude nach Podsakoff, MacKenzie, Moorman & Fetter (1990))

Fragebogen - Verhalten der Führungsperson (Mitarbeitendenbefragung)

Tranformationale Führung	**Führungsverhalten** (MLQ-Skala)	++	+	0	-	--
	… handelt in einer Weise, die bei mir Respekt erzeugt.					
	… spricht mit Kollegen über seine wichtigsten Überzeugungen und Werte.					
	… formuliert eine überzeugende Zukunftsvision.					
	… hilft mir, meine Stärken auszubauen.					
	… sucht bei der Lösung von Problemen nach unterschiedlichen Perspektiven.					
Transaktionale Führung						

	… macht klar, wer für bestimmte Leistungen verantwortlich ist.					
	… macht mich auf Fehler aufmerksam, damit die Anforderungen erfüllt werden.					
	… versäumt es, sich um Probleme zu kümmern, bevor sie wirklich Ernst geworden sind.					

1.7 Führungsperson - Leadership und Umgang mit Macht

Führung macht und schafft Sinn, wenn sie sich nicht ausschließlich von strategischem Machtkalkül leiten lässt, sondern ein ethisches Interesse am Menschen hat.

In der gängigen Forschungsliteratur zu Führen und Leiten besteht heute konzeptübergreifend Einigkeit darüber, dass sowohl Motive und Persönlichkeitseigenschaften als auch spezifische Verhaltensweisen die Kompetenzen von wirksamer und nachhaltiger Führung ausmachen.

Sowohl in einer transaktionalen wie einer transformationalen Führung stellt die Persönlichkeit der Führungsperson und ihre Kompetenzen ein wesentliches Moment für die voraussichtliche wie konkret umgesetzte Führungsweise dar. McClelland (vgl. Spencer & Spencer, 1993) hat zur Beschreibung von Kompetenzen ein Zwiebelmodell der Persönlichkeit entwickelt, in dem er Persönlichkeitsmerkmale, Motive, Werte und Fähigkeiten konzeptionell verbindet: Im „Inneren" der Person befinden sich die Kernkompetenzen der Persönlichkeit die Motive und Eigenschaften („traits"). Danach folgen die Einstellungen,

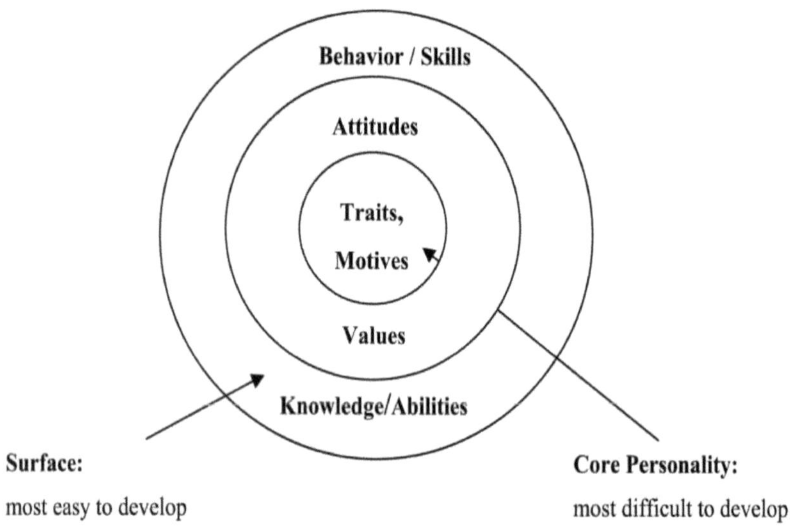

die Werte und das Selbstkonzept und auf der „äußeren“ Ebene sind die Fähigkeiten bzw. Fertigkeiten und das Wissen angesiedelt.

Änderungen von Kompetenzen im „inneren“ Bereich (core-personality), also von Motiven und traits (z.B. Einstellungen, Haltungen, Werte, psychische Stabilität, usw.) lassen sich sowohl von der Person selbst als auch von außen schwerer erreichen und damit ändern. Das wichtigste Element, um in diesen Bereichen Änderungen anzustoßen und zu veranlassen sind mehrfache und subjektiv sowie emotional ansprechende Erfahrungen, möglichst selbstgewählt z.B. berufsfeldunabhängig in Fortbildungsseminaren auf der Grundlage der humanistischen Psychologie, systemischem Beraten bzw. Coaching mit Trainingsteilen, eigene Gruppenleitung mit Feedback im Ehrenamt. Veränderungen von Kompetenzen im äußeren Bereich: Wissen, soziale, fachliche und methodische Fähigkeiten und Fertigkeiten sind leichter zu ändern bzw. zu entwickeln.

Der „innere“ Bereich wirkt maßgeblich, auf die Ausgestaltung der Führungsweise. Dies impliziert, mit Blick auf „Führung“ verstanden als „das zielgerichtete Beeinflussen des Erlebens und des Verhaltens von Einzelpersonen und von Gruppen innerhalb von Organisationen“, und damit die Art und Weise des Ausübens von „Macht“, dass sich eine Führungsperson schon im Vorfeld der Übernahme einer Führungsposition mit dieser Thematik auseinandersetzen muss:

Wer als Führungskraft eine Führungsposition in einer hierarchisch organisierten Organisation übernimmt, sollte sich frühzeitig mit Macht und der Einflussnahme durch Führung auseinandersetzen. Wem der Zusammenhang nicht bewusst ist, löst Wirkungen in seiner Umgebung aus, die unter Umständen nicht beabsichtigt waren und schwierig wieder ins Lot zu bringen sind.

1.7.1 Leadership und Umgang mit „Macht“

Beispiele für die Definition von Macht:

- „Macht bezeichnet die Fähigkeit (das Potenzial) eines Akteurs A, einen Akteur B beeinflussen zu können.“ (French/Raven)
- „Macht ist die Fähigkeit von Individuen und Gruppen, das Verhalten und Denken von anderen Individuen oder Gruppen in ihrem Sinne zu bestimmen.“ (Wikipedia)
- „Macht bedeutet jede Chance, innerhalb einer sozialen Beziehung den eigenen Willen auch gegen Widerstreben durchzusetzen, gleichviel worauf diese Chance beruht.“(Max Weber)

In Organisationen im sozialen bzw. pädagogisch-erzieherischen Bereich wird der Verhaltens- und Handlungsrahmen einer Führungsperson meist durch gesetzliche oder gesetzesähnliche Bestimmungen (z.B. Satzungen, Verordnungen) begründet. Diese werden i.d.R. durch demokratisch gewählte Gremien beschlossen bzw. autorisiert. Damit sind die mehr oder weniger auf hohem Abstraktionsniveau formulierten Ziele der jeweiligen Organisation bzw. einer Organisationseinheit gesetzt. Die Führungsperson wird aufgrund transparenter, vorgegebener Maßstäbe und Verfahren bestimmt und bekommt ihre Funktion / Position in der Organisation formell übertragen (Arbeitsvertrag oder Ernennung).

Im Rahmen ihrer Auftrags- und Ermessensspielräume hat die Führungsperson für eine möglichst optimale Qualität in Bearbeitung, Erledigung bzw. Umsetzung und Ausgestaltung der Aufgabenfelder (Ziele; Zielgruppe(n)) zu sorgen. Hierzu stehen ihr spezifische Instrumente für die Führung der Mitarbeitenden zur Verfügung. Allgemein lassen sich diese Instrumente in vier Kategorien ordnen:

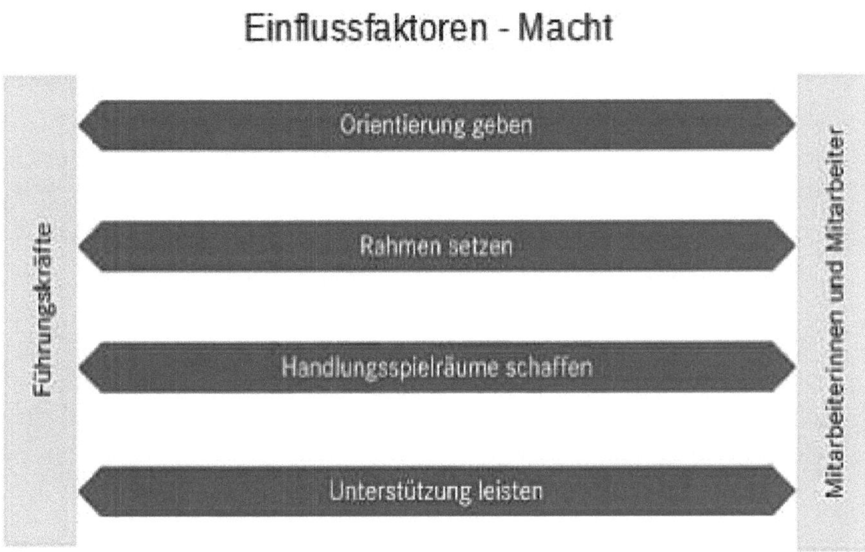

(nach BA, Führungskompass, Nürnberg 2014)

1.7.1.1 Führungsperson - Machtbeziehungen

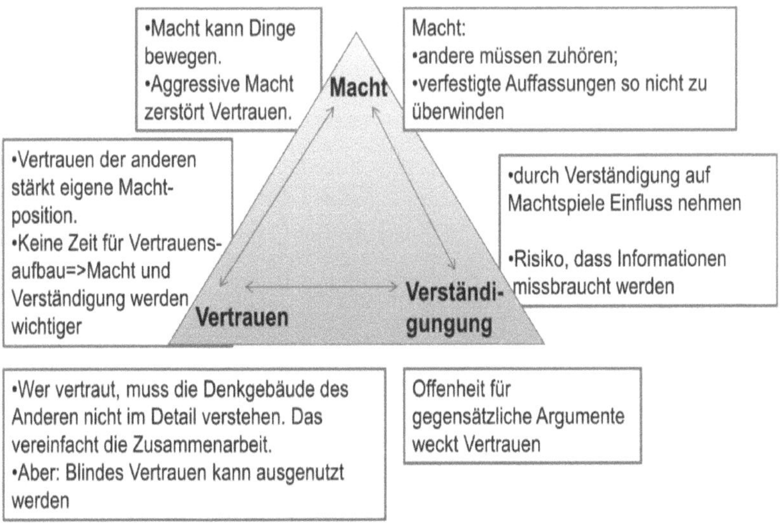

(Fedrowitz, J.; Führen in der Fakultät, Berlin 2013

In allen hierarchisch strukturierten Organisationen verläuft die Fähigkeit Ziele vorzugeben und einzufordern („Macht“) asymmetrisch von oben nach unten. Was oft übersehen wird ist, dass Machtbeziehungen wechselseitig und dynamisch sind: Kommt es zu Auseinandersetzungen oder Konflikten, die den Charakter von Machtkämpfen haben, in denen vor allem die hierarchische Position von einer vorgesetzten Führungsperson ins Spiel gebracht wird, so ist zu bedenken, dass ein in der Hierarchie Untergeordneter möglicherweise seine Vorteile durch die Aufrechterhaltung einer Machtbeziehung zieht. Seine untergeordnete Position im Arbeitsprozess kann zum Beispiel eine machtvolle Schnittstelle darstellen, wenn wichtige Arbeitsschritte von ihm abhängen und er keine Konsequenzen für seinen offenen oder leisen Widerstand zu befürchten hat (partielle oder umfassende Innere Kündigung).

Hierarchische Positionen oder Autoritätszeichen allein sind für ein wirkungsvolles, nachhaltiges Führen zu wenig, hinzukommen müssen integres Verhalten, fortwährende, konstruktiv wirkende Selbstreflexion, eine gezeigte Haltung von Respekt und Achtung, hohe eigene Motivation und breites fachliches Können. Integrität bedeutet, sich durch Werte leiten zu lassen und diesen entsprechend zu handeln. Damit baut „Macht“ in Führungsfunktionen auf Vertrauen und Verständigung / Kommunikation auf.

Wichtigste Aufgabe einer Führungskraft ist es, Entscheidungen zu treffen und diese auch zu verantworten. Entscheidungen sind so zu treffen, dass sie in Handlungen umgesetzt werden, d.h. in Verhalten oder in Zustimmung oder in mittragende Bestätigung der Mitarbeitenden. Im Berufsfeld Verantwortung konsequent zu übernehmen, auch die Verantwortung dafür, Bereiche zu visitieren, zu planen und zu gestalten, in denen Kollegen und Mitarbeiter selbstverantwortlich tätig werden, ist gleichbedeutend damit, getroffene Entscheidungen zu vertreten und einzufordern. Eine Führungskraft muss ihre Entscheidung so transportieren, dass sie alle Mitarbeitenden erreicht und sie dann so umgesetzt werden kann. Das geschieht durch: Überzeugung, transparentes Fachwissen, Klarheit und Kontrolle. Dies bedingt ein

Verhalten der Führungskraft, das selbstbewusst und zugleich selbstkritisch diese Merkmale transportiert.

Hier muss sich die Führungskraft über ihre Wirkung als Vorbild im Klaren sein, will sie Selbstverantwortung bei den Fachkräften und Mitarbeitenden aufbauen, fördern und fordern: Dies intendiert die Einsicht in und das Wollen von Fachkräften und sonstigen Mitarbeitenden, die selbst zu verantwortenden Bereiche in vollem Umfang („machtvoll“) auszugestalten und zu füllen.

1.7.2 Führungsperson - Einfluss durch Rollenverständnis – Rollendistanz

1.7.2.1 Rollenverständnis

Im zwischenmenschlichen Zusammenleben, so auch im Berufsfeld, gibt es eine klare und ständig wechselnde Rollenverteilung. Handelt bzw. verhält sich eine Führungsperson entgegen ihrer Rolle, so löst sie zumindest deutliche innerpersönliche Irritierung bei Mitarbeitenden aus; tritt dies bei Vorgesetzten auf, so ist meist eine mehr oder weniger offene Sanktionierung zu erwarten. In einer Organisation muss sich eine Führungsperson den mit der Funktion zugeschriebenen Rollen bewusst sein und sich entsprechend darauf einstellen und verhalten. Die Entscheidung, ob die eine oder andere Rolle einzunehmen ist, sollte nicht von der Frage abhängen, welches Verhalten die eigene Macht vergrößert. Sondern von den Fragen: Was macht Sinn? Und was stiftet Sinn?

In jeder Organisation gibt es sogenannte „ungeschriebene Normen“. Diese zu kennen oder zumindest gefühlsmäßig zu erahnen ist für eine Führungsperson bedeutsam. Wirken diese ungünstig für Organisationsziele oder einzelne Mitarbeitende, wird sie die Führungsperson ansprechen und damit öffentlich machen; denn nur so können solche „Normen“ verändert oder unwirksam gemacht werden. Klar sollte jeder Führungsperson sein, dass sich in Arbeitsteams oder -gruppen rasch eine Gruppennorm, auch ein gruppenspezifisches Machtgefüge entwickelt. Ist die Führungsperson z.B. im Team anwesend, so verändern sich Verhaltensweisen zwischen den Gruppenmitgliedern.

1.7.2.1 Rollendistanz

Rollendistanz ist jene Fähigkeit, aufgrund welcher eine Person die auf sie gerichteten festen Erwartungen und Normen zum Gegenstand des Nachdenkens und der Möglichkeit einer Veränderung zugänglich machen kann.

Die Fähigkeit zur Rollendistanz bedeutet konkret, sich je nach Situation bzw. Rolle, die er / sie gerade einnimmt, flexibel umzustellen, z.B. gerade noch Führungskraft, jetzt ordentlicher Verkehrsteilnehmer, gleich Familienmitglied, usw.. Jeder Mensch hat sich oft an ihn gestellte Rollenerwartungen gewöhnt. Diese zu verändern oder gar umzustellen fällt meist schwer. Ungleich schwerer ist es, sich mit anderen Rollen auseinanderzusetzen, z.B. mit Rollen, die eine Gesprächsperson gerade inne hat bzw. haben muss. Die entsprechende Rollendistanz ist jedoch die Grundvoraussetzung für weitere Schritte beim Eintritt in neue Gruppen und Teams bzw. deren Führung. Wer sich seiner jeweiligen Rolle bewusst und in der Lage ist, sich jeweils anzupassen, gegebene Rollensetzungen oder -probleme erkennt und begreift, sich somit positiv einbringen kann und seine Rolle jeweils klug verändert, wird konstruktiver, überzeugender und verlässlicher wahrgenommen und als Führungskraft wirken können.

1.7.3 Führungsperson - Einfluss durch Ambiguitätstoleranz – Selbstgewissheit

Ambiguitätstoleranz beinhaltet die Fähigkeit widersprechende Anforderungen handhaben zu können, sie als „normal“ zu akzeptieren sowie die Gewissheit zu haben, über Ideen für passende Denkstrategien und Handlungsansätze zu verfügen. Ambiguitätstolerante Personen agieren grundsätzlich bedacht, schöpfen alle verfügbaren Informationsquellen aus, gehen strukturiert vor und geben sich vor einer Entscheidung vor allem genügend Zeit: „Gut Ding will Weile haben!“ Passende Ideen und Anregungen von Mitarbeitenden greifen sie auf, durchdenken sie und beziehen sie ein im Sinne von Kompromissbereitschaft. Ambiguitätstoleranz ist auch die Fähigkeit, mit fremd oder bedrohlich wirkende Äußerungen gelassen umzugehen sowie die Erwartungen, Bedürfnisse und Meinungen anderer zu tolerieren.

1.7.3.1 Führung unter ambidextrinen Gegebenheiten

Gerade in pädagogisch-erzieherischen Arbeitsfeldern finden sich situativ häufig eine hohe Komplexität mit daraus sich ergebenden Widersprüchen und Dilemmata bis hin zu Paradoxien. Solche in der Institution oder Organisation aufgabenspezifisch angelegte Spannungen lassen sich hinsichtlich ihrer Lösungs- oder Bearbeitungsmöglichkeiten unterscheiden in dialektische Spannungen, Dilemmata und Paradoxien.

Exkurs organisationaler Spannungen: „Dialektische Spannungen beinhalten widersprüchliche Elemente (These und Antithese), die durch eine Integration beider (Synthese) aufgelöst werden können. Dilemmata sind Spannungen, bei denen zwei Alternativen zur Auswahl stehen, die jeweils Vor- und Nachteile aufweisen. Dialektische oder dilemmatische Spannungen sind i.d.R. temporär. Dilemmata werden zu Paradoxien, wenn Entrscheidungen zugunsten einer Alternative nur temporär sein können und die Spannungen somit immer wieder auftreten können.“
(Kerney, N., Effekte ambidextrer Führung …, Berlin 2013)

Raisch & Birkinshaw (2008, S. 375) definieren Ambidextrie als Fähigkeit, effizient in der Bewältigung der gegenwärtigen operativen Anforderungen und gleichzeitig gegenüber Veränderungen des Umfelds anpassungsfähig zu sein. Konkret heißt dies für im pädagogisch-erzieherischen Arbeitsfeld tätige Personen, dass sie interne und z.T. von außen herangetragene Spannungen und Widersprüche als systemimmanent angelegt sehen, eine dazu stimmige Haltung aufbauen und lernen damit umzugehen.
Für die Führungsperson einer Organisation heißt dies insbesondere, dass sie durch die Art und Weise der Gestaltung der Organisationsstruktur und -kultur sowohl im eigenen Arbeitsfeld als auch in dem der Mitarbeitenden Möglichkeiten eröffnet, z.B. in

Arbeitsteams oder thematischen Arbeitsgruppen, gegebene gegensätzliche Anforderungen zu klären, sich damit auseinanderzusetzen und daraus begründete Handlungsfähigkeiten bzw. strategien zu generieren. Hierbei hat die Führungsperson zwei Bereiche sowohl bei sich selbst als auch bei den Mitarbeitenden im Blick zu behalten und ggf. zu koordinieren: „Exploitation“ und „Exploration“. „Exploitation“ bezieht sich auf die effiziente Nutzung vorhandener Kompetenzen. „Exploration“ zielt auf das Entwickeln neuer Kompetenzen. Konkret heißt dies für die je individuelle Handlungsstrategie und deren Umsetzung und auch fürs Team bzw. Kollegium: Auf einer Metaebene wird eine Kompetenz von dynamischer Balance entwickelt. Der aktuelle Zustand der Balance wird ständig reflektiert, um damit frühzeitig und zeitnah Abweichungstendenzen bzw. Abweichungen zu erkennen und so durch passende Maßnahmen das dynamische Gleichgewicht aufrechtzuerhalten bzw. wieder zu gewinnen. Es gilt von einem Denken in „Entweder-oder“ zu einem Denken von „Sowohl- als-auch“ zu gelangen.
Angebahnt kann dies werden durch ein entsprechend thematisches Arbeiten z.B. in Pädagogischen Tagen vor Ort an Ihrer Institution und / oder mehrtägigen Klausurtagungen an Fort- und Weiterbildungseinrichtungen.

Für Sie als Führungsperson kann es hilfreich sein, mögliche Spannungsfelder in Ihrer Organisation frühzeitig erkennen zu können. Eine Zusammenstellung von Spannungsfeldern haben Smith &Lewis (2011) vorgenommen.

Lernen::Zugehörigkeit Spannungen zwischen dem Bedürfnis nach Anpassung und Veränderung und dem Wunsch nach einem stabilen Selbstkonzept und Lebensentwurf	**Lernen** Bestrebungen nach Anpassung, Veränderung und Innovation fördern Spannungen zwischen der Fortführung und der Aufgabe der Vergangenheit	**Lernen::Organisieren** Organisationale Routinen und Kompetenzen benötigen einerseits Stabilität, Klarheit und Effizienz und andererseits Dynamik, Flexibilität und Anpassungsfähigkeit
Zugehörigkeit Identitätsbezogene Spannungen zwischen dem Individuum und dem Kollektiv sowie zwischen gegensätzlichen Werte, Rollen und Mitgliedschaften	**Zugehörigkeit::Organisieren** Spannungen zwischen dem Individuum und dem Kollektiv **Lernen::Leistung** Der Aufbau von Kompetenzen für die Zukunft vs. Sicherstellung des Erfolges in der Gegenwart	**Organisieren** Beim Strukturieren und Führen kommt es zu Spannungen zwischen Kooperation und Wettbewerb, Ermächtigung und Vorgaben sowie Kontrolle und Flexibilität
Leistung::Zugehörigkeit Spannungen zwischen individuellen Zielen und Identitäten einerseits und sozialen und beruflichen Anforderungen andererseits	**Leistung** Pluralität fördert das gleichzeitige Verfolgen multipler und gegensätzlicher Ziele, da unterschiedliche Stakeholder unterschiedliche Schwerpunkte setzen	**Leistung::Organisieren** Zusammenspiel zwischen Mitteln und Zwecken, Forderungen der Belegschaft vs. Forderungen der Kundschaft sowie hohem Commitment vs. hoher Leistung

(Kerney, N., Smith & Lewis' Kategorisierung organisationaler Spannungen. (Adaptiert aus: Smith & Lewis, 2011.)

Im Führungsalltag, dem Umgang mit Ihren Mitarbeitenden, ergeben sich Spannungen u.a. in der jeweiligen Rollenausübung, beispielhaft zwischen Freiraum (Flexibilität) und Kontrolle. Für eine gelingende Führung hat beides seine Berechtigung und muss angemessen praktiziert werden.

Im Führungsfeld treten gerade in pädagogisch-erzieherischen Arbeits- und Aufgabenfeldern oft Themen auf, die auf eine Generierung neuer / alternativer Handlungsansätze oder einer Implementierung gefundener / beschlossener Handlungsstrategien zielen. Wie soll eine Führungsperson hier jeweils handeln? In der Literatur, so bei Gebert et al (2010), finden sich hierzu auf breiten Untersuchungen gründende Hinweise: Eine Ideengenerierung lässt sich am besten durch offene Maßnahmen, die viel Freiraum zum Denken und Ausprobieren eröffnen, fördern. Sollen Ideen bzw. getroffene Entscheidungen in einer Organisation implementiert werden, sind geschlossene Maßnahmen, z.B. die Arbeit mit Zielvereinbarungen, Vorgehen in konkreten Einzelschritten mit Zwischenbilanz usw. erforderlich, um eine klare, erhöhte Verbindlichkeit der Umsetzung bei allen Mitarbeitenden zu erzielen.

Elemente und Ziele der jeweiligen Maßnahmen insbesondere mit Blick auf eine Führung von Teams zeigt das folgende Schaubild über Dimensionen und Wirkungsfelder einer ambidextren Führung:

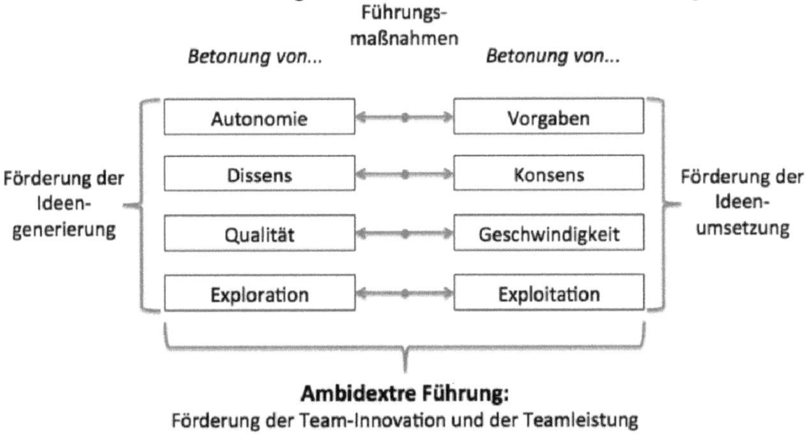

(Kearney, N., Effekte ambidextrer Führung, auf Gebert & Kearney, 2011, basiert)

Bei der ersten Dimension ließe sich im pädagogischen Arbeitsfeld z.B. zwischen pädagogischem Freiraum / pädagogischer Verantwortung (Autonomie) und Lehrplan (Vorgaben) bzw. einer möglicher Unkoordiniertheit oder disfunktionalen Konflikten (Vorgaben erfordernd) eine Ambidextrie feststellen. Für das Handeln der Führungskraft bedeutet dies, eine ausgewogene Kombination von Einräumen eines „Spielfeldes" (Delegation, Freiraum) und klaren Rahmensetzungen (direktive Maßnahmen) zu finden.

Bei der zweiten Dimension geht es um die innerorganisatorische Kommunikation, z.B. den Informationasustausch innerhalb eines Teams bzw. zwischen Team und Führungskraft. Gebert (2010) sowie Brodbeck, u.a. (2007) stellten in ihren Untersuchungen fest, dass erst durch die Kombination von dissens- und konsensfördernden Führungsmaßnahmen sich eine Ideengenerierung und Ideenimplementierung zugleich fördern lassen.

Bei der dritten Dimension Qualität versus Geschwindigkeit kommt der Zeitfaktor beim Erledigen von Aufgaben in den Blick: Es findet ein Abwägen zwischen z.B. gründlicher Auseinandersetzung und einer möglichen Paralyse durch Beschäftigen mit allen Optionen oder Teilaspekten statt. Großzügige Zeitfenster zum Finden qualitativ

hochwertiger Lösungen stehen einer umfassenden Analyse aller Facetten einer Fragestellung mit möglicher Entscheidungsbeeinträchtigung gegenüber. - Auch hier geht es um Entscheidungen, die ein „Sowohl-als-auch“ umfassen, beides ist wichtig: Qualität und Geschwindigkeit.
Bei der vierten Dimension besteht die Ambidextrie zwischen z.B. beibehalten vorhandener, bewährter Methoden und Wissenskonzepten (u.a. eingeschliffenen, momentan erfolgreichen Routinen): Eine Ideengenerierung wird behindert. Und auf der anderen Seite die Erkenntnis, dass zukünftige Entwicklungen neue Fähigkeiten und Kompetenzen erfordern. Bei Schwerpunktsetzung auf Exploration wird die Ideengenerierung gefördert, was zugleich zu Verwirrung führen kann (Was gilt jetzt?): Ideenimplementierung wird beeinträchtigt. - Jede Führungskraft ist aufgefordert eine passende Balance, eine Kombination, ein stimmiges „Sowohl-als-auch“ zu erarbeiten und umzusetzen. (nach Kearney, N., 2013)

Als Fazit lässt ergibt sich, dass bei relativ einfachen Routineaufgaben, dem sogenannten Standartprogramm, bei dem Wege zum Ziel klar sind, geschlossene Führungsmaßnahmen ausreichen, da ansonsten nachteilige Effekte auftreten können.
Je komplexer und vielfältiger mögliche Aufgaben oder Wege zu einer Lösung aktueller und vor allem zukünftiger Herausforderungen sind, je differenziertere Handlungs- bzw. Lösungsstrategien gefunden werden müssen, um so mehr sind offene Maßnahmen angesagt, da sie eher das Potential für innovative Ideen eröffnen. Dann verstärken sich individuell angelegte Wissens- und Handlungspoteniale im Sinne von kollektiven Wirksamkeitserfahrungen (Teamwirksamkeit in Wechselwirkung zu Selbstwirksamkeit). (nach Kearney, N., 2013)

Literatur

Bass, B. M. & Steidlmeier, P.; Ethics, character, and authentic transformational leadership behavior; Leadership Quarterly, 10 (2), 1999

Brodbeck, F. C., Kerschreiter, R., Mojzisch, A., & Schulz-Hardt, S. (2007). Groupdecision making under conditions of distributed knowledge: The information asymmetries model. Academy of Management Review, 32, 459-479

Bartz, A.; Personal durch Auftrag, Zielvorgabe und Zielvereinbarung führen, PraxisWissen SchulLeitung 2570.01

Breuer, J. P., & Frot, P.; Das emotionale Unternehmen, Wiesbaden 2012

Butzmann, B.; Eignungs- und kompetenzspezifische Bedingungen und Erfolgsindikatoren von Führung durch Selbstführung, Koblenz-Landau 2011

Dörr, S.L.; Motive, Einflussstrategien und transformationale Führung als Faktoren effektiver Führung, München 2006

Gebert, D., Boerner, S., & Kearney, E. (2010). Fostering team innovation: Why is it important to combine opposing action strategies? Organization Science, 21, 593-608

Gebert, D. & Kearney, E. (2011). Ambidextre Führung: Eine andere Sichtweise. Zeitschrift für Arbeits- und Organisationspsychologie, 55, 74-87

GLOBE-Studie (Chhokar, Brodbeck & House u.a., WEIMA – Rahmen und Eingrenzung 51 / 611 2007, S.23

Erikson, E.; Identität und Lebenszyklus. Frankfurt/M 1995

Fiedler, F. E.; A contigency model of leadership effectiveness. Advanced Experimental Social Psychology, 1, 1964, S. 149-190

Fiedler, F. E.; A theory of Leadership Effectiveness. New York 1967

Fraude, S.; Die Persönlichkeit einer Führungskraft als relevanter Einflussfaktor auf den transformationalen bzw. transaktionalen Führungsstil – Mythos oder Realität der Führungspersönlichkeit?, St. Gallen 2015

Goleman, D.; Emotional Intelligence. New York, NY 1995 / 2011

Julia E. Hoch, J.E.; Verteilte Führung - Zum Einfluss struktureller, interaktionaler und teambasierter

Führungstechniken auf den Teamerfolg, Kiel 2007

Hersey, P.; Blanchard, K.H.; Dewey, J.E.: Management of Organizational Behaviour. Utilizing Human Resources, 7th Edition, Prentice Hall, Upper Saddle River 1996

Kastner, M.; Führung und Gesundheit im Kontext eines ganzheitlichen, integrativen, nachhaltigen und systemverträglichen Gesundheitsmanagements. In M. Kastner (Hrsg.), Leistungs- und Gesundheitsmanagement (S. 82-134). Lengerich 2010

Kearne, N., Effekte ambidextrer Führung auf die Ideengenerierung und Ideenimplementierung, die Teaminnovation und die allgemeine Teamleistung, Berlin 2013

Mayer, J., & Salovey, P.; The intelligence of emotional intelligence. Intelligence 17, 1993

Nufer, R.; Emotionale Kompetenz bei Führungskräften als Erfolgsfaktor im Umgang mit Miearbeitern, Olden 2013

Raisch, S., & Birkinshaw, J. (2008). Organizational ambidexterity: Antecedents, out-comes, and moderators. Journal of Management, 34, 375-409

Reddin, W.J.; Managerial Effectiveness, New York 1970

Rost, J. C.; Leadership for the Twenty-First Century, Westport 1993

Schmidt, B.; Transformationale und transaktionale Führung als erfolgreicher Führungsstil für Leistung und Gesundheit?, Dortmund 2011

Smith, W. K., & Lewis, M. W. (2011). Toward a theory of paradox: A dynamic equilibrium model of organizing. Academy of Management Review, 36, 381-403

Schulze, R., Freund, P., & Roberts, R.; Emotionale Intelligenz, Göttingen 2006

Seidel ,W.; Emotionale Kompotenz - Gehirnforschung und Lebenskunst. München 2004 / 2008

Wagner, U,: Dimensionen von Weisheit in Führung und Management, Berlin/Oldenburg 2013

Wieland, J. Die Psychologie der Compliance - Motivation, Wahrnehmung und Legitimation von

Wirtschaftskrimininalität. In J.Wieland, R. Steinmeyer & S. Grüninger (Hrsg.); Handbuch Compliance-Management (pp. 71–88), Berlin (2010)

Yang, S.-Y. Wisdom displayed through leadership: Exploring leadership-related wisdom - Leadership Quarterly, 22, 616-632, 2011

Anlagen

Instrumente einer klaren, respektvollen Führung

- Klar und hart in der Sache – sanft im Umgang;

» Sachverhalte und Positionen klären, Verständnis haben für die Interessen des Gegenübers bzw. der Gegenseite - auch wenn man nicht mit allem einverstanden ist;

- aktive Zuhören praktizieren;
- Befriedigung der unterschiedlichen Bedürfnisse der beiden Seiten, so möglich;
- Fragen stellen (statt anweisen bzw. vorwerfen): Echte, offene Fragen!

» lässt andere über Lösungen nachdenken;

» lädt dazu ein bzw. fordert auf, sich zu beteiligen, Teilverantwortung zu übernehmen;

» heißt danach zu schauen, was das Problem ist, nicht wer;

- eigene Gedanken einbringen

» lädt andere dazu ein, weiter zu denken;

» bringt Informationen, Ideen, Analysen, Vorschläge ein;

- beispielhaft handeln

» dient als Modell

(nach Fredrowitz, J.)

Elemente nachhaltig effizienter Führung

- Nachhaltiges Führen erfordert mehr als die formale Macht. Sie brauchen auf längere Sicht Akzeptanz und Respekt, die von allen beteiligten Akteuren getragen werden.
- Verstehen Sie Machtprozesse in einer Organisation als normales Phänomen in sozialen Bezügen. Beobachten Sie die „Mikropolitik" und handeln Sie achtsam – Achten Sie auf Ihre persönlichen Minenfelder und vermeiden Sie diese.
- Geben Sie sich bei Entscheidungen die erforderliche Zeit (so möglich), analysieren Sie genau (auch das „Unmögliche" in den Blick nehmen; „worst case"). Wägen Sie verschiedene Ansätze, Möglichkeiten und Konsequenzen ab (ggf. visualisiert). Kommunizieren Sie Ihre Entscheidung betroffenen Mitarbeitenden transparent.
- Machen Sie sich als Führungskraft klar, wie Sie führen wollen: Welche Werte sind für Sie entscheidend? Wann werden Sie selbst zum Machtausüber? Wann zum Machtempfänger?
- Setzen Sie dem Wunsch nach Macht und Autorität integres Verhalten gegenüber! Fördern Sie eine faire, unterstützende Organisationskultur!

Checkliste: Erfolg- und einflussreiches Führungshandeln

1 Bauen Sie Ihre fachlichen Kenntnisse gezielt und kontinuierlich aus.

2 Konzentrieren Sie sich auf Ihre Hauptaufgabe – die Führung.

3 Delegieren Sie alle Aufgaben soweit möglich jeweils an qualifizierte Mitarbeitende.

4 Beziehen Sie Ihr Team eng in die Entscheidungsfindung ein.

5 Führen Sie Veränderungen durchdacht, klar kommuniziert, behutsam und konsequent durch.

1.8 Führen bei Veränderungsprozessen

1.8.1 Einleitende Gedanken

Anpassungs- und Veränderungsprozesse sind in sozialen Organisationen aufgrund von Veränderungen der Personen in der Zielgruppe bzw. deren Umweltgegebenheiten die Regel. In dynamischen sozioökonomischen Umwelten stehen Organisationen vor der sich beständig neu stellenden Bewährungsprobe, interne und externe Flexibilität mit (dynamischer) Stabilität auszubalancieren. Eine dynamische Balance von Flexibilität und Stabilität aufrechtzuerhalten, wird damit zu einer dauerhaften Gestaltungsaufgabe von Führungskräften und deren Mitarbeitenden in Organisationen bei sich rasch verändernden Umwelten. Diese Daueraufgabe setzt voraus, dass Organisationen interne organisatorische Fähigkeiten und Ressourcen entwickeln, mit denen eine dynamische Balance gelingen kann.

Beim Erkennen und ersten Handeln bei sich anbahnenden Veränderungsprozessen wären z.B. drei Szenarien möglich:

1. Ein Veränderungsbedarf wird von den Mitarbeitenden im direkten persönlichen Kontakt mit den von ihnen betreuten Personen festgestellt. Konkrete Anpassungs- oder Veränderungsprozesse gestalten die Mitarbeitenden als Experten meist im Rahmen ihrer Entscheidungsbefugnisse selbst, oft ohne detaillierte Rückmeldungen an die Führungskraft. Um als Führungskraft an erforderliche Informationen zu kommen, sollte in der Organisation ein verbindliches Informationskonzept vorhanden sein.

2. Die Führungsperson beobachtet kontinuierlich Faktoren und Signale die sowohl aus der einschlägigen Fachliteratur, vom übergeordneten Organisationssystem (z.B. gesellschaftlicher, politischer Bereich, vorgesetzten Behörden) als auch aus der unmittelbaren Umwelt kommen und wägt ab, ob sich daraus Tendenzen erkennen lassen, welche in naher Zukunft relevant für die eigene Organisation werden könnten; bzw. die zeitnah z.B. kommuniziert oder aufgegriffen werden sollten / müssen.

3. Von der Auftraggebenden oder vorgesetzten Ebene, d.h. der obersten Hierarchieebene eines Organisationssystems, werden wesentliche Aufgabenfelder neu oder anders definiert. Die unteren Führungsebenen und damit die konkret ausführenden Teilorganisationen sowie die dort arbeitenden Menschen sind verpflichtet, diese Änderungen i.d.R. sehr zeitnah umzusetzen (Top-down).

1.8.2 Grad von Veränderungen

Entscheidend für das Handeln einer Führungsperson in Veränderungsprozessen ist ein grundlegendes, gegenseitiges Vertrauen, erfahrene Verlässlichkeit sowie eine Haltung beidseitigen Respekts. In solchen Prozessen zeigt sich Führung meist im Rahmensetzen, d.h. zum einen dem Klären des jeweiligen eigenen Ermessensspielraums (Führungsrahmen) und desjenigen der Mitarbeitenden (Handlungsrahmen) und zum anderen dem Eröffnen und Gestalten von Strukturen der Kommunikation unter den Mitarbeitenden sowie der Rückmeldung an die Führungskraft (Führungsrahmen).

Eine ergänzende Sichtweise richtet den Blick auf den Grad bzw. die Intensität der Veränderung. Hier wird zwischen einem Veränderungsprozess 1. Ordnung und einem 2. Ordnung unterschieden:

Während der Wandel 1. Ordnung eine Veränderung innerhalb des bestehenden Organisationssystems bedeutet (z.B. Optimierung oder Verbesserung), erfordert der Wandel 2. Ordnung einen Muster- und häufig auch Identitätswechsel und somit eine radikale Veränderung; was bedeutet, an die Grenzen bisheriger Erfahrungen gehen zu müssen und sich der damit verbundenen Verunsicherung zu stellen.

Der Wandel 1. Ordnung gelingt in der Regel leichter und ist mit den bewährten Führungsinstrumenten angemessen steuerbar. Beim Wandel 2. Ordnung ist das ganze oder zumindest ein größerer Teil des bisherigen Organisationssystems betroffen. Ein solcher Wandel ist sowohl für die Führung wie die Mitarbeitenden anspruchsvoller, weil tiefere Schichten der Organisation und bisher gewohnte, gut funktionierende oder liebgewordene Bereiche bei betroffenen Mitarbeitenden berührt werden. Heftige emotionale Reaktionen sind hier normal und „gesund“.

Je gravierender ein Veränderungsprozess in das bestehende System eingreift, desto wichtiger sind zeitnah flexibel eingeplante Feedbackschleifen, in denen das Gewesene, das bisher Erreichte gewürdigt und die nächsten Schritte sehr transparent, konkret, überschau- und bewältigbar in den Blick genommen und erste Teiletappen vereinbart sowie in Form von „Erprobungen“ durchgeführt werden.

Die einen Veränderungsprozess einleitende, steuernde oder begleitende Führungsperson muss, wenn sie Innovationen in einer Einrichtung umsetzen will, an drei unterschiedlichen Ebenen ansetzten:

- die Ebene der Strategie, also die Frage nach der Richtung, in die eine Organisation gehen soll;
- die Ebene der Struktur, also die Gestaltung von Aufbau- und Ablauforganisation;
- die Ebene der Kultur, also die Einbindung der Mitarbeiter in den Veränderungsprozess.

Alle drei Ebenen müssen in einer Organisation immer beachtet werden, damit eine Chance auf eine erfolgreiche Implementierung am Ende des Veränderungsprozesses besteht.

1.8.3 Bedürfnisse, Befindlichkeiten und Handlungsweisen von Menschen bei Veränderungen

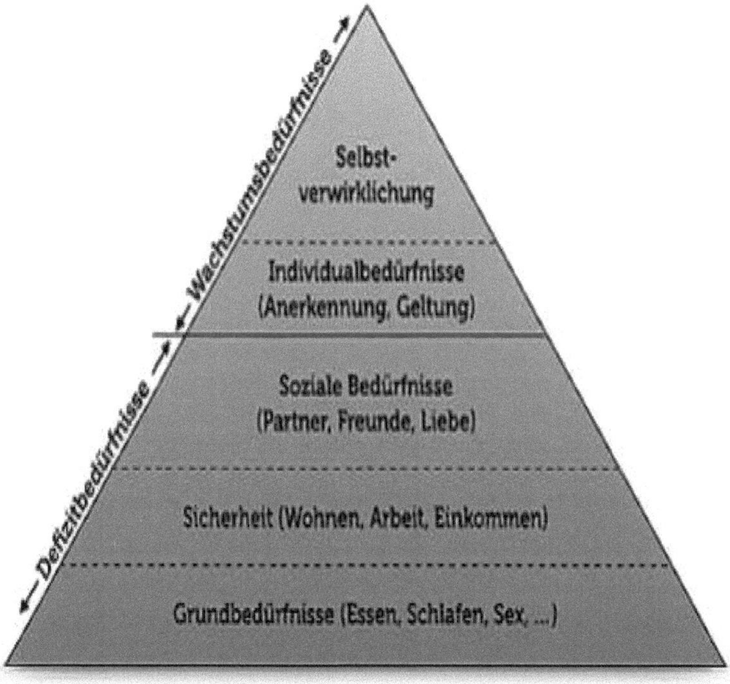

Maslows Theorie thematisiert die Hintergründe der menschlichen Motivation. Er hat 1943 erkannt, dass es verschiedene Stufen der Motivation und der Motive gibt. Im Mittelpunkt der Theorie Maslows stehen die Bedürfnisse des Menschen. Diese zeigt die Grafik, in der die Bedürfnisse stufenweise innerhalb einer Pyramide benannt werden.

- **Grundbedürfnisse:** Diese sind die Basis der Bedürfnispyra-mide und umfassen Trinken, Essen, Schlafen, Sexualität, usw.
- **Sicherheitsbedürfnisse:** Diese Gruppe der Bedürfnisse repräsentiert den Schutz vor Gefahr und den Drang nach Sicherheit,

z.B. Bedrohungen, Krankheiten, die Sicherheit des Arbeitsplatzes.

- **Soziale Bedürfnisse:** Wunsch nach zwischenmenschlichen Kontakten, das Gefühl der Zugehörigkeit, Kommunikation, Partnerschaft, Liebe, Freundschaft, Gruppenzugehörigkeit.
- **Individualbedürfnisse:** Auch Ich- Bedürfnisse genannt, dies sind z.B. der Drang des Menschen nach Ansehen, Prestige, Frei-heit, Stärke, Erfolg und Wertschätzung.
- **Selbstverwirklichung:** Dieses Bedürfnis ist sehr individuell und variiert von Mensch zu Mensch. Diese oberste Stufe stellt ein theoretisches Konstrukt dar, bei dem der Mensch nach z.B. Individualität, Güte, Gerechtigkeit, Selbstlosigkeit (anderen etwas geben) sowie der Ausschöpfung des eigenen Potenzials strebt.

1.8.4 Verhalten bei / in Veränderungsprozessen

Mitarbeitende agieren und reagieren bei Veränderungsprozessen unterschiedlich. Dies ist zum einen personspezifisch aufgrund z.B. oft in der frühen Kindheit verortenbarer und seither wirkender Prägungen oder bisher gemachter beruflicher oder privater Erfahrungen; zum anderen bestimmt die Art der persönlichen Betroffenheit (z.B. erwartete oder vermutete mehr oder weniger tiefgreifende Veränderungen des Arbeitsfeldes, der Anforderungen, der Vergütung) die jeweilige Befindlichkeit (Emotionen) und damit das Handeln.

In der Literatur findet sich eine Art „Gaußsche Kurve“, die eine Vorstellung davon gewinnen lässt, welche Aktions- oder Reaktionsweisen in welcher Relation zur Zahl der Mitarbeitenden wahrscheinlich zu erwarten ist:

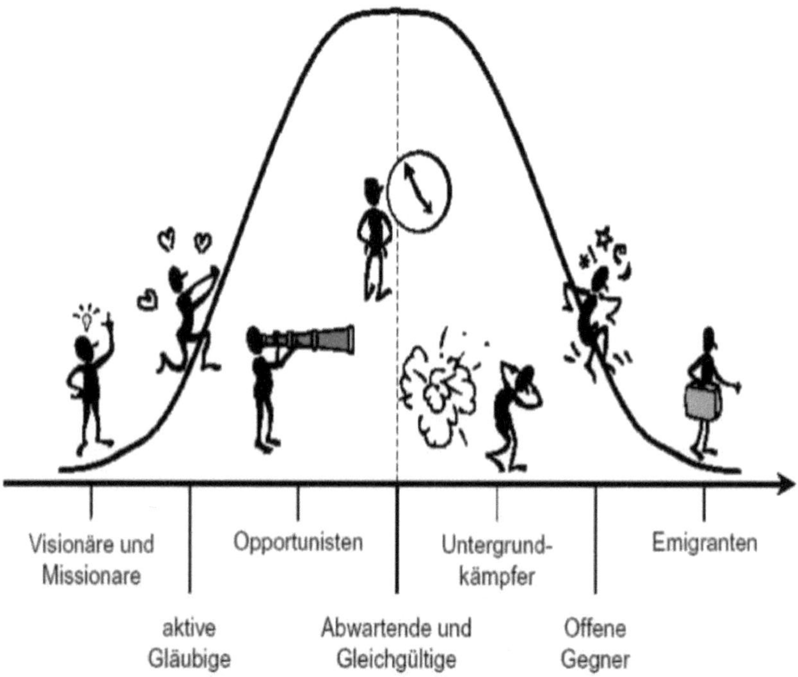

Quelle: Krebsbach-Gnath, C: 1992, S.38 in Vahs, D.: 1999, S. 275

Die Grafik gibt für das Führen zu und in Veränderungsprozessen Hinweise, welche Mitarbeitenden bezogen auf ihre inneren Einstellungen und Haltungen für das Gelingen des Prozesses vor allem gewonnen werden müssen: Opportunisten und Abwartende.

„Beim Umgang der Mitarbeitenden mit Veränderungen können vereinfacht folgende Phasen unterschieden werden:

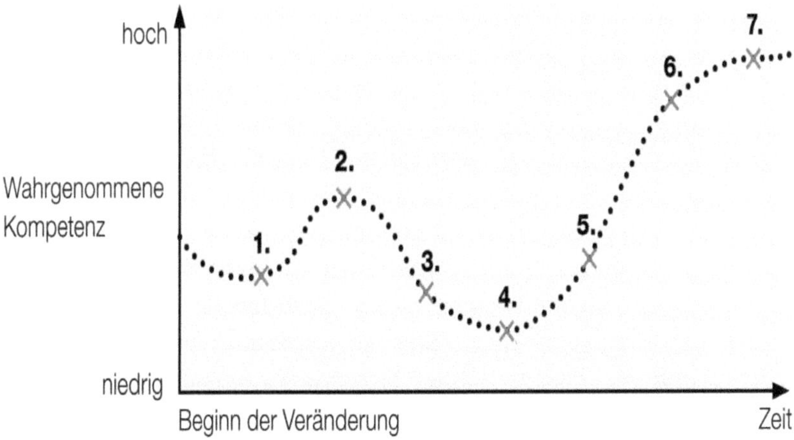

1. **Schock:** Großer Unterschied zwischen hohen Erwartungen und eingetroffener Realität;
2. **Verneinung:** falsches Sicherheitsgefühl, überhöhte Einschätzung der eigenen Kompetenz, Fluchtverhalten, Lähmung;
3. **Rationale Einsicht** in die Notwendigkeit von Veränderung und Unsicherheit;
4. **Akzeptanz** der Realität (Tal der Tränen), «Loslassen» alter Gewohnheiten, Versagensängste;
5. **Emotionale Einsicht**, das Neue wird akzeptiert, Blick geht in die Zukunft, eigene Kompetenz wird realistische eingeschätzt, ungenutzte Potentiale werden erschlossen;
6. **Ausprobieren** und Suchen neuer Verhaltensweisen, Erfolge – Misserfolge, Ärger – Frustration;
7. **Erkenntnis**, warum gewisse Verhaltensweisen zum Erfolg führen und andere zum Misserfolg, Übernahme (Integration) erfolgreicher Verhaltensweisen ins aktive Verhaltensrepertoire" (vgl. Roethlisberger, I., Picciati, E.).

Die Grafik ist der Übersicht wegen vereinfacht. Insbesondere zwischen den Phasen „Verneinung“ und „Ausprobieren“ ist die Führungskraft gefordert. Dort sind auch personbezogen im Befinden und der Handlungsweise häufig rekursive Schleifen erforderlich, die sowohl für die Mitarbeitenden als vor allem auch für die Handlungs- und Gestaltungsfähigkeit der Führungskraft besondere Herausforderungen bedeuten.

Bei Punkt 3: Rationale Einsicht erkennt die Person rational die Veränderung als unvermeidlich an. Sie begreift, dass die eigene Handlungskompetenz nicht ausreicht. Sie will jetzt lernen. Jedoch liegt der Fokus meist ausschließlich auf Sachaspekten. Es herrscht die Überzeugung vor, dass die Dinge sich ändern müssen. Die Notwendigkeit von Veränderungen in Bezug auf die eigene Person wird meist noch nicht wahrgenommen. Im Vordergrund steht die Frage: „Was soll man jetzt tun?“ Die Wahrnehmung ist immer noch problemorientiert, vergangenheitsbezogen oder auf schnelle Ad-hoc-Lösungen fixiert. Eine emotionale Auseinandersetzung hat noch nicht stattgefunden. Diskussionen sind vorwiegend problem- statt lösungsorientiert.

Für Führungskräfte ist es insbesondere wichtig, Widerstände erkennen und richtig einschätzen zu können, um darauf aufbauend passende Handlungsmöglichkeiten zu entwickeln und einzusetzen. Die nachfolgende Grafik nennt Beispiele, wie Mitarbeitende bei Veränderungsprozessen handeln könnten und woran dies exemplarisch zu erkennen sein könnte. Bei einer Vermutung bzw. einem ′inneren Bauchgefühl′ sollte dies in einem persönlichen Vieraugengespräch geklärt werden. So zeigt die Führungsperson zum einen ihre Achtsamkeit auf die / den Mitarbeitende(n), ihr Interesse an deren / dessen Ansicht und zum anderen in der Art der Ansprache ein professionelles, respektvolles Handeln.

	verbal (Reden)	**nonverbal** (Verhalten)
aktiv (Angriff)	**Widerspruch** Gegenargumentation, Vorwürfe, Drohungen, Polemik, sturer Formalismus	**Aufregung** Unruhe, Streit, Intrigen, Gerüchte, Cliquenbildung
passiv (Flucht)	**Ausweichen** Schweigen, Bagatellisieren, ins Lächerliche ziehen, Unwichtiges debattieren	**Lustlosigkeit** Unaufmerksamkeit, Müdigkeit, Fernbleiben, innere Emigration, Krankheit

(Roethlisberger, I., Picciati, E.)

Vereinfacht und idealtypisch läuft ein klassischer Veränderungsprozess in drei Phasen ab:

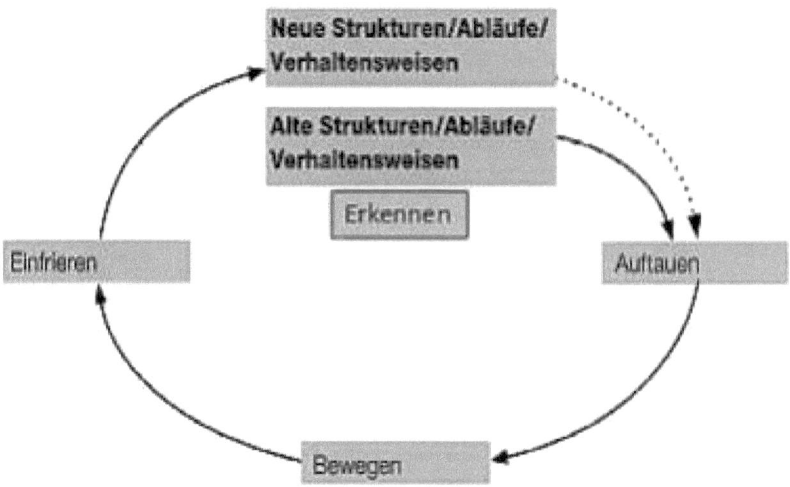

Erkennen (make out): Die Umweltgegebenheiten verändern sich stark, bisherige Abläufe, Strukturen, Verhaltensweisen sind bzw. kommen an ihre Grenzen;

Auftauen (unfreeze): Auflösen der derzeitigen Verhaltensweisen, Einstellungen und Werte;

Bewegen (move): Entwicklung neuer Einstellungen und Verhaltensweisen;

Einfrieren (freeze): Stabilisieren des neuen Zustandes.

(vgl. (Roethlisberger, I., Picciati, E.)

Es empfiehlt sich, Veränderungsprozesse in einer projektartigen Struktur zu planen, einzuleiten und durchzuführen:

Projektimpuls → Vorbereitungsphase → Planungsphase → Realisierungsphase → Abschlussphase.

Während jeder Phase eines Veränderungsprozesses kann es erforderlich sein, einzelne Phasen mehrfach zu durchlaufen, z.B. nach sogenannten „Marksteinen“ (z.B. Zwischenbilanz; Reflexion, Ausblick), um möglichst alle Mitarbeitenden konstruktiv im Prozess beteiligen und mitnehmen zu können.

1.8.5 Führung bei Veränderungsprozessen im eigenen Gestaltungsrahmen

Hier handelt es sich überwiegend um Veränderungsprozesse 1. Ordnung. Jede Führungsperson hat gerade in sozialen Organisation einen dem Auftrag entsprechend mehr oder weniger breiten Gestaltungsrahmen, der ihrer Führungsverantwortung obliegt. Diesen zu kennen und bewusst sowohl für die Zielgruppe als auch die Mitarbeitenden möglichst optimal gemäß der regionalen Wirkfaktoren auszugestalten ist vordringlichste Aufgabe jeder Führungskraft.

Um dieses Feld „bestellen“ zu können, muss die Führungskraft die einzelnen, im und auf das Tätigkeitsfeld wirkenden Faktoren sowie deren Gewichtung und Tragweite gut kennen (z.B. Kraftfeld-Analyse). Hierzu wird sie regelmäßig Gespräche mit allen für die Organisation bedeutsamen Personen bzw. Personengruppen führen und deren Ergebnisse übersichtlich festhalten (strukturierte Gesprächsnotizen) sowie je nach Bedeutung in die eigene Arbeitsplanung (To-do-Liste; Wiedervorlagesystem, TOP für Mitarbeiterbesprechungen, o.ä.) aufnehmen.

Aus diesen Aufzeichnungen erfährt und erkennt die Führungskraft, welche Veränderungen sich im unmittelbaren Umfeld der Organisation anbahnen bzw. welche schon Wirkung zu zeigen beginnen. Sie wird sodann mögliche Szenarien entwickeln, um die kurz-, mittel- und längerfristig zu erwartenden Veränderungen und deren Wirkungen für die Arbeit der Organisation abschätzen zu können sowie mögliche Handlungsfelder und -alternativen im Rahmen der eigenen Gestaltungsbefugnisse in den Blick nehmen. Hilfreich ist, diese Arbeit in eine grafische Darstellung zu überführen, um z.B. auch Zusammenhänge oder Wechselwirkungen zu erkennen (z.B. einem Szenariotrichter).

Exkurs Scenario: Gerade in sozialen Systemen ist die Fähigkeit eines vernetzten Denkens bei den Führungspersonen wichtig; denn nachhaltige Entscheidungen werden von einer Vielzahl von miteinander vernetzten Faktoren beeinflusst, deren Dynamik gleichzeitig zunimmt. Hier wirken komplexe Systeme, die durch einfache lineare Denkansätze kaum noch durchschaut bzw. beherrscht werden können. Daher geht es heute darum, das Zusammenspiel dieser Faktoren nicht nur zur Kenntnis zu nehmen, sondern es zu verstehen und bei der eigenen Entscheidungsfindung zu nutzen.

Die Kombination von zukunftsoffenem und vernetztem Denken führt zur Definition eines Szenarios. Darunter wird ein Zukunftsbild verstanden, das auf einer schlüssigen Kombination denkbarer Entwicklungsannahmen beruht. Gemeinsam mit weiteren Szenarien beschreibt es den zukünftigen »Raum der Möglichkeiten«. Mit Hilfe der Szenariotechnik ist das Entwickeln eines übergreifenden Rahmenkonzepts möglich, bei dem die Entwicklung, die Bewertung und die strategische Nutzung der Szenarien unmittelbar miteinander verknüpft sind.

Die Führungskraft muss entscheiden, wie sie die gewonnenen Erkenntnisse gemäß ihrer Führungsverantwortung in ihre Organisation „einspeist" bzw. kommuniziert und dadurch erste Schritte einleitet.

Je nach der Personstruktur der Mitarbeitenden wird die Führungskraft zum Beispiel überlegen, ob sie das Leitungsteam, sofern vorhanden, in einer Besprechung über ihre Gedanken informiert und dieses Team dann über das Vorgehen bzw. die weiteren Schritte berät. Oder, wenn kein Leitungsteam vorhanden ist, in persönlichen, informellen Gesprächen zunächst die besonders aktiven, innovationsfreudigen Mitarbeitenden mit ihren Überlegungen bekannt macht und deren Meinungen einholt. Hat sich in den Beratungen eine gemeinsame Strategie der Bearbeitung und des Umgangs mit den Veränderungen ergeben, würden in geeigneter Form alle Mitarbeitenden informiert. Wesentliche Fragen sind z.B.:

- Welche Informationen sind für die Mitarbeitenden in welchem Umfang wichtig?
- Wann und wie müssen bzw. sollten sie diese in welchem „setting" erhalten?
- In welcher Weise sollten sich die Mitarbeitenden mit der Thematik auseinandersetzen?
- Wie sollten die Mitarbeitenden ihre Handlungsfelder erkennen und ausgestalten können (ihr Handlungsrahmen)?
- Welche konkreten Schritte sollten bzw. müssen wann / wie eingeleitet werden?
- Wie sollte die (Rahmen- oder Gesamt-)Planung (z.B. als Projekt) aussehen?
- An welchen Stellen sind weitere Gespräche / Rückmeldungen erforderlich?

usw.

Eine mögliche Strategie, sofern genügend Zeit bleibt bzw. vorhanden ist, wäre das modellhafte Erproben von Elementen der Veränderungsbewältigung durch einzelne interessierte Mitarbeitende. Diese Mitarbeitenden stellten dann eine Art internes Projektteam dar, das z.B. arbeitsteilig gezielt einzelne Handlungselemente erprobt, die Ergebnisse untereinander austauscht, gangbare Wege festhält und diese dann im Anschluss der Führungkraft und in einer Besprechung den anderen Mitarbeitenden kommuniziert bzw. mit diesen eine interne Fortbildung durchführt (z.B. mit Hospitationen).

Für das Gelingen dieses Vorhabens trägt die Führungskraft durch das Zurverfügungstellen erforderlicher Ressourcen (Gesprächsbereitschaft, Zeitkorridor, ggf. materielle Ausstattung, Räume, usw.) sowie einer erhöhten „Fehler“-Toleranz maßgeblich bei.

Entscheidend für die Führungkraft während des Prozesses ist ihre Präsenz, d.h. sie begleitet aktiv die vereinbarten Prozesse indem sie z.B. immer wieder ins Gespräch mit den Beteiligten geht, ggf. nach erforderlichen Ressourcen frägt, sich nach dem Stand erkundigt, Mitarbeitende ermutigt, usw..

1.8.6 Führen bei systemverändernden Prozessen

„Nicht weil es schwer ist, wagen wir es nicht, sondern, weil wir es nicht wagen, ist es schwer.“ (Seneca)

„Bereit zu sein ist viel,
warten zu können ist mehr,
doch erst, den rechten
Augenblick nützen ist alles.“

(A. Schnitzler)

Auch in sozialen Organisationen können systemverändernde Prozesse auftreten bzw. erforderlich sein. Diese gehören dann meist zu den Veränderungsprozessen zweiter Ordnung. Beispiele sind z.B. die Umwandlung der Schulstruktur durch Einführung einer neuen Schulart mit neuen Inhalten oder die Umwandlung bestehender Einrichtungen z.B. im Kindergartenbereich in eine Organisation zur Betreuung unter Dreijähriger, die Umwandlung in einen Hort mit verbindlichem Ganztagsangebot oder die Umwandlung einer Sozialeinrichtung in einem Stadtteil zu einer Fördereinrichtung für Kinder / Jugendliche mit spezifischen Verhaltensausprägungen oder mit Migrationshintergrund. All dies hat deutliche Auswirkungen auf die Mitarbeitenden in diesen Teilorganisationen; der innere Kern des Arbeitsgebietes, die Arbeit mit Menschen, bleibt zwar erhalten, jedoch verändert sich die Ausprägung des Arbeitsgebietes durch eine neue Ausrichtung mit neuen Anforderungen.

Die Führungspersonen im gesamten System, vor allem in den tangierten bzw. unmittelbar betroffenen Teilorganisationen sind in spezifischer Weise gefordert. Von der oberen Entscheidungs- und Planungsebene erwarten die Mitarbeitenden wie die Personen der Zielgruppe:

Eine frühzeitige, um- und weitsichtige, stimmig durchdachte, gründliche und verlässliche Planung, die z.B.

- das Einrichten von ausreichend qualifizierenden Fortbildungen,
- das Anbieten / Auffordern zu qualitativ guten regionalen Weiterbildungen,
- einer frühzeitigen, klaren Kommunikation und Information z.B. von Personalvertretungen,
- eine realistische Zeitschiene einschließt bzw. fest vorsieht z.B. bis zur vollen Einführung der Neuerung. Solche Austausch- und Informationsmöglichkeiten sollten nicht nur für Führungskräfte in den nachge-ordneten Organisationen zugänglich sein, sondern auch betroffene Mitarbeitende, z.B. in regionalen Arbeits- und Gesprächskreisen, einbeziehen mit dem echten Anliegen: „Betroffene zu Beteiligten machen“.

Soll ein Veränderungsprozess der zweiten Ordnung gelingen, wird in der Literatur zur Organisationsentwicklung eine „Top-Down-Strategie“ verbunden mit zeitgleicher „Bottom-up-Strategie“ empfohlen.

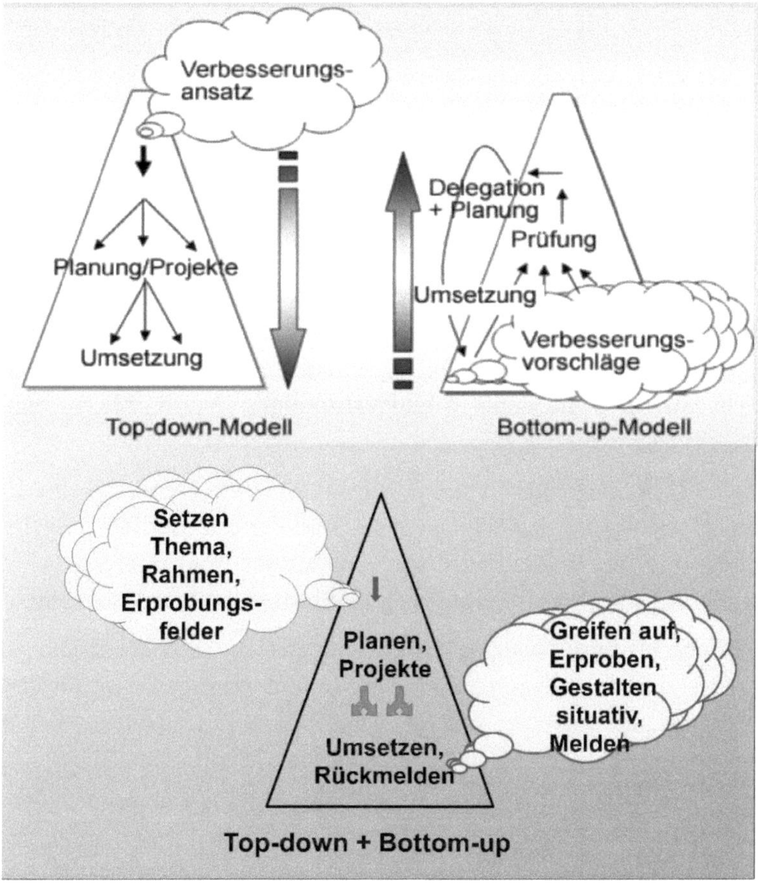

(Quelle 2016: nach Hölscher, S., Pape, K. u.a. http://www.metrionconsulting.de/node/99))

Unter *Top-down-Prozessen* sind solche Prozesse zu verstehen, in denen bei der Identifizierung von Problemlagen und Verbesserungs-potentialen die Vorgehensweise von oben nach unten gewählt wird: Vorschläge kommen von der obersten Führungsebene und werden dann zur Ausarbeitung bzw. Umsetzung nach unten weitergegeben. In *Bottom-up-Prozessen* identifizieren einzelne Mitarbeitende, Gruppen oder Teams ‚vor Ort' Handlungsbedarfe z.B. Fehlentwicklungen, Blind- und Doppelleistungen sowie potentielle Verbesserungsmöglichkeiten. Ideen zur passenden Umgestaltung und Projektanstöße werden von den Mitarbeitenden entwickelt und dann nach oben an die Führungsebene weitergegeben.

Das Motto für ein Veränderungsvorhaben könnte lauten: „So viel ′Top-down′ wie nötig, und so viel ′Bottom-up′ wie möglich". Insbesondere muss darauf geachtet werden, dass das Verhältnis von „Top-down-Führung" und „Bottom-up-Führung" in einer ausgewogenen Balance ist und während des gesamten Prozesses reflektiert wird, z.B. in „Marksteinen". Wünschenswert wäre, dass Entwicklungsideen sowohl von der Führungsebene als auch von den Mitarbeitenden kommen, die dann in einer stimmigen Weise, z.B. in einem interaktiven Diskurs, geklärt und integriert werden.

Es wird ersichtlich, dass ein solcher Veränderungsprozess seine Zeit braucht: In der Literatur wird je nach Grad der erforderlichen Systemveränderungen ein Zeitraum von mindestens fünf Jahren, bis zur vollständigen Implementierung von mindestens 10 Jahren genannt.

Bei allem institutionellen Bemühen, sind es die Mitarbeitenden, die vor Ort konkret und persönlich die Veränderungsprozesse erfahren, bewältigen und umsetzen müssen. Dies sollten Führungspersonen auf allen Ebenen klar im Blick haben; wollen sie ein solches Vorhaben zum Erfolg führen. Insbesondere stellt die Sicht auf und der Umgang mit Widerständen eine große Herausforderung für das Führungshandeln dar. Ursachen für und die Art von Widerständen sind vielfältig: „Zum einen findet sich bei tiefgreifenden Veränderungen kaum eine Sachentscheidung, die nicht gleichzeitig Macht- und Einflussfragen tangiert. Parallel zur Neuverteilung von Ressourcen oder der Umgestaltung von Anforderungsprofilen werden auch die mit einer Position verknüpften Handlungsspielräume, materiellen Vorteile oder Prestigeobjekte neu verhandelt. Mögliche Reaktanzen stellen in diesem Fall eine mikropolitisch motivierte Verteidigung von Eigeninteressen dar. Zum anderen resultieren Abwehrhaltungen auch aus Unkenntnis (bspw. von Zielen oder Rahmenbedingungen). Darüber hinaus fühlen sich viele Mitarbeitende von anstehenden Neuerungen überfordert, da ihnen die nötige (subjektive) Handlungskompetenz für eine erfolgreiche Bewältigung neuer Aufgaben fehlt. Schließlich rührt die Unkontrollierbarkeit umfassender Veränderungen an psychologischen Grundfesten des einzelnen Mitarbeitenden: Widerstände sind nicht zuletzt das Resultat einer tiefen Erschütterung der persönlichen Orientierungs- und Verhaltenssicherheit, die sich in Angst- und Bedrängungsempfinden, Identitäts- und Vertrauensverlusten niederschlägt" (vgL Reiß 1997; Steiger & Hug 1999).

Überblickartig lassen sie Handlungsstrategien wie folgt darstellen:

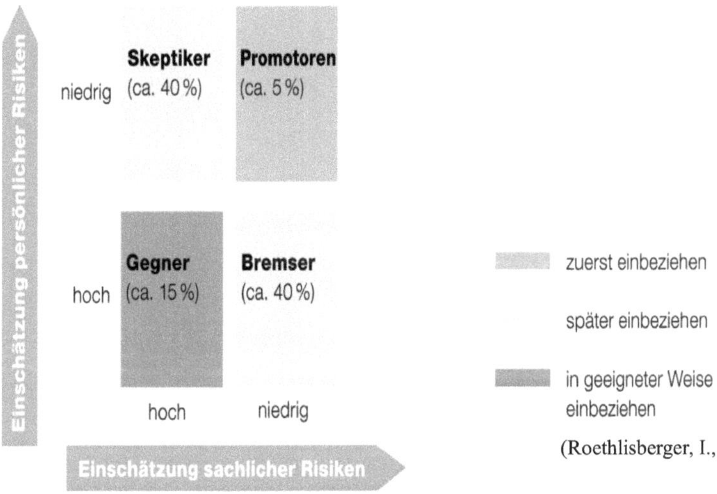

(Roethlisberger, I., Picciati, E.)

„*Promotoren* schätzen die persönlichen und sachlichen Risiken als gering ein und befürworten und unterstützen den Veränderungsprozess. Dieser risikofreudige Personenkreis sollte von Anfang an in den Veränderungsprozess integriert werden.

Skeptiker bewerten sachliche Risiken als außerordentlich hoch und wenden sich mit Sachargumenten gegen den Veränderungsprozess. Sie sind skeptisch hinsichtlich der Wirksamkeit der beabsichtigten Maßnahmen oder befürchten eine Verschlechterung der Situation. Sie müssen von der Notwendigkeit des Veränderungsprozesses überzeugt werden.

Bremser schätzen das persönliche Risiko, z.B. den Arbeitsplatzverlust, hoch ein. Sie stehen der Veränderung negativ gegenüber, obwohl sie die Notwendigkeit vielleicht erkennen. Sie befürchten, Verlierer der Umgestaltung zu werden. Häufig verbergen sich Bremser unter dem Deckmantel des Skeptikers. Bremsern müssen die persönlichen Vorteile der Veränderung verdeutlicht werden, um sie zur aktiven Mitarbeit zu bewegen.

Gegner fürchten persönliche und sachliche Risiken. Sie schätzen die Notwendigkeit der Veränderung und ihre persönliche Zukunft als sehr negativ ein und verteidigen ihren aktuellen Status aggressiv; vielleicht kündigen sie sogar. Diese Mitarbeitenden sind nur durch Erfolg in ihrer Meinung zu beeinflussen, und sie sind bei der Mitarbeit intensiv zu beobachten“ (Roethlisberger, I., Picciati, E.).

1.8.7 Führen bei Widerständen

Fragen zur Analyse von Widerständen könnten sein:

Wer (mit wem) leistet Widerstand

gegen wen oder welche Veränderung,

aus welchen Gründen und mit welchem Ziel,

wann und auf welcher Ebene,

mit welchen Mitteln/Strategien und

mit welcher (erhofften) Wirkung?

Schon im Vorfeld, spätestens in der Planungsphase muss sich sowohl die Führungsebene als auch eine Führungsperson Gedanken zur Thematik von wahrscheinlich zu erwartenden Widerständen, möglichen Maßnahmen zu deren Prävention sowie dem Umgang mit ihnen machen. Hilfreich sind insbesondere für die Führungsperson in der Organisation vor Ort das Durchdenken möglicher Szenarien (siehe

Scenario-Technik) aufgrund sowohl einer gründlichen Kraftfeld-Analyse als auch einer SWOT-Analyse.

Mitarbeitende stellen sich bei Veränderungsprozessen i.d.R. drei grundlegende Fragen:

1. Kann ich das?

- Was traue ich mir zu?

- Bin ich dem gewachsen?

- Welche Erfolgsaussichten habe ich?

2. Warum und wozu das Ganze?

- Welchen Zweck verfolgt / hat dieser Prozess?

- Welche Information erhalte ich / was wird verschwiegen?

- Wer profitiert eigentlich?

3. Will ich das?

- Was bringt die Veränderung für mich?

- Was gewinne / was verliere ich?

- Mit wem / mit was habe ich es zukünftig zu tun?

Durch die Art der Informations- und Kommunikations- sowie der Haltungsweise auf Seiten der Führungsebene im Vorfeld, der Einleitung und im Verlauf eines Veränderungsprozesses, müssen bzw. sollten die Mitarbeitenden mit Blick auf das Gelingen von Veränderungsprozessen je Antworten darauf für sich erschließen bzw. erhalten können.

Insbesondere die „Untergrund- oder Grabenkämpfer“ unter den Mitarbeitenden machen einen Veränderungsprozess zumindest sehr mühsam; daher sollten Führungskräfte deren Art und Weise des oft verdeckten Wirkens erkennen:

Missverstehen des Auftrages! Auf Dienstanweisungen verweisen! Nebenschauplätze schaffen! Viren einschleusen! Positiv einen drauf setzen! Begeisterung heucheln! Dritte vorschieben! Aussitzen! Schlichte Argumente fürs Volk! Gerüchte streuen! Mitkämpfer suchen! Koalitionen schmieden! Im Untergrund bleiben! Negative Vergleiche heranziehen! Für sich selbst eine gute Position suchen!	Zeit schinden! Urlaube strecken! Wissenschaftliche Studien „erfinden“ Mit fliegenden Fahnen alles überrennen! Diffuse Protokolle – Protokolldiskussionen auslösen! Dummstellen! Vom Konkreten ins Grundsätzliche kommen! Prioritäten festlegen! Mythen bedienen (internal audit)! Unwichtige Aufträge erteilen! Mache einen Plan! Bilde Lenkungsausschuss! Sabotage: Aufträge annehmen – schlechte Ergebnisse liefern! Sinnlose Diskussionen anstreben! Bagatellisieren! Inkompetenz unterstellen! Mit persönlicher Betroffenheit spielen! (Wolf, S.; Widerstandsformen in Organisationen, o.O. und J.)

Erkannte, für das Gelingen eines Veränderungsprozesses problematische Verhaltensweisen von einzelnen Mitarbeitenden gilt es, im persönlichen Gespräch in klarer, respektvoller Form anzusprechen mit dem Ziel einer zumindest Duldung der Veränderungsmaßnahmen.

Widersprechen diese Personen einer Duldung, und fühlen bzw. meinen sie ein Recht / eine Pflicht zu ihrem Verhalten zu haben, so gilt des englische Sprichwort: „love it or leave it!“.

Literatur

Bartscher, T.; Chefs helfen bei Wut und Trauer. Personalmagazin, 7, S. 64-66, 2005

Becke, G./ Behrens, M. u.a.; Organisationale Achtsamkeit in betrieblichen Veränderungsprozessen – Zentrale Voraussetzung für innovationsfähige Vertrauenskulturen, Bremen 2011

Bruggmann, G.; Organisationsentwicklung, Basel 2010

Bühler, S.; Veränderungsprozesse führen: die Instrumente; KMU-Magazin Nr. 5, Mai 2015

Claßen, M. & Arnold, S.; Change-Management hat Konjunktur. Personalwirtschaft, 6, 26-30, 2004

Capgemini; Veränderungen erfolgreich gestalten - Changemanagement. Berlin: Capgemini, 2005

Ebers, M. & Maurer, I.; Organisation (S. 441-482). In W. Busse von Colbe, A. G., Coenenberg, P., Kajüter & U. Linnhoff (Hrsg.), Betriebswirtschaft für Führungskräfte. Stuttgart 2002

Greif, S., Runde, B. & Seeberg, I.; Erfolgsfaktoren beim Changemanagement in acht Ländern. Wirtschaftspsychologie aktuell, 3, 22-26, 2005

Inversini, S.; Wirkungsvolles Change Management in Abhängigkeit von situativen Anforderungen, Zürich 2005

Häring, K.; Die Rolle der Führungskräfte in Veränderungsprozessen, in: Sven Max Litzcke & Rüdiger Nolte (Hrsg.); Change Management, Theorie und Praxis, Brühl 2008

Häußler, C.; Die Entstehung und Dynamik von Widerständen in organisationalen Veränderungsprozessen; Ein Blickwinkel aus chaostheoretischer, konstruktivistischer und systemischer Perspektive, Duisburg 2008

Horber-Dörig, S.; Basisprozesse bei Veränderungen, Münchenstein 2012

Janes,A. / Prammer,K./ Schulte-Derne,M.; Transformations-Management, Organisationen von Innen verändern, Wien 2001

Kegelmann, J.; Hörning, U.; Change Management, die Erfolgsformel, http://www.haufe.de (2013)

Klaffke, M. & Galunic, C.; Mitarbeiter für den Wandel begeistern. Personalführung, 12, 54-63, 2005

Klien, I., Der Organisationskompass als holistisches Führungsintrument, Salzburg o.J.

Klug, C.; Erfolgsfaktoren in Transformationsprozessen öffentlicher Verwaltungen, Kassel 2008

Reiß, M.; Change Management als Herausforderung. In M. Reiß, L. von Rosenstiel & A. Lanz (Hrsg.),. Change Management - Programme, Projekt und Prozesse. Stuttgart 1997

Roethlisberger, I., Picciati, E.; Leitfaden Change- und Projektmanagement, Bern 2008

Rolff, H.-G., Buhren, C., Lindau-Bank, D. & Müller, S.; Manual Schulentwicklung:

Handlungskonzept = pädagogischen Schulentwicklungsberatung (SchuB). 3. Aufl., Weinheim, Basel 2000

Rosenbusch, H.; Organisationspädagogik der Schule. Grundlagen pädagogischen Führungshandelns. München, Neuwied 2005

Rosenstiel, L. von & Comelli, G.; Führung zwischen Stabilität und Wandel. München 2003

Sedlacek, B.; Change Management – Veränderungsprozesse aus der Sicht des Personalmanagements, Düsseldorf 2010

Steiger, T. & Hug, B.; Psychologische Konsequenzen von Veränderungen. In T. Steiger & E. Lippmann (Hrsg.), Handbuch angewandte Psychologie fiir Führungskräfte (S. 257-273). Band 2. Berlin 1999

Weiand, A.; Veränderungsprozesse erfolgreich gestalten, Ulm 2010

Zielke, C.; Mitarbeitermotivation bei Veränderungsprozessen. Personal, 10, 508-510, 1997

2 Führen eines Kollegiums mit Teamstrukturen

2.1 Individuum – Gruppe – Team

1. Gruppendynamik

Menschen sind Wesen, die auf ´Gemeinschaft´ bezogen sind. Sie können nur in Sozialverbänden überleben und verhalten sich daher z.B. in größeren Gruppen anders als in einer Kleingruppe oder einer Zweierkonstellation. Je größer eine Menschenansammlung ist, desto mehr sieht sich der/die Einzelne von der ´Stimmung´ in ihrer unmittelbaren Umgebung beeinflusst, was meist unbewust geschieht, jedoch konkrete Einflüsse auf das je eigene Handeln hat.

2.1.1 Gruppe - Rollenhandeln

Beim Interagieren der Leiterin / des Leiters mit dem Kollegium kommen Elemente der Gruppendynamik ins Spiel. Der theoretische Teil der Gruppendynamik wurde von Kurt Lewin sowie Levy Moreno begründet. Beide fanden heraus, das sich im Verhalten von Gruppen spezifische Muster entwickeln. Muster wirken dabei sowohl innerhalb der Gruppe als auch in ihrem Handeln nach außen. Eine Gruppe ist daher mehr als die Summe der Eigenschaften ihrer Mitglieder. Der entscheidende Unterschied liegt darin, dass die Personen in einer Gruppe nicht als Individuen, sondern in spezifischen Rollen agieren. Vereinfacht finden sich vier charakteristische Rollen in jeder Gruppe:

„Alpha“: Die Alpha-Rolle besetzen die Anführer der Gruppe.

„Beta“: In dieser Rolle finden sich aufgaben- oder themenbezogen die Spezialisten.

„Gamma“: Diese Gruppenmitglieder führen das aus, was der Anführer / die Anführerin sagt. Hier finden sich die „Arbeiter“ der Grup-pe.

„Omega“: Gruppenmitglieder in dieser Rolle werden als „Sündenböcke“ behandelt bzw. verantwortlich gemacht für alles, was schief läuft.

Innerhalb einer Gruppe können die Rollen je nach innerem oder äußerem Anlass wechseln. In jeder Gruppe müssen die Rollen des/der Anführenden sowie diejenigen des Sündenbocks besetzt sein. Verlässt ein Mitglied dieser beiden Rollen die Gruppe, so wird ein anderes Mitglied diese Rolle übernehmen (müssen).

2.1.2 Gruppe – Entwicklungsphasen

Finden sich Personen aufgaben- oder themenbezogen zusammen, so laufen bei der Gruppenbildung charakteristische Entwicklungsprozesse hinsichtlich der Interaktionen der beteiligten Personen ab. Bruce Tuckman unterscheidet vier Phasen bis zur optimalen Arbeit der Gruppe und eine Phase der ggf. Gruppenauslösung.

Erste Phase - „Forming“: Zu Beginn der Gruppenbildung sind sich die Personen noch „fremd“, sie orientieren sich sowohl inhaltlich als auch personell: Was sind die Ziele / aufgaben der Gruppe? Mit wem bin ich hier zusammen (Kennenlernen). Da noch kein gegenseitiges Vertrauen besteht, finden „Abtastprozesse“ zwischen den zukünftigen Gruppenmitgliedern statt. Sie gehen daher miteinander zunächst vorsichtig, zurückhaltend und freundlich um. Jede / Jeder ist bemüht, aus der je subjektiven Sicht seine positiven Eigenschaften zu zeigen.

Zweite Phase - „Storming“: Es ist die Phase der Konflikte, Rivalität und der Konfrontation. Jedes Gruppenmitglied will in dieser Phase herausfinden, welche Rolle es in der Gruppe hat, welches „Territorium“ es belegen bzw. beanspruchen kann. Auch interpersonal ist dies eine entscheidende Phase: Wo will ich Individuum bleiben, wo / wann lasse ich mich auf die Gruppe ein? Wie finde ich zwischen beidem eine Balance? Konkret ergibt sich daraus die Frage, wie stark und wo / wann ordne ich mich den Normen der Gruppe unter und gebe dadurch meine Individualität zumindest partiell auf (Grad der Integration)? Es wird um Kompromisse bzw. Vereinbarungen gerungen, die die grundlegenden in der Gruppe geltenden Normen und Werte sein sollen.

Dritte Phase - „Norming“: In dieser Phase werden innerhalb der Gruppe die Funktionen, Rollen und gültigen Verfahren vereinbart und damit verbindlich. Die Gruppenmitglieder legen jetzt verbindlich die geltenden Regeln der Zusammenarbeit fest: Eine (vorläufig stabile) Gruppennorm entsteht. Die Gruppenmitglieder haben sich in der vorausgehenden Konfrontationsphase kennengelernt und aufgaben- bzw. zielbezogen gegenseitiges Vertrauen gewonnen, sodass auch formale Regeln von allen akzeptiert werden. In der Gruppe hat sich eine eigene Identität (ein Wirgefühl, auch abgrenzend nach außen) entwickelt. Am Ende dieser Phase sind sich alle der gemeisterten Anstrengungen bewusst und freuen sich auf das gemeinsame Arbeiten. Die Gruppe löst sich vom Beschäftigen mit sich selbst und blickt auf die anstehenden Aufgaben.

Vierte Phase - „Performing“: Dies ist die Arbeits- oder auch Konzeptionsphase. Die Personen fühlen sich in der Gruppe sicher, sind offen und solidarisch zueinander, was die Zusammenarbeit erleichtert. In dieser Phase arbeitet die Gruppe intensiv und effizient an den gestellten Aufgaben. Aufkommende Unstimmigkeiten oder Konflikte werden mit den vereinbarten Regeln angegangen. Die Gruppe agiert dynamisch und flexibel bei Veränderungen im Aufgabenprofil bzw. der Anpassung an aktuelle Gegebenheiten.

Je nach Qualität der Veränderungen oder Anpassungen werden die vier Phasen in der Gruppe zumindest in Teilen erneut durchlaufen, um weiterhin zielbezogen handlungsfähig sein zu können. Dann können auch Rollenwechsel stattfinden.

Hat eine Gruppe in der aktuellen Zusammensetzung ihr Aufgabenfeld bearbeitet und abgeschlossen, kann sie sich auflösen. Dies stellt die fünfte Phase der Gruppenentwicklung dar.

Fünfte Phase - „Adjourning“: Es ist auch ein Abschied zumindest von der gemeinsamen Arbeit an einem Aufgabenfeld. Die dort gefundenen und vereinbarten Regelungen und sozialen Beziehungen lösen sich. Jedes Individuum kann andere bzw. neue Felder in den Blick nehmen. Persönliche Beziehungen bestehen ggf. gefestigt weiterhin. Es sind jetzt wieder individuelle, eigenständig getroffene Entscheidungen bzw. Beziehungen.

Zusammenfassende Überblicksgrafik

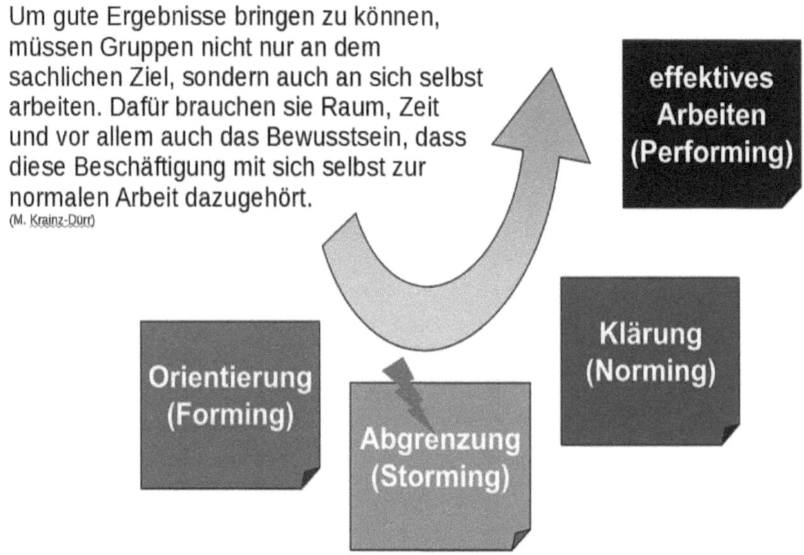

2.1.3 Kollegium - Teambildung

Ein Kollegium, so groß bzw. klein es auch sein mag, ist zunächst eine von der personalsteuernden Stelle, meist dem jeweiligen Referat der Einstellungsbehörde, gebildeten Gruppe. Bei Direktbewerbungsverfahren hat die jeweilige Leitung derzeit allenfalls eine gewisse Mitwirkungs- oder Steuerungsmöglichkeit.

Somit ist die Leitung gehalten, mit den vorhandenen Fachkräften bestmöglich die jeweilige Bildungseinrichtung mit Blick auf die Kinder / Jugendliche weiter zu entwickeln und zu gestalten.

Die Fachkräfte sind nah an den Lernenden bzw. Zielpersonen dran und kennen i.d.R. deutlich die je personspezifischen Fähigkeiten, Fertigkeiten, Aufmerksamkeitsspannen, aktuelle Leistungsvermögen usw. Sie arbeiten täglich in und mit diesen Gegebenheiten als Fach- und/oder Gruppenkräfte. Jedwede Planung oder Konzeption einer Entwicklung in der Einrichtung wird diese Ressourcen sichten und konstruktiv einbeziehen. Wie nun kann es gelingen, in dieser

Gemengelage grundlegende, für die kollegiumsinterne Personal- und Gruppen- bzw. Teamentwicklung relevante, tragfähige Anhaltspunkte zu gewinnen?

Teams lassen sich als aufgaben- bzw. themengebundene Arbeitsgruppen beschreiben. In einem Team finden sich personale Fachkompetenzen zusammen, die gemeinsam zielbezogene Aufgaben bearbeiten. Pohl und Witt (2000, S.17) sehen in Teams „leistungsorientierte Gruppen, deren Verhalten und soziale Interaktionen vorwiegend durch funktionale Leistungs- und Aufgabenorientierung bestimmt sind." Dabei geht erfolgreiche, koordinierte Teamarbeit über die Summe der individuellen Arbeitsergebnisse hinaus, da solche Aufgaben von Personen erledigt werden, die hierfür besonders qualifiziert sind. Sollen Teams erfolgreich arbeiten, so sind hierfür Aufgabenbeschreibung, Koordination und Kommunikation besonders relevant.

2.1.4 Zusammensetzung eines Teams

Die Leistungsfähigkeit eines Teams wird entscheidend durch seine Zusammensetzung und Größe bestimmt. In der Literatur finden sich optimale Teamgrößen zwischen 5 bis 8 Personen. Eine größere Mitgliederzahl erschwert die Kommunikation und führt zu Reibungs- und Koordinationsverlusten. Für die Leistungsfähigkeit eines Teams ist auch eine stimmige Diversität wesentlich. Diese Diversität bezieht sich auf alle Persönlichkeits- und Fachgesichtspunkte (Alter, Geschlecht, Erfahrungsspanne, Wissensbreite, Spezialwissen usw.). Im Idealfall sollen sich die Teammitglieder gegenseitig ergänzen und inspirieren.

In der Einrichtung fühlen sich die Fachkräfte vor allem für ihre Aktivitäten verantwortlich. Hier stehen sie ja auch täglich an vorderster Stelle in ihren jeweiligen Gruppen. Hierauf verwenden sie die meiste Zeit der Vor- und Nachbereitung. Das Arbeiten in Teams ist in der Struktur zunächst so nicht unbedingt erforderlich.

Wie kann die Leitung Kolleginnen und Kollegen zur Zusammenarbeit gewinnen und dabei für jeweilige Teams eine so gut wie möglich stimmige Diversität erkennen und in die Teambildung einbeziehen?

2.1.5 Teamarbeit ein Gewinn?

Personen lassen sich meist für eine Zusammenarbeit gewinnen, wenn sie dabei individuelle Vorteile erkennen und Selbstwirksamkeit erfahren. Somit tangiert das Bilden von Teams die Art der Führung einer Einrichtung. Teambildung folgt dem Prinzip der geteilten Führung, bei Belassen der Führungsverantwortung bei der Leitungsperson (z.B. Schulleiter/-in). Mitglieder eines Teams sind gefordert ihr Team selbständig ziel- und aufgabenbezogen zu führen. „Das Prinzip der geteilten Führung wirkt auf soziale und leistungsorientierte Parameter ein. Zu den sozialen Konsequenzen gehört die Arbeitserweiterung (jobenlargement) und die Arbeitsbereicherung (jobenrichment), die vor allem die Motivation der Mitarbeitenden verbessern und Stress vermindern. … Bei der geteilten Führung gehen Handlungsverantwortlichkeiten ans Team. … Die Teammitglieder übernehmen gemäß der Aufgabenbeschreibung mehr Verantwortung und damit auch Gestaltungsbefugnisse, und können festlegen, wie sie das vereinbarte Ziel erreichen. … Die erhöhte Eigenverantwortung des Teams hat positive Auswirkungen: Förderung der Kompetenzen und Potentiale, bessere Kommunikation, Erhöhung der Arbeitszufriedenheit und Förderung der Persönlichkeitsentwicklung sowie der intrinsischen Motivation. … Es verbessert sich auch die Leistung (Qualität, Effizenz), Innovationsbereitschaft, die Flexibilität steigert sich, beruf-liche Belastungsfaktoren (Stress) werden vermindert...“(1) Wird im Teams z.B. thematisch projektorientiert gearbeitet, so lassen sich Lehr- und Lernarrangements und -materialien (z.B. Vorbereitungsarbeiten) im Team zeitökonomischer erledigen.

Anlagen

Zusammenarbeit in Gruppen – Selbstreflexion

- Wie erlebe ich den Verlauf der gemeinsamen Arbeit?
- Welche Rolle habe ich? Wie fühle ich mich damit?
- Wie zufrieden bin ich mit dem Sachergebnis?
- Was habe ich dazu beitragen können?
- Gab es Raum für meine Ideen und Mitwirkung?
- Wo habe ich die Gruppe behindert oder vorangebracht?
- Wie empfinde ich das Klima in der Gruppe? Wie zufrieden bin ich damit?
- Welche Verhaltensweisen anderer Teilnehmer haben mir geholfen oder haben mich behindert mitzumachen?
- Wie zielorientiert arbeiten wir? Gehen wir strukturiert vor?
- Haben wir die vorhandenen Kompetenzen genutzt?
- Welche äußeren Bedingungen haben gestört oder waren förderlich?
- Was sollte die Gruppe tun, um besser zu werden? Was sollte sie unbedingt beibehalten?
- Was kann/will ich tun?
- Zu welchen Punkten sollten unbedingt Verabredungen getroffen werden?

(Quelle: Kollegiale Zusammenarbeit gestalten, o.A.o.J.)

Reflexion von (Arbeits-)Gruppensitzungen oder Konferenzen

Setzen Sie nach Ihrer momentanen Einschätzung im jeweiligen Kreissegment einen Punkt.

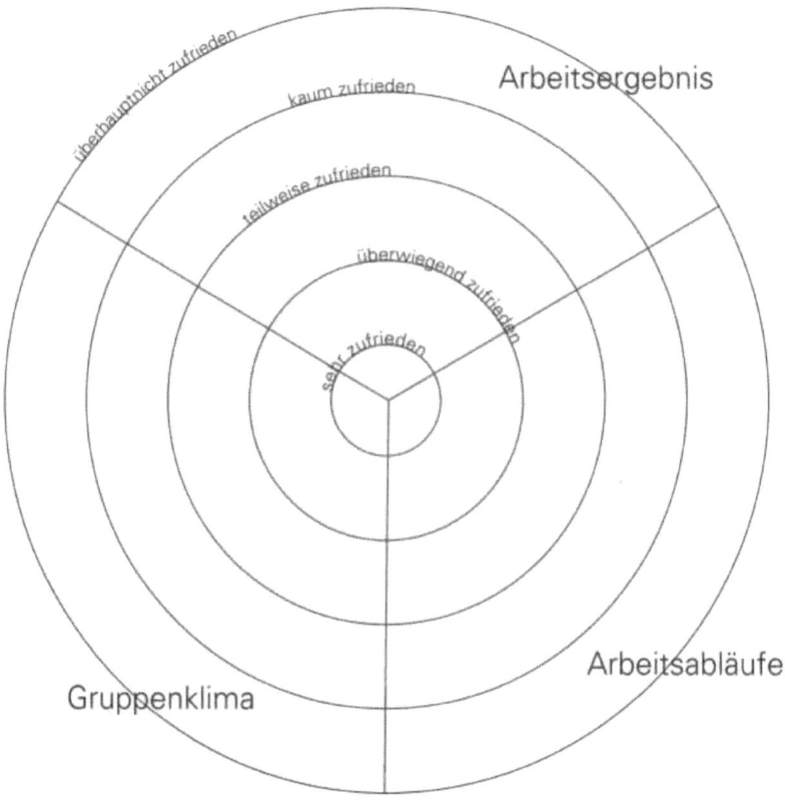

(Quelle: Kollegiale Zusammenarbeit gestalten, o.A.o.J.)

Gesprächsverhalten in der Gruppe

	Trifft über-wiegend zu	Triff teilwei-se zu	Trifft kaum zu	Ideen der Verände-rung
Gespräche führen wir nur, wenn die Rahmenbe-dingungen stimmen.				
Die GM bringen eigene Bedürfnisse und Vorstel-lungen aktiv in die Diskussion ein.				
Die GM entscheiden persönlich darüber, wann und wozu sie etwas sagen.				
Die GM formulieren klar und präzise.				
Es spricht immer nur ein GM zur Zeit.				
Persönliche Aussagen werden als Ich-Botschaften formuliert.				
Die GM erkennen förderliche Aussagen und geben dazu positive Rückmeldungen.				
Die GM hören aktiv und				

aufmerksam zu.				
Die GM bitten darum, Seitengespräche an alle zu richten.				
Die GM beachten nonverbale Signale bei sich und bei anderen.				
Wir reflektieren regelmäßig unser Gesprächsverhalten.				

(Quelle: Nach: Kollegiale Zusammenarbeit gestalten, o.A.o.J.)

Checkliste → Teamentwicklung

1. Die Zahl der Mitglieder ist klein genug. (optimale Gruppengröße)

2. adäquates Niveau einander ergänzender Fähigkeiten (Schlüsselqualifikationen)

3. wirklich sinnvolle Zielsetzung (anspruchvolle, über kurzfristige Ziele hinausgehende Herausforderung)

4. Spezifisches Ziel/Ziele

5. Klarer Arbeitsauftrag (konkret und akzeptiert, Möglichkeiten zur Nachbesserung im Prozess)

Aufbau erfolgreicher Teams – ein Überblick:

2.2 Team – Arbeiten im Team

2.2.1 Einleitende Gedanken

Teams bilden sich durch Interaktionen der Teammitglieder. Das erfolgreiche Arbeiten im Team beruht auf einer Balance von Konflikt und Zusammenarbeit der Beteiligten. Auch die Qualität sowie ggf. die Anzahl der Interaktionen bzw. des Austausches mit der Leitung beeinflussen die Teamarbeit.

Will die Leitung Verantwortungsbereiche an Teams weitergeben, so muss sie zunächst prüfen, ob diese Aufgabenfelder für Teamarbeit geeignet sind. Ist die Komplexität einer Aufgabe hoch, so bietet eine kooperative Bearbeitung große Vorteile, auch was die Erfahrung von Selbstwirksamkeit jedes Teammitglieds betrifft. Für das Bearbeiten in Teams eignen sich Aufgabenfelder, die sich in verschiedene Teilaufgaben gliedern lassen. Teilaufgaben könnten so entweder sukzessive oder simultan vom Team bearbeitet werden. Bei simultaner Bearbeitung kommt der Kommunikation, Koordination und Interaktion zwischen den Teammitgliedern besonders große Bedeutung zu.

2.2.2 Argumente fürs Arbeiten in Teams

Teamarbeit bringt, durchdacht und konsequent angewandt, sowohl für den Einzelnen als auch die Gruppe Vorteile. „Durch ihre Zusammenstellung und durch den verliehenen Handlungsspielraum können Teams schnell reagieren und innovative Ideen und Lösungen schaffen, die einzelne Mitglieder in dieser Form kaum leisten könnten. Synergieeffekte werden durch das Fokussieren unterschiedlicher Fachkompetenzen auf ein gemeinsames Ziel erreicht.

1. Der Mensch ist ein soziales Wesen und damit auf Interaktion und Kommunikation angelegt.
2. Bei der Komplexität heutiger Aufgabenstellungen sind wir auf andere Menschen angewiesen.
3. Die interdisziplinäre Zusammenarbeit von Spezialisten erleichtert die Problemlösung und Zielerreichung.

4. Teamarbeit bietet eine motivierende Partizipationsmöglichkeit für Mitarbeiter im Rahmen von Führung."(4)

2.2.3 Formen der Teamarbeit

Für die Aufgabenfelder im Bildungs- und Erziehungsbereich bieten sich zwei Formen der Teamarbeit an.

1) Teams für Projekte (Projektteams)

Projektteams sind zeitlich befristet und bearbeiten klar umrissene, vorgegebene Aufgaben. In Projektteams arbeiten Personen, die im jeweiligen Aufgabenfeld besondere Kompetenzen haben.

Im Zeitraum des Projekts kann Selbstwirksamkeit erfahren werden. Bei Problemen kann unter Umständen bei Einzelnen die Haltung aufkommen: „Für diese Zeit stehe ich das gut / gerade noch durch! Danach …!" Das bedeutet, dass eine „Pseudeaktivität" weniger auffallen muss und eine verschleierte Immigration möglich ist.

2) Teilautonome Arbeitsgruppen

Diese Teams sind funktionale Einheiten und bearbeiten verantwortlich ein gesamtes Aufgabenfeld. Es sind auf Dauer angelegte Teams. Eine koordinierende Person ist unerlässlich. Die Mitgliedschaft im Team ergibt sich z.B. aus dem Tätigkeitsfeld (Tätigkeitsgebiete oder studierte Fächer; Lehrauftrag usw.). Das Team muss sowohl anstehende Aufgaben als auch Steuer- und Koordinationsfunktionen übernehmen. Beispiele hierfür sind in der Schule Jahrgangs-, Stufen- oder Fachteams, die damit auch eine quantitative wie qualitative Arbeitserweiterung erfahren. In diesen Teams erfahren die Mitglieder über einen längeren Zeitraum eine hohe Selbstwirksamkeit. Von allen Teammitgliedern wird eine anhaltend konstruktive Arbeit erwartet und verlangt.

Entscheidend für die erhöhte Effizienz in der Aufgabenbearbeitung sind bei zeitlich längerfristig gedachten Teams die Prozesse innerhalb des Teams. Um so wichtiger ist hier die Arbeit der das Team koordinierenden Person, die regelmäßige Rückmeldung aus dem Team sowie die konstruktive Interaktion von Team und Leitung.

Exkurs: Selbstwirksamkeit - Team

Unterschieden werden Erfahrungen der kollektiven und persönlichen Selbstwirksamkeit. Mit Blick auf das Arbeiten in Teams sind beide Bereiche bedeutsam.

Der Begriff der persönlichen Selbstwirksamkeit geht auf Bandura zurück. Bandura versteht darunter: „Die subjektive Überzeugung einer Person, ein bestimmtes Verhalten erfolgreich ausführen zu können, auch wenn Schwierigkeiten auftreten. ... Es besteht der robuste Glauben daran, diese Tätigkeit auch ausführen und kontrollieren zu können."(2)

Mit Blick auf die Gesunderhaltung gerade im Bildungs- und Erziehungsbereich wären Trainings von Erfahrungen der Selbstwirksamkeit mit einfachen Mitteln möglich.

Bandura nennt vier Quellen von Selbstwirksamkeit:

- Die effektivste Quelle der Selbstwirksamkeit sind eigene, positive Erfahrungen, z.B. in der Organisation Schule. „Um eine robuste Selbstwirksamkeit zu entwickeln, muss erfahren werden, dass man trotz Schwierigkeiten und Hindernissen erfolgreich sein kann."(3)

- Die zweite Quelle der Selbstwirksamkeit sind Beobachtungen von Modellen. Modellpersonen können effektive Strategien zeigen, um schwierige Situationen zu meistern. Die wahrgenommene Ähnlichkeit und Relevanz des Modells ist entscheidend für das Übernehmen / Erproben innerhalb von sozialen Vergleichsprozessen und somit ggf. der Stärkung der eigenen Kompetenz.

- Eine dritte Quelle ist die verbale Überzeugung. Erhält eine Person authentische verbale Ermutigungen von anderen, wird sie sich stärker bemühen, dadurch mehr Erfolg haben und so ihre Selbstwirksamkeit stärken..

Man spricht von kollektiver Selbstwirksamkeit, wenn Gruppen als Gesamtheit Selbstwirksamkeitserfahrungen machen. Hierbei kommt der Gruppenführung eine zentrale Bedeutung zu. Kollektiv selbstwirksame Erfahrungen gründen auf gemeinsamen Überzeugungen der Gruppenmitglieder, dass sie kognitive Fähigkeiten, Handlungen und Motivation so aktivieren können, dass ein gemeinsames Handlungsziel erreicht werden kann. Grundlage für eine kollektive Selbstwirksamkeit sind zumindest bei der Mehrzahl der Teammitglieder erfahrene persönliche Selbstwirksamkeit. Treten dann bei einer Aufgabe Probleme auf, beeinflusst eine kollektive Selbstwirksamkeit die Wahl der Handlungen, die investierten Anstrengungen und die Ausdauer aller Teammitglieder. Nach Bandura setzen sich selbstwirksame Teams mit auftretenden Problemen aktiver auseinander, sind kreativer und eigenständiger in der Wahl einzuschlagender Strategien und Lösungswege.

2.2.4 Teamkoordination – Teamleitung

Wie in jeder menschlichen Gruppe ergibt sich auch für die Arbeit im Team die Notwendigkeit einer Führungsperson. Diese Person sollte auch Mitglied in einer erweiterten Leitung (z.B. Steuerteam) sein, damit sie von dort alle grundlegenden, allgemeinen Informationen erhält und ggf. ins Team einbringen kann. Ebenso können so wichtige Fragen oder Anliegen aus dem Team in Sitzungen der erweiterten Leitung eingebracht werden. Andererseits ist die Teamleitung in die Prozesse des Teams eingebunden. Sie begleitet den Teamprozess, greift ggf. in das Geschehen ein und ist gleichzeitig aufgabenbezogen involviert. Die koordinierende Person oder Teamleitung wird vom Auftraggebenden (Leiterin / Leiter), i.d.R. nach einem persönlichen Entwicklungsgespräch benannt.

Jede Teamleitung sollte eine genaue Beschreibung ihres Aufgabenfeldes erhalten. Eine solche könnte folgende Punkte umfassen:

„*Das Team repräsentieren:* Die Teamleitung vertritt die Interessen und Forderungen des Teams nach außen. Dies erfordert Klarheit, Ausdauer und Verhandlungsgeschick.

Das Team koordinieren: Die Teamleitung fördert, koordiniert optimierend und überprüft die Aufgabenerledigung. Sie wacht über Termine und koordiniert die Zusammenarbeit innerhalb und außerhalb des Systems.

Das Team moderieren: Teamarbeit ist kollegial-partnerschaftlich ausgerichtet, die notwendigen Entscheidungen werden weitgehend gemeinsam in der Gruppe getroffen. Die Teamleitung hat sowohl die Personen, als auch die Aufgabe im Blick und moderiert bei Entscheidungsfindungsprozessen; d.h. sie unterstützt die Teammitglieder in ihrem Prozess.

Das Team in sachlichen und persönlichen Fragen beraten: Die Teamleitung steht dem Team beratend zur Seite. Es sollte differenziert werden zwischen individuellen Problemen und Angelegenheiten, die die Gruppe betreffen. Die Teamleitung sollte bei Konflikten im Team rechtzeitig vermitteln. Ist ein Konflikt stark virulent, sollte die Teamleitung die Führungsperson informieren.

Aufgabenerledigung überwachen: Aufgabe der Teamleitung ist es, die Zielerreichung zu befördern, Zwischenschritte (Meilensteine) zu definieren, Reflexionsphasen einzuplanen und die Prozesse wie die Aufgabenerledigung klar anzusprechen sowie auf die vereinbarte, termingerechte Aufgabenerledigung zu achten; diese ggf. klar einzufordern.

Ergebnisse präsentieren: Die Teamleitung präsentiert die Ergebnisse des Teams nach außen."(nach 4)

2.2.5 Teamfähigkeit entwickeln

Da Fachkräfte gewohnt sind, alleine vor einer Gruppe zu agieren und sich ggf. oft nur am Rande im Mitarbeitendenzimmer mit Kolleginnen / Kollegen abzustimmen, sind sie von der Systemstruktur her eher Einzelakteure und weniger Teamplayer. Es gilt daher eine Teamfähigkeit sukzessive im Berufsfeld anzubahnen. Dies ist Aufgabe der Leitung. Hier soll nun beispielhaft ein möglicher Prozess vorgestellt werden, den der Autor so ähnlich mit seinem Kollegium durchschritten hat:

Ein erster Einstieg in das Wachsen von Teamfähigkeit ist die Gestaltung eines Teamverhaltens zwischen Leiter / Leiterin und der stellvertretenden Person (engeres Leitungsteam). Hierbei gewonnene Erfahrungen sollten dann zur Einrichtung einer erweiterten Leitung ausgebaut werden. Es bietet sich das Einrichten eines Steuerteams an. Die Mitglieder dieses Steuerteams sollten in Absprache mit dem Kollegium benannt werden (ausdrücklich keine Wahl). Die Leitung und die Mitglieder des Steuerteams bildeten dann die erweiterte Leitung. Die im engeren und erweiterten Leitungsteam gemachten i.d.R. positiven Erfahrungen sollten bewusst und sukzessive ins Kollegium kommuniziert werden.

Arbeiten im Kollegium einige schon gruppenübergreifend projektartig zusammen, oder wurden mehrfach schon bildungsplanbezogene Themen projektartig in Zusammenarbeit unter Kolleginnen / Kollegen z.B. innerhalb eines Jahrgangs durchgeführt, so konnten dort schon teamfördernde Erfahrungen gesammelt werden. Hieran ließe sich anknüpfen.

Entscheidend ist, dass die Leitung klar hinter dem Konzept einer teamorientierten Struktur an der Einrichtung steht und sich dazu, z.B. auch in Beratungen des Steuerteams, schon grundlegende Gedanken gemacht und Ideen für erste Ansätze entwickelt hat. Als bald sollten im Vorfeld werbende Kommunikationsprozesse bei denjenigen Personen stattfinden, die i.d.R. aufgeschlossen für durchdachte Experimentierphasen sind. Am Anfang von Prozessen sollte gerade im Raum einer Einrichtung eine erhöhte Toleranz hinsichtlich Unstimmigkeiten herrschen. Eine humorvoll, gelassen und zugleich kommunikativ klar agierende Leitung hat hier „bessere Karten“ um mittel- und langfristig im Zielbereich zu landen.

Sind diese „Vorprozesse“ gezielt eine gewisse Zeit (ca. ein viertel bis ein halbes Jahr) gelaufen, gilt es für die Leitung, das Ziel klar, konkret und transparent zu benennen, z.B.: „Dahin möchte ich bis zum … die Struktur an dieser Einrichtung entwickeln. Erforderliche Maßnahmen / Entscheidungen sehe ich wie folgt … Machen Sie sich dazu Gedanken und bringen Sie diese bis zum … ein, damit erste Schritte eingeleitet werden können“.

Bei allem ist die Zieltransparenz und -klarheit entscheidend. Dies gilt später auch für die Arbeiten in Teams.

Wobei helfen Ziele in der Teamarbeit?

- Ohne Ziele gibt es keinen Plan.
- Der Erfolg wird durch Ziele messbar.
- Fehlende Messbarkeit von Zielen bewirkt Unzufriedenheit.
- Klare Ziele schaffen Identifikation.
- Das Team kann durch erfolgreiche Zwischenziele motiviert werden.
- Teammitglieder wissen, was von ihnen erwartet wird.
- Das Teammitglied lernt, sich einzuschätzen und Ideen zu entwickeln.
- Ziele beinhalten Rahmenbedingungen.
- Ziele helfen, Fortschritte sichtbar zu machen und festzulegen.

Anlagen

Checkliste Arbeiten im Team (eine Art Vertrag)

- *Klare Zieldefi*nition

Ziele müssen klar definiert und messbar sein – dies ermöglicht eine eindeutige und sichere Planung.

- *Budgetierung*

Von Anfang an den, so erforderlich, finanziellen Rahmen festlegen; z.B. Beschaffung von Lern- oder Arbeitsmaterialien.

- *Standardisiertes Krisenmanagement*

Festlegen / Vereinbaren: Was ist zu tun wenn ...! Das beinhaltet eine nachhaltige Planung mit erforderlichen Pufferzeiten.

- *Umfassende Analyse der Ist-Situation*

Was ist die gegebene Ausgangsbasis? Was ist als Bestand gegeben und wo liegt der Bedarf?

- *Projektcontrolling*

Systematisches Vorgehen mit klarem Einplanen von Reflexionsphasen (Rückblick, Meilensteine, Kontrolle, Soll-Ist-Vergleich).

- *Durchdachte Teaminteraktionen* (betrifft u.a. vor allem die Personen mit Teamkoordination).

Aufgaben und Ziele unter Berücksichtigung der Anforderungen klar umreißen. Dabei die Möglichkeiten und Profession der Teammitarbeiter diesen transparent zuordnen und auf eine konstruktive Zusammenarbeit achten.

- *Klare Verantwortungsstruktur*

Von Anfang an Verantwortlichkeiten, Rechte und Pflichten der Beteiligten klären, um so Streitereien und diffuse Zuständigkeiten zu vermeiden.

- *Zielorientierte Kommunikation*

Teams treffen sich regelmäßige; d.h. Termine und Zeiten werden frühzeitig festgelegt. Die Teammitglieder erhalten vor jedem Treffen Informationen über Wiedervorlagen und anstehende Aufgaben.

- *Richtige Dokumentation*

Jede Teamsitzung wird in ihren wesentlichen Teilen dokumentiert (Art Protokoll); und dies mit Blick auf das

- *Treffen nachbereiten*

Mit der Protokollgrundlage wird jedes Treffen von der Person mit Teamkoordination nachbereitet. Vor allem werden die jeweiligen Verantwortlichkeiten für Aufgaben, die bis zum nächsten Treffen erledigt sein müssen, allen Teammitgliedern nochmals zusammenfassend getrennt vom Protokoll übergeben.

- *Aktive Teamführung*

Bei Differenzen im Team führt die Person mit Teamkoordination individuelle und klärende Gespräche. Sollten diese zu keinem befriedigen Ergebnis führen, schaltet die Teamkoordination den Auftraggeber, sprich die Führungsperson, ein.

- *Regelmäßiges Feedback an die Teammitarbeiter*

Die Person mit Teamkoordination oder auch der Auftraggeber informiert sich regelmäßig über den Stand der Arbeit und gibt dem Team Rückmeldung. Dabei werden sowohlFort- als auch Rückschritte sowie drohende Probleme aufgegriffen und beachtet.

- *Loben und Erfolge feiern*

Erreichte Meilensteine werden im und mit dem Team gefeiert ebenso wie de Abschluss des Aufgabenfeldes.

- *Probleme im Vorfeld erkennen und vermeiden*

Sollten sich bei der Aufgabenbearbeitung grundlegende Probleme ergeben, muss die Teamkoordination schnell reagieren und den Auftraggeber einbeziehen, um u.a. Eskalationen zu vermeiden.

Checkliste Feedbackgeben

Rückmeldungen sollten anhand folgender „Feedbackbedingungen gegeben werden:

- Konkret: Die wahrgenommenen Verhaltensweisen müssen konkret beschrieben werden, so wie sie wahrgenommen werden. Sie sollen nicht interpretiert, verall-gemeinert oder bewertet werden.
- Kurz: Feedback sollte sich auf wenige wichtige Eindrücke beschränken, die unmittelbar Erlebtes knapp und genau wiedergeben.
- Kurzfristig: Feedback sollte möglichst rasch und umgehend gegeben werden.
- Konstruktiv: Rückmeldung sollte nur gegeben werden, wenn erwünscht. Negatives Feedback wird nur ungern angenommen oder nur dann, wenn es mit positivem in einem ausbalancierten Verhältnis steht."(4)

Checkliste zum Arbeits- und Teamprozess

- Wie steht es um die Entwicklung in einzelnen Bereichen?
- Was ist erreicht worden? Was ist noch offen?
- Wie ist der Stand des Prozesses?
- Was sind die nächsten Prioritäten?
- Ist klar, wie es weitergeht?
- Was sind die nächsten Schritte?
- Wer tut was mit wem bis wann?
- Ist Freude auf das nächste Treffen sichtbar? (4)

Ideenliste für Leitung / erweiterte Leitung – Teams im Kollegium

Mögliche Teams im Kollegium:

- Jahrgangs- und oder Stufenteams;
- Zusammenarbeit mit KiGa/Schule;
- Übergang KiGa-GS bzw. GS-weiterführende Schulen gestalten;
- Zusammenarbeit mit den Berufsschulen;
- Entwerfen, Bewerten und Auswerten von Parallelarbeiten;
- Prüfungsvorbereitung, Durchführung, Nachbereitung;
- Team für Sicherheitsaspekte an der Einrichtung;
- Suchtprävention an der Einrichtung;
- Laienspiel- oder Theatergruppe;
- Medienerziehung konkret;
- Bausteine: Konzentrations- oder Methodentraining;
- Homepage einrichten / pflegen;
- Umwelterziehung – Projekte in diesem Jahr;
- Arbeit / Arbeitsweisen in Lern- oder Bewegungsinseln;
- Betreuung der Lernwerkstatt bzw. des Experimentierplatzes;
- Impementieren, Gestalten und betreuen der Bibliothek;
- Einrichten und Betreiben eines Cafes;
- Gestalten der Mittagsbetreuung; usw.

2.3 Team - professionelle Lerngemeinschaft

2.3.1 Ein Team - Ziel professionelle Lerngemeinschaft

In der Organisations- und Arbeitsfeldsentwicklung zielen viele Ansätze auf kooperative Lernarrangements, d.h. auf eine engere Kooperation der Kinder / Jugendliche sowohl im fachlichen, als vor allem auch im sozialen Lernen. Hierdurch sollen nicht nur das zunehmend selbständige, eigenverantwortliche Lernen angebahnt und gefördert, sondern auch in gemeinsamen, durchdacht geplanten und zielgerichtet ausgeführten sowie reflektierten Interaktionen die Kommunikations- und Kooperationskompetenzen (Personalkompetenen) erarbeitet und erfahrend „trainiert" werden. Der Schlüsselbegriff und -ansatz hierfür ist das umfassende Gewinnen von Erfahrungen im gemeinsamen Bewältigen von Aufgaben (Teamkompetenzen).

Wollen die Fachkräfte obige Kompetenzen erreichen, ist es sehr hilfreich, eigene Erfahrungen in diesem Feld zu sammeln. Was liegt da näher, als Elemente kooperativen Arbeitens auch bei den Fachkräften (schrittweise) einzuführen und immer mehr zu praktizieren mit dem Ziel innerhalb der Mitarbeitenden erfolgreiche Arbeitsteams zu bilden und letztlich professionelle Lerngemeinschaften zu entwickeln.

Teamarbeit bietet die Möglichkeit zur Vernetzung und intensiven Kommunikation der im Arbeitsfeld Tätigen. Auf diese Weise kann ein Austausch von Wissen und Erfahrungen unter diesen erfolgen, der andernfalls in dieser Form nicht möglich wäre und erst zur Innovation in einer sozialen Organisation beiträgt.

Will eine Leitung diese Entwicklung einleiten und längerfristig einrichten, so muss sie wissen, dass sie in zweierlei Hinsicht bei den Fachkräften positive Erfahrungen ermöglichen muss: Ein Mal im Bereich der Kooperation unter den Beteiligten selbst und zum anderen in der Wirkung im und aufs Arbeitsgeschehen.

Die Fachkräfte müssen daher sowohl individuell neue Sichtweisen und Einstellungen erwerben als auch ihre teambezogene Methoden- und Sozialkompetenz ausbauen bzw. erweitern. Entscheidend für die

Akzeptanz, das Erproben und Einschwenken der Fachkräfte auf die veränderten Arbeitsweisen sind positive Erfahrungen sowohl im Miteinander als vor allem auch hinsichtlich von Arbeitserleichterungen im Arbeitsfeld, sprich einer zunehmenden Steigerung der beruflichen Effizienz.

Klar muss allen Beteiligten sein, dass in den Kooperationsprozessen, wie beim Arbeiten in Projekten, eine regelmäßige Reflexion sowohl der inhaltlichen als auch der sozialen Prozesse stattfinden muss, um beide Bereiche zu optimieren. Hier empfiehlt sich vor allem bei der Planung und zu Anfang des Prozesses ein Mentoringprogramm z.B. in einer Schule durch Schul- und oder Unterrichtsentwickler aus dem jeweiligen RP. So kann eine „professionell kooperative Lernumgebung der Fachkräfte für eine erfolgreiche Kooperation und einen effizienten Prozess der Unterrichtsentwicklung entstehen," (2) die notwendigen Fähigkeiten bei allen Beteiligten erworben und das Arbeiten in Teams im Kollegium verankert werden.

Dies erfordert von Seiten der Leitung eine häufig, grundlegend positiv und deutlich kommunizierte Vision sowohl im Vorfeld als auch im Verlauf des Prozesses, im Prozess eine erhöhte, das Ziel im Blick behaltende Variabilität und Flexibilität, das Schaffen einer klaren, transparenten Struktur mit Zeitvorgaben und wesentlich das Eröffnen von präzis abgesprochenen Erprobungsräumen bei hoher „Fehlertoleranz".

2.3.1.1 Professionelle Lerngemeinschaften entwickeln

Arbeiten die Kolleginnen / Kollegen gemäß des innerorganisatorischen Projektes „Teamarbeit" zunehmend selbständig (Vorhaben kooperativ planen, organisieren und reflektieren), so entwickeln sie sich zu einer professionellen Lerngemeinschaft.

Aufgabe der Leitung in diesem Kontext ist es, in diesem Prozess im positiven Sinne präsent zu sein, zu begleiten und aus struktureller Sicht (Einrichtung als Organisation) prozess- und situationsangemessen „Meilensteine" vorzusehen. Diese „Meilensteine", als Phasen des Austausches und der Reflexion (u.a. Ist- Sollstand), beinhalten sowohl informelle, inhaltliche als auch grundlegende organisatorische, auf die Organisation als Ganzes bezogene Elemente (Führungsverantwortung: Kontroll- und Steuerungsfunktion).

Nach Frank Lipowsky besitzen „Professionelle Lerngemeinschaften" folgende Merkmale:

1. „Sie entwickeln gemeinsame Werte und Normen (z.B. von guter Arbeit bzw. sinnvoller Kooperation).
2. Ihre Arbeit ist auf die Weiterentwicklung der Lernprozesse der Kinder und Jugendlichen ausgerichtet.
3. Sie überprüfen regelmäßig in einem reflexiven Dialog die Veränderungspraxis im Arbeitsgebiet wie in der Kooperation der Fach-kräfte.
4. Die neue Fachkraftrolle wie die Tätigkeit im Aufgabenfeld werden zur gemeinsame Sache, d.h. deprivatisiert.
5. Die Zusammenarbeit bekommt eine neue Qualität und Intensität."(3)

In der Literatur finden sich drei grundlegende Bedingungen für ein erfolgreiches Arbeiten in Teams:

Teammitglieder, die Teamleitung und die Gesamtleitung (Leiter/-in) sollten:

- „ihre Arbeitskultur bewusst pflegen, d.h. ihre Zusammenarbeit regelmäßig reflektieren und sich daraus Entwicklungsziele vornehmen.
- im wechselseitigen Feedback der einzelnen Teammitglieder sich gegenseitig freundschaftlich und konstruktiv auf ihre individuellen Potenziale (und damit Stärken in den unterschiedlichen Teamrollen) und Entwicklungsmöglichkeiten hinweisen.
- Ziele und Projektmaßnahmen klar vereinbaren und transparent halten." (nach 3)

Wichtig in den Prozessen eines Teams hin zu einer professionellen Lerngemeinschaft ist ein Dreischritt (think – pair - share):

- ▶ Gemäß der gestellten Aufgabe denkt zunächst jedes Teammitglied aktiv und eigenverantwortlich nach und hält dies zumindest skizzen-haft schriftlich fest.
- ▶ In Zweiergruppen tauschen sich die Teammitglieder untereinander aus. Sie notieren Gemeinsamkeiten und Unterschiede.
- ▶ Nun werden in Dreier- oder Vierergruppen die Ergebnisse ausgetauscht, reflektiert und ggf. ein begründetes Votum / ein Ergebnis erstellt.

Besuchen sich Teammitglieder z.B. im Unterricht, so gilt das Sprichwort:

« Wer andere besucht, soll die Augen öffnen, nicht den Mund! » (Afrikanisches Sprichwort)

Treffen im Team divergierende Ansätze, Meinungen oder Ansichten aufeinander so gelten diese Stichworte:

Die 3 K zum geben von „Kritik“:

K urz

K onkret

K onstruktiv

Die 3 Z zum Annehmen von „Kritik“:

Z uhören

Z uhören

Z uhören

Anlagen

Checkliste: Kooperationsfähigkeit in Teams stärken

1) Vorbereitung für gute Arbeitsatmosphäre und kooperative Lernprozesse:

- Teambildende Maßnahmen zum gegenseitigen Kennenlernen der Persönlichkeiten und Einstellungen (spielerische Formen).
- Erfahrungen und Erwartungen für die Zusammenarbeit offenlegen und austauschen (Partner, ggf. anschließend Kleingruppe). ...

2) Individuelle Fähigkeiten und Interessen:

- Sammeln der individuellen Fähigkeiten z.B. auf Kärtchen, Anheften an PIN-Wand; Austausch darüber;
- Zuordnen zu den ersten anstehenden Themen / Aufgaben: Was wird wo benötigt?
- Klären der Interessen. ...

3) Gegenseitiges Unterstützen klären und erproben:

- Gegenseitige Beobachtungen als förderlich erkennen; abgesprochen strukturierte Beobachtungen;
- Stärken von Teammitgliedern erkennen und akzeptieren;
- Offen um Unterstützung bitten; diese Anfrage respektieren und bestmöglich zusammenarbeiten;
- Respektvoll Feedback geben; wenn angefordert . ...

4) Aktiv und intensiv zusammenarbeiten:

- Konstruktives Erfahren von wechselseitiger Abhängigkeit;
- akzeptieren und respektieren von Arbeitsrollen;
- Informationen teilen; gemeinsam ggf. arbeitsteilig erarbeiten und präsentieren;
- auch herausfordernde Aufgaben aktiv anpacken;
- Teilerfolge bewusst sehen / schätzen und gemeinsam feiern.

5) Identifikation mit dem Team und den Zielen:

- Aktives Mitwirken bei der Zielformulierung;
- Ziele sind klar und deutlich sichtbar / vor Augen;
- die Bedeutung der Ziele und das Erreichen derselben ist allen bewusst;
- Ziele sind „unsere vereinbarten“ Teamziele und damit auch die jedes Teammitglieds.

Checkliste: Entscheidungsfindung in Teams – Gruppenanalyse

- Das Team ist z.B. in mehrere Kleingruppen (3 – 4 Personen) aufgeteilt. Bei kleinen Teams fallen die Punkte 7 bis 9 entsprechend zusammen. -

1 Jedes Gruppenmitglied bekommt ein Blatt mit einer Arbeitsaufgabe und fünf Feldern darunter. Die Aufgaben aller Gruppenmitglieder können identisch sein - z. B. wenn es um das Lösen eines Problems oder die Sammlung von Ideen geht. Sie können auch verschieden sein, z.B. wenn die Gruppe vier unterschiedliche Aspekte eines Themas bearbeiten soll.

2 Jedes Gruppenmitglied bekommt Zeit, die Arbeitsaufgabe in einem ersten Schritt in Einzelarbeit zu bearbeiten und eine vorläufige Antwort oder seine Ideen und Lösungsvorschläge in das erste Feld zu schreiben.

3 Austausch: Das Arbeitsblatt wird im Uhrzeigersinn jeweils an die nächste Person weitergereicht. Jede/r liest jetzt zunächst die These und die Stellungnahme, die auf dem Blatt stehen, das er bekommen hat. Anschließend schreibt sie/er in das Kommentarfeld 1 die zentralen eigenen Gedanken bezüglich der These und der Stellungnahme.

4 Das Blatt kreist erneut um eine Position.

Erneut wird Zeit für die Analyse und Reflexion der vorherigen Beiträge gegeben. Jede/r trägt die Gedanken jetzt in das Kommentarfeld 2 ein.

Das Vorgehen wird noch einmal wiederholt und anschließend gelangt das Blatt noch eine Position weiter. Der Bogen ist jetzt wieder bei dem Gruppenmitglied, das die erste Eintragung vorgenommen hat.

5 Jede/r hat jetzt zu seinen Gedanken eine Vielzahl von Anregungen in den Kommentarfeldern 1 bis 3.

6 Einzelarbeit: Jede/r formuliert nun eine Zusammenfassung und eine erweiterte Stellungnahme.

Diese Stellungnahme kann eine Synthese der Ideen und Vorschläge oder eine Zusammenfassung der Kontroverse beinhalten.

7 Austausch in der Gruppe: Die Ergebnisse der unterschiedlichen Austauschblätter werden jetzt vorgestellt.

8 Gruppengespräch: Die Gruppe tauscht sich (unter Moderation eines Gruppenmitglieds) zu den Ideen, Lösungsvorschlägen, Alternativen aus und entwickelt entweder einen gemeinsamen Vorschlag oder arbeitet eine klare Kontroverse heraus.

9 Vorstellung der Gruppenergebnisse: Ein/e Vertreter/in der Gruppe stellt die Ergebnisse der Gruppe dem Plenum vor (ggf. auch visuell auf einer aufgehängten Moderationskarte). Diskussion und Entscheidung im (Team-)Plenum Im Gesamtteam werden die Lösungsideen bzw. Alternativen durchgesprochen, wird eine Entscheidung moderiert. (vgl. 4)

Gruppenprozessanalyse

Die folgende „Gruppenprozessanalyse“ kann das Ende einer Arbeitssitzung eines Teasms gestalten helfen.

Bitte geben Sie an, inwieweit Sie mit den unten stehenden Aussagen übereinstimmen.

Antworten:

1 = Dieser Aussage kann ich vorbehaltlos zustimmen

2 = Dieser Aussage kann ich nur mit einigen Vorbehalten zustimmen

3 = Ich bin nicht ganz sicher, doch würde ich dieser Aussage eher zustimmen

4 = Ich bin nicht ganz sicher, doch würde ich diese Aussage eher ablehnen

5 = Diese Aussage muss ich mit einigen Vorbehalten ablehnen

6 = Diese Aussage muss ich vollständig ablehnen

		1	2	3	4	5	6
1.	Die Gruppe analysierte die Probleme richtig						
2.	Wir waren uns darüber im Klaren, was wir erreichen wollten						
3.	Ich war mit der Art zufrieden, wie wir dem Problem auf den Leib rückten						
4.	Wir überprüften während der Arbeit laufend die Zweckmäßigkeit unseres Vorgehens						
5.	Alle Ideen der Gruppenmitglieder wurden festgehalten						
6.	Wir unterstützten uns während der Gruppenarbeit gegenseitig						
7.	Ich hörte aufmerksam zu, während andere sprachen						
8.	Die anderen hörten aufmerksam zu, wenn ich etwas zu sagen hatte						
9.	Meine Fähigkeiten kamen voll zur Geltung und wurden von der Gruppe genutzt						
10.	Die Fähigkeit der anderen kamen voll zur Geltung und wurden von der Gruppe genutzt						
11.	Ich fühlte mich in meiner Rolle ruhig und wohl						
12	Die Gruppe wurde nicht durch ein oder mehrere Mitglieder dominiert						
13.	Es gab keine Konkurrenzkämpfe zwischen Gruppenmitgliedern, die die Effizienz der Arbeit reduzierten						
14.	Das Interesse am Problem war groß						

(E. Philipp: Gute Schule verwirklichen. Weinheim/Basel, 1992; S. 82)

Anweisung und Auswertungshinweise:

1. Bitte bewerten Sie Ihren eigenen Beitrag in der Gruppenarbeit. Betrachten Sie dabei die einzelnen Items.
2. Übertragen Sie die Einzelbewertung auf eine vergrößerte Fassung (DIN-A-3) des Formblattes. Benutzen Sie unterschiedliche Farben für die Gruppenmitglieder und verbinden Sie die Einzelpunkte jedes Mitgliedes mit der gleichen Farbe.
3. Versuchen Sie zu einer gemeinsamen Deutung des Ergebnisses zu kommen und Konsequenzen zu formulieren.

Quelle: Das Teamtool finden Sie unter: www.lis.bremen.de

Checkliste: Erkennen von Teamfähigkeit

Merkmale für Teamfähigkeit:	**Merkmale für mangelnde Teamfähigkeit:**
Sich seiner eigenen Fähigkeiten / Fertigkeiten und Kompetenzen bewusst und sicher sein und diese anderen gegenüber effektiv darstellen können. Auf Rivalitäten verzichten. Andere in ihrem Anderssein respektieren. Den Willen haben, die eigenen Ideen bzw. die eigene Arbeit sowie deren Ergebnis offen zu legen. Anerkennen fremder Leistungen ohne eigenes Abwerten. Suche nach gemeinsamen Lösungen. Bereit und fähig sein, Konflikte konstruktiv auszutragen. Fähig und willens sein, eigenes Verhalten sowie das Verhalten untereinander zum Thema zu machen. Die Fähigkeit, die eigenen Interessen mit den gemeinsamen Zielen des Teams verbinden zu können.	Selbstzweifel nach außen tragen. Umständliche und detailverliebte oder abschweifende Darstellung von Sachverhalten; fehlender Blick für das gerade Erforderliche. Selbstdarstellung; offene oder versteckte Abwertung von Beiträgen anderer Teammitglieder. Teamergebnisse als eigene Leistung darstellen. Forderung nach Teilhabe und Transparenz bei gleichzeitiger Zurückhaltung von Sachverhalten oder Informationen. Selbstabwertende Vergleiche mit anderen Teammitgliedern vornehmen. Konflikte im Team werden nicht angesprochen, sondern nach außen getragen (Harmoniesucht). Lösungsorientierte Beiträge fehlen. Unfähigkeit zum Perspektivenwechsel. - Rückzug oder Angriff - Illoyalität gegenüber Teamentscheidungen, sofern sie den eigenen Interessen zuwiderlaufen oder Standfestigkeit erfordern.

2.4 Teambildung – Wirkungen auf die Einrichtung als Organisation

2.4.1 Einleitende Gedanken

Teamarbeit wird in der Literatur als zentrales Instrument der Entwicklung der Organisation als Einrichtung angesehen, ohne die keine Arbeitsfeldentwicklung und damit keine Organisationsentwicklung stattfinden können. Ohne die Zusammenarbeit der verschiedenen Akteure innerhalb einer Einrichtung kann sich diese nicht von innen heraus weiterentwickeln, da jede Fachkraft nur ihren unmittelbaren und individuellen Zielen nachgehen würde und der Entwicklungsprozess der gesamten Einrichtung somit nicht geplant, geschweige denn zielgerichtet wäre.

Teams stellen eine Möglichkeit dar, wie eine Einrichtung eine gemeinsame Vision ihrer Arbeit entwickeln kann und unterstützen die Koordination der am Leben einer Einrichtung beteiligten Personen, um diese gemeinsam Vision realisieren zu können.

Kooperation dient der optimalen Förderung der Kompetenzen der Zielpersonen während der Betreuungszeit; durch eine enge Zusammenarbeit können die Fachkräfte ihre Arbeit besser auf die Lernvoraussetzungen der Zielpersonen sowie auf ihr überfachliches Verhalten

(z.B. bei Lern- oder Arbeitsproblemen) anpassen. Ihr Blick auf die Zielpersonen kann dadurch verbreitert und geschärft werden.

2.4.2 Teambildung – Ansätze

Jede Leitung ist gut beraten, sich vor der Einleitung von Teamstrukturen im Kollegium genauestens mit den personellen und sächlichen Gegebenheiten zu befassen:

- Welche Personen habe ich im Kollegium (Persönlichkeitsstrukturen; Kompetenzen)?

- Wer arbeitet (bereits) mit wem und wann zusammen?

- Wie ist die räumliche und sächliche Ausstattung der Einrichtung?

- Welche Entwicklungen zeichnen sich ab?

- Welche Ansätze können aus eigenen Ressourcen bewältigt werden?

- Welche Planungen bestehen für die Zukunft? usw.

Hilfreich ist hierbei auch das Einbeziehen der Stellvertretung sowie der ggf. weiteren Personen mit Leitungsaufgaben (z.B. Abteilungsleiter bzw. -leiterin).

Für die Leitung gibt es mehrere Hilfsinstrumente, um einen möglichst aktuellen, realen Informationensstand zu erhalten:

- Eine Kraftfeldanalyse;

- eine Softanalyse;

- Teammanagementmodell (TMS) – Ansätze.

2.4.3 Kraftfeldanalyse

- Kraftfeldanalyse (force-field-analysis) -

Unter Kraftfeldanalyse ist ganz allgemein eine Methode zur Analyse von Antriebs- und Hemmkräften in einer konkreten Situation zu verstehen.

Die Kraftfeldanalyse kann zu verschiedenen Analysezwecken eingesetzt werden. Je nach Verwendung kann mit ihr sowohl eine allgemeine Analyse des bestehenden Kraftfelds in einer bestimmten Situation als auch eine akteursspezifische Analyse durchgeführt werden. Letzteres wäre sowohl in Form einer Gegenüberstellung zweier Akteure als auch in Bezug auf einen einzelnen Akteur möglich. Zudem ist eine Kraftfeldanalyse durch die Erweiterung des Modells für die Analyse von Erfolgsaussichten einzelner Lösungsansätze ebenso sinnvoll und erkenntnisleitend einzusetzen.

2.4.3.1 Methodik der Kraftfeldanalyse

"Was nützt der beste Wind, wenn man nicht weiß, wohin man segeln will." Seneca

Am Anfang steht die Definition des Themas und des Veränderungsziels:

Bevor die eigentliche Kraftfeldanalyse durchgeführt werden kann, ist es in einem ersten Schritt erforderlich, den Aspekt, unter dem die Kraftfeldanalyse durchgeführt werden soll, genau zu beleuchten und zu konkretisieren. Das konkrete Thema ist zu bestimmen, das Problem, um das es geht, ist genau zu beschreiben, Wünsche sind zu artikulieren, das konkrete Ziel, das erreicht werden soll, ist zu definieren (Kernfrage: Was soll genau erreicht werden?).

Dadurch soll u.a. eine Präzisierung und Eingrenzung des Themas bzw. Veränderungsziels erreicht werden, was nicht nur die Durchführung der Analyse erleichtert, sie mitunter erst handhabbar macht, sondern vor allem von entscheidender Bedeutung für den gesamten Projekterfolg ist, denn mangelhaft durchdachte und nachlässig definierte Ziele sind einer der häufigsten Gründe für überteuerte oder gescheiterte Projekte. Darüber hinaus ermöglicht eine klar formulierte Zielvorstellung neben einer klaren Linie und Orientierung auch eine bessere Messbarkeit und Kontrolle.

2.4.3.2 Die eigentliche Kraftfeldanalyse

Die eigentliche Kraftfeldanalyse besteht in der Sammlung und Gegenüberstellung von sog. internen und externen Antriebs- und Hemmkräften in Bezug auf das Thema bzw. Veränderungsziel.

Unter "Antriebkräfte" sind dabei alle fördernden Kräfte zu verstehen, die auf die (zu verändernde) Situation positiv einwirken bzw. es ermöglichen oder erleichtern, das Ziel zu erreichen, während der Begriff "Hemmkräfte" alle Kräfte umfasst, die auf die (zu verändernde) Situation negativ einwirken bzw. ggf. sogar verhindern, dass das Ziel erreicht werden kann.

Oft ist es darüber hinaus sinnvoll, eine Gewichtung der einzelnen Kräfte vorzunehmen, mitunter sogar, sie in eine Rangreihenfolge zu bringen.

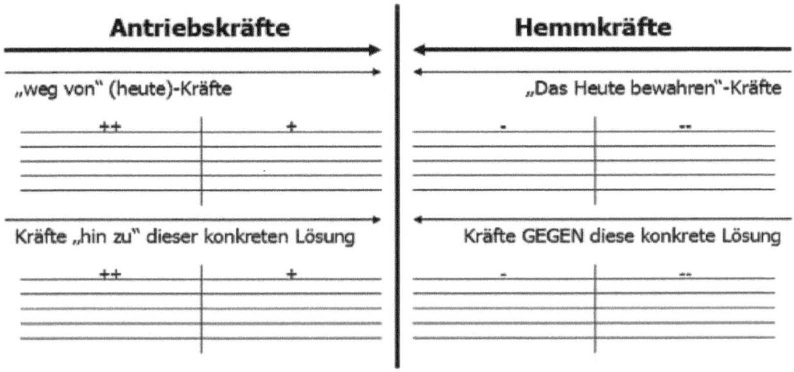

2.4.3.3 Erweiterung des Modells der Kraftfeldanalyse

In Erweiterung dieses obigen einfachen Modells der Kraftfeldanalyse können Sie sowohl auf der Seite der Antriebskräfte als auch auf der der Hemmkräfte noch eine Unterscheidung von Kräften einbauen, die an der aktuellen Situation ansetzen, und solchen Kräften, die sich auf einen möglicherweise schon bestehenden (ausgewählten), konkreten Lösungsansatz beziehen.

Das obige, zur Veranschaulichung erstellte Schaubild soll dies verdeutlichen:

Je stärker dabei die "hin zu"-Kräfte sind, desto größer ist die Wahrscheinlichkeit, dass die Umsetzung gelingt. Vorsicht ist hingegen bei starken Kräften gegen den ausgewählten konkreten Lösungsansatz geboten. Gelingt es nicht, geeignete Gegenmaßnahmen zu finden, ist die Umsetzung der konkreten Lösung gefährdet, und es muß in diesem Fall ein anderer Lösungsansatz gefunden werden.

2.4.3.4 Kraftfeldanalyse und Strategieentwicklung

Die Kraftfeldanalyse eignet sich auch dazu, konkret entwickelte Veränderungs- und Problemlösungsansätze auf ihre Umsetzbarkeit und Effektivität hin zu reflektieren.

Sind Veränderung- und Problemlösungsansätze noch nicht vorhanden oder sollen (müssen) andere Ansätze bzw. Alternativen gefunden werden, so eignet sich die Kraftfeldanalyse dazu, aus ihren Ergebnissen konkrete Vorschläge zur Veränderung der Situation im Hinblick auf das gesteckte Ziel abzuleiten (Kernfrage: Wie kann erreicht werden, daß…?), die wiederum als Basis für die Entwicklung eines Handlungsplans und einer Vorgehensstrategie dienen können.

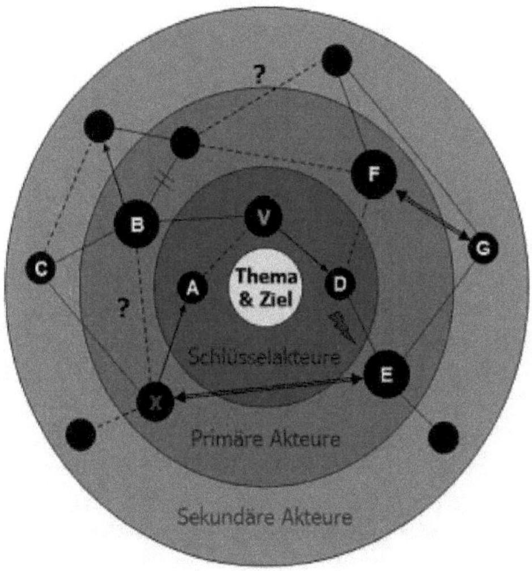

AKTEURE	
●	mit hohem Einfluß
•	mit geringem Einfluß
Ⓥ	Veto-Player
BEZIEHUNGEN	
—	enge Beziehung
---	schwache Beziehung
-?-	Ungeklärte Beziehung
→	Dominanzbeziehung
↔	Allianzen & Kooperationen
	Spannungen, Konflikte, Interessengegensätze
++	unterbrochene Beziehung

In einem ersten Schritt müssen dazu die Kräfte ausgewählt und gründlich untersucht werden, die verändert, d.h. reduziert oder verstärkt, werden sollen und auch verändert werden können. Es wird überlegt, ob und wie die fördernden Kräfte verstärkt, unterstützt und zur Wirkung gebracht werden können, vor allem aber kommt es darauf an, zu überlegen, ob und wie die hemmenden Kräfte abgeschwächt oder sogar beseitigt werden können. Dabei sollte das Augenmerk auch darauf gerichtet werden, welche Wechselwirkungen zwischen den sich verstärkenden Antriebskräften und den antagonistisch wirkenden Hemmkräften bestehen.

Aus den gewonnenen Erkenntnissen sollten sodann zur Umsetzung konkrete Maßnahmen vereinbart, eine Umsetzungsstrategie entwickelt und in diesem Rahmen ein entsprechender Aktionsplan erstellt werden (Kernfrage: Wer tut was, wann, wie, warum, und mit wem, um die gewünschten Änderungen herbeizuführen?).

Quelle: Angelehnt an „Kraftfeldanalyse“ Schratz, M.; Iby, M.; Radnitzky, E. (2000). Qualitätsentwicklung – Verfahren, Methoden, Instrumente. Weinheim und Basel: Beltz Verlag. (S.125, S.132)

2.4.4 SOFT-Analyse

1. Kurzbeschreibung

Kolleginnen / Kollegen erarbeiten in Einzel- und Gruppenarbeit gemeinsam Stärken (1), Schwächen (2), Entwicklungschancen (3) und drohende Gefährdungen (4) der in der Einrichtung existierenden Möglichkeiten bezogen auf das anstehende Thema „Arbeiten in Teams“.

2. Ziele

- Allen Beteiligten ist der momentane IST-Zustand bekannt.
- Entwicklungsmöglichkeiten sind aufgezeigt.

3. Materialien

- Kopien des Arbeitsblattes „SOFT-Analyse“ für alle Teilnehmer/innen.

4. Voraussetzungen

Es sind keine besonderen Voraussetzungen notwendig.

5. Ablauf

Die SOFT-Analyse ist ein Verfahren, um sich einen ersten Eindruck davon zu verschaffen, wie zufrieden die Fachkräfte mit der … praxis der Einrichtung sind und ob Sie die existierenden Möglichkeiten überhaupt wahrnehmen.

SOFT ist ein Akronym der folgenden Begriffe:

S atisfactions = Zufriedenheit bzw. befriedigende Ergebnisse

O pportunities = Möglichkeiten, Chancen, Herausforderungen

F aults = Fehler, Probleme, Missstände, Unzulänglichkeiten

T hreats = Bedrohungen, potenzielle Gefahren

6. Vorbereitung

Klären Sie zunächst, mit welcher Fragestellung Sie die SOFT-Analyse durchführen möchten. Sie können entweder den gesamten Themenbereich „Installieren von Teamstrukturen an der ....Einrichtung“ eher explorativ erkunden lassen, oder Sie beschränken die Analyse auf bereits z.B. praktizierte Elemente in Projekten.

7. Durchführung

Alle Teilnehmer erhalten je eine Kopie des Arbeitsblattes.

Satisfactions:

Was läuft befriedigend bzw. gibt befriedigende Resultate? (Tätigkeiten, Arbeitsbedingungen, formale und inhaltliche Aspekte)

Warum ist es befriedigend? (Kriterien, Gründe, Maßstäbe)

Opportunities:

Welche Chancen, Gelegenheiten, Wachstums- bzw. Entwicklungsziele stellen sich? Was sind bekannte, aber noch nicht genutzte Chancen? (Szenarien entwicklen)

Wo bzw. in welcher Richtung sollten systematisch Chancen und Möglichkeiten gesucht werden?

Faults:

Wo liegen Fehler, Unzulänglichkeiten, Schwierigkeiten, Schwachstellen?

Was führt häufig zu Spannungen, Enttäuschungen, Konflikten?

Was verhindert, dass wir die Situation besser unter Kontrolle haben? (Hintergründe, verborgene Zusammenhänge)

Threats:

Welche ungünstigen oder bedrohlichen Entwicklungen kommen auf uns zu, woher, in welchem Zeitraum und in welcher Form?

Was passiert, wenn nichts passiert? (realistisch und als sogenannte Katastrophenphantasie)

Einzelarbeit

Bitten Sie die Teilnehmer/innen, in Einzelarbeit zu jedem Punkt Stichworte zu notieren.

Gruppenarbeit

Es werden Gruppen mit nicht mehr als sieben Mitgliedern gebildet. In den Gruppen werden die einzelnen Eintragungen vorgestellt und diskutiert. Daraus erfolgt über Gruppenkonsens eine Zusammenfassung der wichtigsten Aussagen der Gruppe.

Die Ergebnisse können anschließend in einem Innen /Außenkreis-Arrangement in eine weiterführende Diskussion über die Stärken und Schwächen in Gegenwart und Zukunft übergeführt werden.

8. Hinweise zur Auswertung

Die endgültigen Ergebnisse werden in schriftlicher Form zusammengefasst. Nachdem der gegenwärtige bzw. zukünftige Zustand ausreichend geklärt ist, lassen sich für die einzelnen Bereiche Zielsetzungen erarbeiten, die zunächst der Stabilisierung des Erreichten dienen (Motto: „Darauf können wir stolz sein!“).

Für den Bereich der Probleme gilt es Lösungsansätze zu suchen, die Wege in die Zukunft eröffnen, welche die Eintragungen im Quadranten „Chancen und Gefahren“ mit einbeziehen. Auch hier gilt es, Zielsetzungen und Maßnahmen zu erarbeiten, welche der Entwicklung in die Zukunft dienen. (Motto: “Darauf lohnt es sich hinzuarbeiten.“)

9. Tipps zur Ergebnissicherung

Am Ende der Arbeit sollte eine Prioritätenliste für die weitere Bearbeitung erstellt worden sein, um die Umsetzung der gewonnenen Befunde zu gewährleisten.

10. Kommentar

Diese Methode lässt sich sinnvoll einsetzen, wenn eine erste Orientierung über die Meinungen und Einstellungen der Befragten gewonnen werden soll und nicht die Bewertung spezifischer Indikatoren & Fragestellungen Ziel der Untersuchung ist.

Quelle: Landesinstitut für Schule, Bremen [www.lis.bremen.de] ; Franz Wester, Andreas Soltau, Liane Paradies 2006

2.4.5 Team-Management-System (TMC) - Ansätze

Ein weiterer Ansatz zur Teambildung bietet das Team-Management System (TMS). Das Team Management System (TMS) ist ein Modell für die Personal-, Team- und Organisationsentwicklung. Es wurde von den Management-Experten und international bekannten Unternehmensberatern Charles Margerison und Dick McCann erarbeitet. Es interessierte sie, warum manche Teams sehr erfolgreich waren und andere Teams scheiterten bei vergleichbaren Ausgangsbedingungen. Sie führten breit angelegte empirische Untersuchungen durch, um Erfolgs- und Misserfolgskriterien zu entdecken. Sie fanden heraus, dass in allen erfolgreichen Teams acht zentrale und für den Erfolg entscheidende Aufgabenbereiche (Arbeitsfunktionen - Types of Work) erfolgreich wahrgenommen wurden: Beraten (Informationen einholen und weitergeben), Innovieren, Promoten, Entwickeln, Organisieren, Umsetzen, Überwachen, Stabilisieren. Ergänzt werden diese Arbeitsfunktionen durch Fähigkeiten, die die Kräfte im Team bündeln (Linking).

Das Modell setzt beim Erkennen und Einbeziehen der Stärkenbereiche z.B. von Kolleginnen / Kollegen an. Somit ist es sowohl ein Instrument der Selbsterkenntnis, der Persönlichkeitsentwicklung als auch der Teambildung nach Kompetenzen und Präferenzen. In einem erfolgreichen Team sind neun Arbeitsfunktionen bedeutsam, die auch alle von den Teammitgliedern wahrgenommen werden müssen.

Bei Ersterem verortet sich die jeweilige Person in der Grafik selbst, bei letzterem verortet die Leiterin / der Leiter die Fachkräfte an seiner Einrichtung, um sich aufgrund von gezielten Beobachtungen gemachter Erfahrungen ein subjektiv stimmiges Bild für eine mögliche Teambildung zu gewinnen.

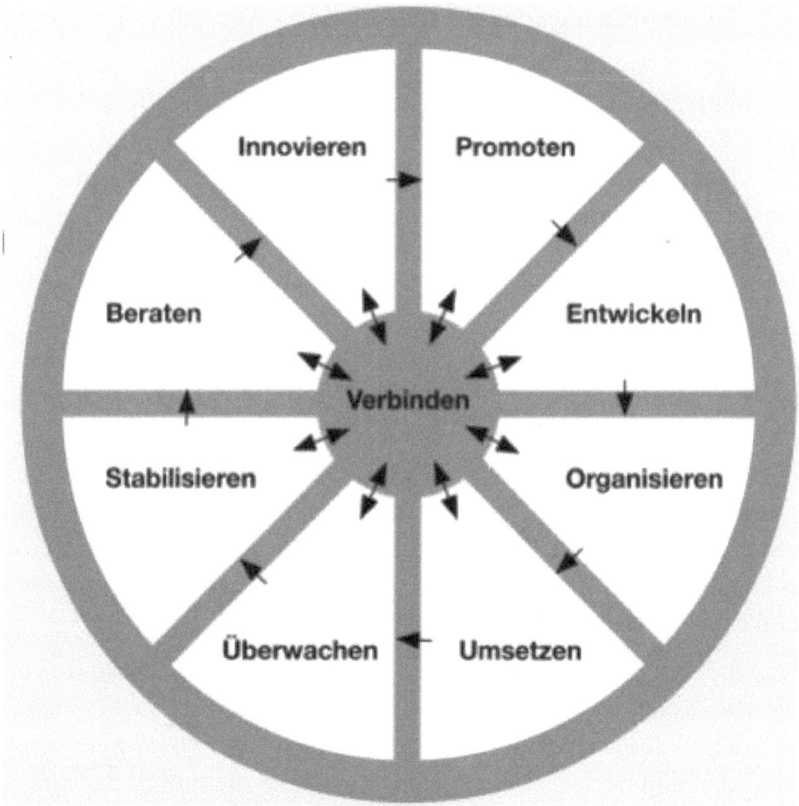

Quelle 2015: http://www.ras-training.de/neu/tms/tms.htm

Beraten	Informationen beschaffen, Wissen aufbereiten und Daten weitergeben
Innovieren	Neue Ideen erfinden und damit kreativ experimentieren, forschen
Promoten	Neue Möglichkeiten erkunden, begeisternd präsentieren, andere davon überzeugen, Ideen verkaufen

Entwickeln	Neue Ansätze auswählen, Nutzen-Kosten-Analyse erstellen, testen, beurteilen und Prototypen zur Marktreife entwickeln
Organisieren	Arbeitsweisen finden, Mittel beschaffen, Aufgaben koordinieren, Termine planen und vereinbaren
Umsetzen	Produkte und Dienstleistungen zielstrebig und syste-matisch nach Plan erstellen
Überwachen	Systeme und Ergebnisse prüfen, Qualität sichern und Kosten kontrollieren
Stabilisieren	Standards und Werte auf hohem Niveau halten, andere unterstützen, auf Wohlbefinden achten
Verbinden	Die unterschiedlichen Stärken im Team wertschätzen, vermitteln, vernetzen und integrierend bündeln

Erweitert wird das Modell durch die Arbeitsfunktionen, die von den einzelnen Teammitgliedern erfüllt werden müssen. Damit können z.B. die Interessen (Arbeitspräferenzen) der Fachperson mit den Anforderungen im Aufgabenfeld verglichen werden. Dadurch erhält die Leitung ein Hilfsmittel zur Analyse des aktuellen Kollegiums. Das Modell eröffnet auch einen Ansatz für eine zielgerichtete Personalauswahl. Ebenso ergeben sich grundsätzliche Ansätze für die Zusammensetzung von Teams hin zu professionellen Lerngemeinschaften.

Modell der Arbeitspräferenzen – ein persönliches Stärkenprofil

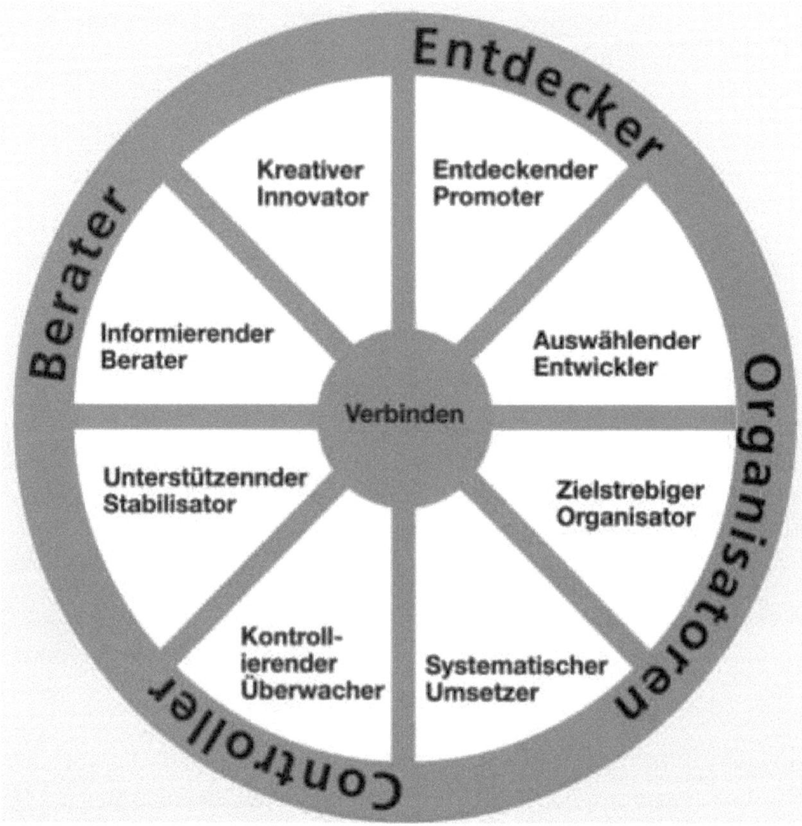

Quelle 2015: http://www.ras-training.de/neu/tms/tms.htm

Informierter Berater

- Informationsorientiert
- Unterstützt, hilft, ist tolerant, flexibel und weiß viel
- Sammelt Informationen und gibt sie weiter
- Findet gern Sachen heraus
- Achtet nicht sehr auf die Zeit

	und mag nicht gehetzt werden
Kreativer Innovator	• Ideenorientiert • Fantasievoll, kreativ, unabhängig, auf Zukunft ausgerichtet • Mag komplexe Fragestellungen und Forschungsaufgaben • Oft unregelmäßige und chaotische Arbeitsweise • Sucht permanent nach neuen Wegen, vergisst dabei gesetzte Fristen
Entdeckender Promoter	• Visionsorientiert • Überzeuger, Präsentator, Verkäufer, guter Kommunikator • Mag vielseitige, aufregende und stimulierende Arbeit • Kennt viele Leute, geht auf andere zu, macht Ressourcen ausfindig • Begeistert und verbreitet gern optimistische Zukunftsperspektiven
Auswählender Entwickler	• Handlungs- und Faktenorientiert • Analytisch, objektiv und Unabhängigkeit bewahrend • Kombiniert, experimentiert und diskutiert gern

- Entwickelt aus Ideen neue Innovationen
- Mag Planungsprozesse, Projektarbeit, Arbeit an/mit Prototypen

Zielstrebiger Organisator

- Aufgabenorientiert
- Plant und organisiert das Ingangsetzen
- Entscheidungsfreudig, analytisch, erstellt Systeme
- Mag strukturierte Arbeit
- Erstellt Fristen für die Aktionen, kann ungeduldig werden und kann Druck ausüben

Systematischer Umsetzer

- Produktionsorientiert
- Praktisch veranlagt, bringt Arbeit zeit- und fristenbewusst zu Ende
- Mag Ablaufpläne, Raster, Netzpläne und gleichbleibende Aufgaben
- Ist stolz darauf, "Mengen" von Waren und Dienstleistungen (möglichst gleichmäßig) zu erstellen
- Schätzt Effizienz und Effektivität, betont Ergebnisse und Resultate

Kontrollierender

- Detailorientiert

Überwacher	• Gut in der Qualitäts-, Fehler- und Kostenkontrolle • Arbeitet gern allein, ungestört, konzentriert, eins nach dem andern • Inspiziert Verträge und Abläufe gründlich, präzise, ruhig, besonnen • Sorgt dafür, dass Kennzahlen erreicht und Regeln eingehalten werden
Unterstützender Stabilisator	• Beziehungsorientiert • Kann ein Team zusammenschweißen • Ruhig, wertkonservativ, loyal, unterstützend, gut im Verhandeln • Setzt sich für seine Überzeugungen, Einstellungen und Werte ein • Motivation durch Sinngebung, Starkes Empfinden für Recht und Fairness • Bringt Gefühle mit ein und achtet auch auf die der anderen

(Quelle 2015: http://www.ras-training.de/neu/tms/tms.htm)

2.5 Teamarbeit – Expertenkooperation

2.5.1 Exkurs: Organisation von Experten

„Unter Kooperation oder kooperativer Tätigkeit wird eine Tätigkeits- bzw. Aufgabenform verstanden, bei der mehrere einen Auftrag bzw. eine gestellte Aufgabe gemeinschaftlich erfüllen, dazu gemeinsame Zielstellungen verfolgen, eine Ordnung ihres Zusammenwirkens aufweisen und in auftragsbezogener Kommunikation miteinander stehen“ (Hacker, 2005, S. 149).

In der Literatur finden sich Hinweise auf den engen Zusammenhang von Kooperation und Kohäsion, also engen Beziehungen unter den Kolleginnen / Kollegen in einer Einrichtung. Dies begünstigt eine pädagogische Führung der Einrichtung.

Mintzberg bezeichnet eine Bildungs- und Erziehungsinstitution als Organisation von Experten: „Der wichtigste Teil einer Expertenorganisation ist der betriebliche Kern und die darin arbeitenden Experten. … Die Fachkräfte stellen den größten und qualitativ wichtigsten Teil der Institution dar. … Um die Qualität sicherzustellen, wird an den Institutionen fast ausschließlich Personal mit einer hohen Qualifikation eingesetzt, das eine lange, aufwändige und stark reglementierte Ausbildung durchlaufen hat. … Über die Qualität der Kernprozesse an der Institution entscheidet die Qualifikation der einzelnen Fachkraft, die wiederum von Fertigkeiten, Erfahrungen und Neigungen sowie des beruflichen Selbstverständnisses geprägt ist. … Die an den Institutionen durchgeführten Standardverfahren sind komplexe Operationen, die ihrem Gegenstand angemessen immer wieder adaptiert und perfektioniert werden, die aus vielen einzelnen Teilschritten bestehen können und so anspruchsvoll sind, dass sie nur von flexibel und eigenverantwortlich handelnden, jahrelang gut ausgebildeten Experten durchgeführt werden können. Eine Beschreibung, die auf Lernangebote gut anwendbar ist. … Eine mittlere Führungsebene ist kaum vorhanden. … Die Funktionsträger sind zugleich Fachkräfte und damit Teile des betrieblichen Kerns. … Unterstützende Personen kommen meist vom Träger (Sekretariat, Hausmeister, Reinigungspersonal). … Die Sicherstellung von Prozessabläufen und Ergebnissen wird durch die spezifische Qualifikation der Beschäftigten erreicht. ... Institutionen sind da, wo sie Standardsituationen vorfinden und mit ihrem Standardrepertoire bearbeiten können, hoch effektiv. ... "(1)

2.5.2 Erziehungs- und Bildungsfachkräfte – Experten

Erzieherinnen / Erzieher bzw. Lehrerinnen / Lehrer bringen in ihre beruflichen Tätigkeitsfelder aufgrund ihrer Ausbildung bzw. ihres Studiums ein breites pädagogisch-psychologisches und ein umfassendes fachliches Wissen (Bildungsstätten bzw. Schularten GS/ HWRS/ RS, GWRS) sowie i.d.R. praktische Erfahrungen im Berufsfeld mit. Im Lernprozess sind sie sowohl im inhaltlichen wie erzieherischen Feld bei der Ausgestaltung der im Lehrplan genannten Kompetenzfelder weitgehend autonom. Sie stehen überwiegend alleine vor der Gruppe und haben damit direkten Kontakt und Bezug zu den anvertrauen Kindern / Jugendlichen. Das Tätigkeitsfeld ist sehr komplex und kann in seiner Gesamtheit sowie den Verflechtungen weder von internen noch von Externen analysiert oder standardisiert werden. Fachkräfte sind stärker ihrem Fach und ihrer Profession verbunden, weniger der Institution als System. Fachkräfte als Experten sehen sich in erster Linie ihren fachlichen Kollegen sowie i.d.R. den Anvertrauten gegenüber verantwortlich. Sie haben eine individuell gewollte, oft umfangreiche horizontale Vernetzung auf der Arbeitsebene (Kollegialität). Gremien der Fachkräfte sind entweder thematisch bestimmt (Fach-, Stufen- oder Jahrgangskonferenzen) oder werden von diesen gewählt und damit kollegial besetzt (z.B. Schulkonferenz). Der „Arbeitserfolg" realisiert sich grundlegend über persönliche Beziehungen zu den „Kunden" und ist zudem abhängig von deren Mitarbeits- und Lernbereitschaft sowie den jeweiligen individuellen, aktivierbaren geistigen Anlagen und Fähigkeiten. Die einzelnen Tätigkeiten erfordern von den Fachkräften eine hohe Eigenmotivation und Selbstkontrolle. Steuerungsversuche von außen können zu einer Minderung der Motivation führen.

In der Konsequenz können sich Fachkräfte daher dem direkten Durchgriff der wie immer gearteten Leitungsebene weitgehend entziehen. Die organisatorische Hierarchie ist flach und im pädagogischen Feld auf die konstruktive und aktive Mitwirkung (Zuständigkeit der Gesamtkonferenz) angewiesen. Die Aufgaben der Leitung sind vorwiegend organisatorischer Art, der Außenbezug, die Konfliktlösung und die Gewährleistung der Funktionsfähigkeit (Support) sowie die Zusammenarbeit mit den Ebenen der Aufsichtsinstitution.

In Lern- und Erziehungsprozessen der täglichen Arbeit mit den Zielpersonen arbeiten die Fachkräfte gemäß ihrer Kenntnisse und Erfahrungen mit Standardverfahren. Diese gründen auf einem eher „deduktiven Denkansatz". Für sich verändernde Verhältnisse ist jedoch ein „induktiver Denkansatz" erforderlich, um angemessene, innovative oder gar interdisziplinäre Lösungsansätze zu finden. Hierbei ist die einzelne Fachkraft i.d.R. überfordert. Im System, z.B. Kindergarten oder Schule, muss daher durch die Leitung eine Änderung eingeleitet und installiert werden (Führungsverantwortung). Von der organisatorischen Seite her sind die einzuleitenden Maßnahmen in anderem Zusammenhang meist schon bekannt: Das (zeitweise) Arbeiten mit und in Projekten mit den Kindern / Jugendlichen. Dies gilt es nun in den Bereich der Fachkräfte zu tragen bzw. diese dafür zu gewinnen.

Für im sozialen Bereich tätige Organisationen bieten sich Kooperationsstrukturen in Teamform aufgrund der höher werdenden bzw. erhöhten Komplexität im System sowie den damit verbundenen Anforderungen auch an jeder örtlichen (auch kleineren) Einrichtung an. Das projektartige Arbeiten in Teams ermöglicht es, anstehende komplexe pädagogische Problemstellungen in geeigneter, für die örtliche Situation stimmiger Weise aufzugreifen, zu erproben (rekursiver Prozess) und in der Einrichtung umzusetzen. Eine einzelne Person alleine wäre damit überfordert und könnte die erforderliche Qualität sowie den Arbeitsumfang im Durchdenken, Planen und Durchführen nicht bewältigen. In der Literatur finden sich vielfach Argumente für eine Kooperation der Fachkräfte einer sozialen

Organisation, da die Zusammenarbeit meist entlastet bzw. als geringere Belastung wahrgenommen wird.

Mit den Teamstrukturen, d.h. der Delegation von Aufgaben- und Verantwortungsbereichen erfahren die Fachkräfte auch eine Unterstützung durch die Leitung sowie i.d.R. ein positiv erlebtes Klima im Team und im gesamten Kollegium. Im Arbeitsteam können sich zudem die Mitglieder in einzelne Wissens- und Informationsbereiche intensiv einarbeiten, die gewonnenen Erkenntnisse austauschen und auch in kritisch, konstruktiver Weise verschiedenste Ansätze diskutieren und systeminterne Zielkonflikte klären, um so vor Ort passende Umsetzungsmöglichkeiten zu finden, zu vereinbaren und durchzuführen (Erfahrung von Kompetenz und Selbstwirksamkeit).

2.5.3 Stärken und Schwächen

Auf der Beziehungsebene ergeben sich aus der Kooperation Stärken, u.a. durch die aufgabenbezogene Zusammenarbeit der Fachkräfte durch engere Beziehungen im Team bzw. im Kollegium. Umgekehrt kommt diese Arbeitsform den Fachkräften entgegen, die schon bisher enger zusammenarbeiten.

Auf der inhaltlichen Ebene ergeben sich Synergieeffekte, indem jedes Teammitglied seine fachliche Kompetenz einbringt wird sich die Fachkompetenz aller erweitern. Durch das Besprechen verschiedener Ansätze bzw. deren Erprobung ergibt sich ein flexiblerer Zugang z.B. zu einer Thematik, und damit eine erhöhte Handlungskompetenz.

Strukturelle Schwächen der Arbeit in Teams und damit auch der Kooperation von Experten ergeben sich auch aus den obigen Punkten:

- Engere Beziehungen begünstigen eine erhöhte gegenseitige Rücksichtnahme oder Vorsicht, was zu gegenseitiger Nichteinmischung in professionellen Angelegenheiten führen kann (professionelle Distanz).

- Unsicherheiten fallen zu Anfang nicht auf, können sich so verfestigen, werden kollegial oft gedeckt und kommen erst „wenn es brennt“ in den Blick der Leitung. Solche Unsicherheit können ein Maß annehmen, das in normalen Bürokratien nicht akzeptiert werden würde. Der Grad der Unsicherheiten kann sich auch soweit erhöhen, dass die Gesamtorganisation einer Einrichtung, u.a. ihr Ruf, bedroht wird, und zwar z.B. dann, wenn einzelne oder mehrere Experten ihre kollegialen Kontrollen und ihre Professionen vernachlässigen und durch Qualitäts- bzw. Sicherheitsmängel auffallen (*failure of professionalism).*

Während der Teamarbeit können insbesondere bei den engagierten Mitgliedern auch Motivationsverluste durch das Verhalten anderer Teammitglieder auftreten:

- Soziales Faulenzen: Teammitglieder strengen sich weniger an, als wenn sie alleine arbeiten würden; „**T**oll, **E**in **A**nderer **M**achts!“. Entscheidende Vorbeugung hier ist die konkrete Zuordnung der Leistung zur jeweiligen Person / den jeweiligen Personen.

- Trittbrettfahrer: Personen reduzieren die eigenen Anstrengungen: „Mal sehen, was die anderen so machen.“ oder „Ich bringe mich dann schon ein!“ oder Pseudoaktivitäten usw.

- Gimpel-Effekt: Eigene Beiträge werden reduziert, Informationen zurückgehalten, um sich nicht ausgebeutet zu fühlen.

Treten solche Erscheinungen auf, ist sowohl ein Leitungsteam als auch die Führungsperson unmittelbar gefordert.

2.5.4 Eine Expertenorganisation führen

Einerseits können Innovationen auf der Fachebene von Expertenkooperationen immer erwartet werden, andererseits sind Prozess- und Strukturinnovationen in Zeiten des Wandels jedoch nicht die Stärke.

Eine Führungskraft muss bei ihren Vorüberlegungen wissen, dass ein Großteil der Macht an der Einrichtung im betrieblichen Kern zu suchen ist; d.h. dass die Qualität der erbrachten Dienste nur schwer zu kontrollieren ist; die geleisteten Dienste jedoch sehr gefragt sind und damit die professionellen Mitarbeiter(-innen) eine gewisse Autonomie innehaben. (nach1).

Somit scheidet eine direkte Steuerung aus. Gangbare, konstruktiv zu gestaltendc Ansätze liegen im Bereiche der Kommunikation sowie des Organisatorischen. Wichtige Fragen für jede Leitung sind daher:

- Wer hat an meiner Einrichtung, dem Kollegium, eine informelle Führungsrolle, und wie kann ich diese Person einbinden?
- Wen (Person) informiere ich wann (Zeitpunkt) über was (Inhalt) in welchem Umfang (Details)?
- Wo und wie kann ich Rahmenbedingungen schaffen, damit ein effizientes Arbeiten der Fachkräfte möglich wird (Organisation)?

Vorphasen vor der Einführung von Teamstrukturen an einer Einrichtung sind die häufige, klare Kommunikation der Leitung mit dem Kollegium über Ziele bzw. Themen der Einrichtung als Ganzes (Organisation als System) sowie zu erwartender positiver Effekte bzw. Wechselwirkungen. Hilfreich könnte hier z.B. ein Wunschkurs auf einer Fortbildungseinrichtung mit externen Referenten sein. So möglich, würde eine darauf aufbauende Begleitung des Prozesses durch Externe diesen begünstigen.

Kernaufgaben der Leitung beim Installieren von und Führen in Teamstrukturen ist zum einen die Schaffung einer adäquaten Umgebung; d.h. die zeitliche, örtliche, ggf. auch resourcenbezogene und klare organisatorische Struktur; und zum anderen eine überlegte, passende, vor Ort bewältigbare Aufgabenstellung (ggf. aufteilbar); das Zusammenstellen der jeweiligen Teams; das Bestimmen der Teamleitung bzw. der Teamkoordination und deren Aufgaben; die Organisation des Informationsflusses sowie die Präsenz während des gesamten Prozesses (z.B. „Meilensteine“). Ein besonderes Augenmerk richtet die Leitung auf die Prozessqualität; d.h. sie ist in abgesprochenem, engem Kontakt zu den Teamleitungen, um ggf. steuernd mit Klärungen, Absprachen bzw. Vereinbarungen tätig werden zu können. Die organisatorische Struktur: „Meilensteine“ (einzelne Teams bzw. gesamtes Kollegium) und Teamleitungsbesprechungen sind Transmissionsriemen des Prozesses.

Durch die Reflexion der durchlaufenen Prozesse im Team sowie die gefundenen Lösungen bzw. vorhandenen Ergebnisse ergeben sich weiterreichende Folgen:

Die Einrichtung als System kann sich veränderten Umweltbedingungen besser anpassen; denn die Fachkräfte stimmen sich besser gegenseitig ab und koordinieren dadurch Prozesse stimmiger. Die dabei erprobten, durch eigene Erfahrungen gefestigten aktivierbaren Handlungsmuster der Fachkräfte erhöhen deren Arbeitszufriedenheit, ihre berufliche Handlungskompetenz und erlauben daher einen flexibleren, kompetenten und breiteren Einsatz. Wie in einer guten ′Mannschaft′ entscheidet jedes Mitglied spontan, was es zur gemeinsamen Aufgabenbewältigung beitragen kann: Jede(r) ist für das gemeinsame Projekt verantwortlich.

Werden die in der Teamarbeit gemachten Erfahrungen, gerade auch im gemeinsamen Bewältigen von Herausforderungen bzw. Schwierigkeiten, immer wieder bewusst gemacht (Visualisierungen; Austausch von Erfahrungen eigener / gemeinsamer Stärken; Feiern von gelungenen Teilschritten bzw. Ergebnissen; usw), so hat die Gemeinschaft des Kollegiums mit der Leitung zusammen die Chance, die jeweilige Einrichtung hin zu einer innovativen Organisation zu entwickeln. Voraussetzung ist, dass sich die Personalfluktuation in engen Grenzen hält und so neu hinzukommende Personen rasch integriert werden können.

In diesen Zusammenhang gehören auch Effizenzbetrachtungen von Konferenzen und Dienstbesprechungen vor allem hinsichtlich von Thematik und Zeit.

Literatur

Bandura, A.; Self-efficacy - the exercise of control. New York (1997) (2)

Bohinc, T.; Führung im Projekt, Hamburg 2012

Deutscher Verein für öffentliche und private Fürsorge, Empfehlungen zur Teamarbeit und Teamentwicklung in der sozialen Arbeit, Frankfurt 2002

Friedrich, J.; Erfolgreicher zusammenarbeiten - kooperative Teamentwicklung unter Lehrkräften, in Lernchancen 96, Selze 2013

Hiebl, P. / Seitz, S. (Hrsg.); Schulleitung im Team, Berlin 2014 (4)

Hacker, W.; Allgemeine Arbeitspsychologie; Psychische Regulation von Wissens, Denk- und körperlicher Arbeit; in: Schriften zur Arbeitspsychologie Bd. 58.2, Bern 2005

Lipowsky, F.; Merkmale wirksamer Lehrerfortbildungen aus empirischer Sicht. Vortrag auf Einladung der Bertelsmann Stiftung in Köln-Lövenich. 05.07.2011. Online: http://www.uni-kassel.de/fb01/institute/erziehungswissenschaft/fachgebiete-und-instituts-mitglieder/prof-dr-frank-lipowsky/vortraege-poster-und-symposien.html [nicht mehr aktiv] (3)

Mintzberg, H.; Die Mintzberg-Struktur; Organisation effektiver gestalten, Landsberg/Lech 1992 (1)

Reinhart Nage; Katharina Cortolezis-Schlager, Der Schulleiter als General Manager in der Expertenorganisatio, Wien 2003

Trippel, C.; Selbstwirksamkeit von selbststeuernden Teams und ihren unmittelbaren Vorgesetzten; Zusammenhänge mit Konflikten, Zusammenarbeit, Führung und Leistung, Mannheim 2012 (1)

Saum, T. / Brüning, L.; Kooperatives Lernen in kooperativen Schulen Schulorganisation und Lehrerfortbildung als Bedingungen erfolgreicher Unterrichtsentwicklung, in: Lernchancen 56, Selze 2007, S. 43-47 (4)

Wood, R. & Bandura, A.; Social cognitive theory of organizational management. The Academy of Management Review, 14(3), (1989), 361-384 (3)

3 Eine lernende Einheit mit lernenden Professionellen → innovative Organisation

3.1 System und Organisation

3.1.1 Soziale Einrichtung organisationstheoretisch betrachtet

Eine soziale Einrichtung wird je nach Betrachtungsweise oft als Institution, System oder Organisation bezeichnet. Zur Klärung sollen die beiden Begriffe System und Organisation näher betrachtet werden, da sie vielfache Überscheidungen aufweisen:

„Ein System ist ein Ganzes, welches nicht in unabhängige Teile zerlegt werden kann. Das Verhalten der Teile und ihre Wirkungen auf das Ganze hängen vom Verhalten der anderen Teile ab. Aus diesen Gründen gehen die wichtigsten Eigenschaften eines Systems verloren, wenn man es auseinandernimmt ... Die Leistung eines Systems ist nicht die Summe der unabhängigen Leistungen der Teile, sondern ein Produkt ihrer Interaktionen“ (Bronfenbrenner 1981, in Jerger, 1995, S. 14).

Bei Organisationen wird als ein Merkmal Rationalität angenommen: Sie verfolgen Ziele. Organisationen hätten somit grundsätzlich einen Zweck.

„Organisationen sind soziale Gebilde, die dauerhaft Ziele verfolgen und eine formale Struktur aufweisen, mit deren Hilfe Aktivitäten der Mitglieder auf das Ziel ausgerichtet werden sollen“ (in: Sanders und Kianty, 2006, S. 15).

Ein grundlegend fundiertes Verständnis einer sozialen Einrichtung als Organisation ermöglicht es, dass gewonnene Erkenntnisse auf einander bezogen und daraus Handlungsempfehlungen gegeben werden können. Es fehlen jedoch bis jetzt organisationstheoretische Ansätze, die der Besonderheit von z.B. ´Schule´ gerecht werden. Daher spricht Rolff von einem „unspezifischen Organisationsverständnis“ (Rolff 2007, S. 34). Nach Tillmann wäre für eine einzelne soziale Einrichtung eine „Regionaltheorie“ durchaus fruchtbar, da sie eine „pädagogische Handlungseinheit“ (Fend, 1986) darstellt .

3.1.2 Aufbau- und Ablauforganisation einer sozialen Einrichtung

Hierbei werden der formale, auch hierarchische Aufbau sowie die ablaufenden Prozesse in einer sozialen Einheit analysiert. Dies sind z.B.:

- „Arbeitsprozesse und ihre Komponenten,
- die Ausführungsbedingungen der Arbeitsprozesse und die Arbeitsumwelt,
- die Arbeitenden mit ihren Leistungsvoraussetzungen und deren beabsichtigten oder unbeabsichtigten Veränderungen als Auswirkungen des Arbeitsprozesses“ (Hacker, 1995, S. 16f.).

Wesentliche Analyseelemente sind Auftrag und Aufgabe:

„Die vier Mindestsachverhalte, deren Beziehungen zueinander eine Aufgabe beschreiben sind:

- die ausführende Tätigkeit zum Umwandeln eines Ausgangs-, Ist- in einen Soll- oder Zielzustand,
- die dabei zu bearbeitenden physischen oder informellen Arbeitsgegenstände mit ihren zu beachtenden Eigenschaften und Eigengesetzlichkeiten,
- die ausführenden Personen mit ihren Zielen, Ansprüchen, Fähigkeiten, Kenntnissen und Fertigkeiten,
- die zu berücksichtigenden Ausführungsbedingungen,
- einzubeziehende Kooperationspartner“(Hacker, 1995, S. 23f).

Hier ist es Aufgabe der Leitung sowohl einen übersichtlichen Organisationsplan (Organigramm) als vor allem auch in Zusammenarbeit mit dem Kollegium oder einer Arbeitsgruppe daraus für wichtige, wiederkehrende Vorgänge genaue Ablaufübersichten in Form von Verfahrensempfehlungen zu erstellen und diese jeder Fachkraft zugänglich zu machen.

Öffentliche Organisationen haben einen gesetzlichen Auftrag, der z.B. im Gesetz oder einer Satzung und einem 'Lehrplan' niedergelegt ist. Im Kern geht es allgemein um die Vermittlung von Lerninhalten und Förderung von Erziehung sowie ggf. widersprüchlich dazu um Selektion. In einer sozialen Einrichtung als Organisation wird dieser umfassende und eher komplexe Auftrag „Bildung und Erziehung“ herunter gebrochen auf die Tätigkeitsfelder (z.B. Fächer) und intern hoch differenziert umgesetzt, wobei sich die einzelnen sozialen Einrichtungen sowohl nach Form als auch nach Umfeldbedingungen stark unterscheiden.

Bei der organisationalen Analyse einer sozialen Einrichtung kommt das bestehende Organisationskonzept in den Blick, d.h. wie die Tätigkeiten der Organisationsmitglieder festgelegt sind, sprich ob und wie Aufgaben in der Organisation geteilt und als Aufgaben der Organisationsmitglieder definiert sind (Arbeitsteilung). Dabei finden sich folgende Möglichkeiten von „horizontalen“ Aufteilungen:

a)“Die Mengenteilung: Sie zerlegt einen Auftrag in gleichartige Teilaufträge bei erhaltener Anforderungsvielfalt (funktionelle Integration).

b) Die Artteilung: Sie zerlegt einen Auftrag in verschiedene Teilaufträge bei reduzierter Anforderungsvielfält und meist eingeschänktem Tätigkeitsspielraum für Arbeitsabfolgen (funktionale Desintegration)“ (Hacker, 2005, S.142).

Eine weitere Möglichkeit der Arbeitsaufteilung findet unter Einbezug der zeitlichen Dimension statt: Die simultane Arbeitsteilung, bei der parallel gearbeitet wird.

„Die simultane Arbeitsteilung und -kombination ist auch bei Mengen- und Artteilung möglich. Es findet gleichzeitiges Arbeiten am gleichen Gegenstand statt. Sie begünstigt Kooperationsformen z.B. Arbeit in Teams. ...

Man erkennt: Die Arbeitsteilung und -kombination bestimmt nicht nur Anforderungsvielfalt und Tätigkeitsspielraum, sondern auch, ob und welche Anforderungen an die Kooperation und die tätigkeitsbezogene Kommunikation entstehen“ (ebd., S.143).

Betrachten Sie die soziale Einrichtung an der Sie tätig sind, so werden Sie alle die genannten Möglichkeiten der Arbeitsteilung finden, z.B.:

- Sukzessive Arbeitsteilung: Aufteilung der Tätigkeitsfelder z.B. nach Jahrgängen, Förderbedarfen;
- Aufteilung nach Inhalten / Zielen;
- Mengenteilung: Parallele Gruppen; Stundentafeln (Lernstunden);
- Simultane Arbeitsteilung: In Parallelgruppen bearbeiten verschiedene Fachkräfte einen Inhalt.

Simultane und sukzessive Mengen- und Artteilung der Arbeit in der Schule am Beispiel der Unterrichtsorganisation

	simultan	sukzessiv
Mengenteilung	Z.B. Parallelunterricht (Unterricht im gleichen Fach in unterschiedlichen Lerngruppen des gleichen Jahrgangs bei der gleichen oder verschiedenen Lehrkräften)	Z.B. epochaler Unterricht (Unterricht im gleichen Fach in unterschiedlichen Lerngruppen des gleichen Jahrgangs bei der gleichen Lehrkraft)
Artteilung	Z.B. Unterscheidung des Unterrichts nach Jahrgängen und Fächern	Z.B. alternierende Fächer (z.B. Kunst und Musik im halbjährlichen Wechsel)

(Quelle: F. Ahlgrimm)

So weist z.B. die Organisation „Schule“ eine stark zelluläre Struktur auf. Die Kernzellen sind die von den Fachkräften meist ohne unterstützende Ressourcen erteilten einzelnen Fachstunden. Hierbei besteht gegenüber der Organisation wenig Rechenschaftspflicht. In den Kernzellen wird die Gesamtverantwortung auf die einzelnen Fachkräfte aufgeteilt und kaum spezifiziert.

Die Art und Weise der Zusammenarbeit der Fachkräfte an einer sozialen Einrichtung wird maßgeblich durch die Struktur der Arbeitsteilung mitbestimmt und damit auch in welcher Weise die Kommunikation und gegenseitige Abstimmung erforderlich und organisiert wird. Die Zusammenarbeit kann sich auf zwei Bereiche erstrecken: Den pädagogischen Arbeitsbereich und den Bereich der Arbeit im Kollegium.

„Der pädagogische Arbeitsbereich wird nahezu ausschließlich in Form der Einzelarbeit durchgeführt, die durch unterschiedlich ausgeprägte Kooperations- und Kommunikationsbeziehungen unter den Kollegen aufgelockert ist. Diese kommunikativen Beziehungen nehmen allerdings in dem Maße ab, wie die Nähe zum Kern der pädagogischen Arbeit zunimmt. Für die meisten Fachkräfte erhält der pädagogische Arbeitsbereich dadurch eine spezielle Struktur, dass er auf zwei Arbeitsplätze (Schule und private Wohnung) verteilt ist“ (Engelhardt, 1982, S. 39f). Bei der Arbeit im Kollegium „geht es um die Abstimmung der primär individuell durchgeführten pädagogischen Tätigkeiten und um die Bewältigung kollegiumsinterner Aufgaben. ... Als Tätigkeiten lassen sich z.B. das Abhalten verschiedener Konferenzen, Organisations- und Verwaltungsarbeiten sowie organisationsinterne Planungen unterscheiden. ... Im Bereich der Arbeit im Kollegium sind Kooperation und Kommunikation stärker ausgeprägt“ (Engelhardt, 1982, S. 47f).

Bei den Tätigkeitsfeldern der Fachkräfte hat die weitgehend autonome Einzelarbeit den höchsten Zeitanteil (isolierte Vor- und Nachbereitung der Lerneinheiten; Korrektur von Lernstandserhebungen; usw.; ca. 80%). Organisatorische Rahmenbedingungen bestimmen wesentlich die Möglichkeiten zur Zusammenarbeit.

3.1.3 Autonomie und Kopplung

In der Literatur werden soziale Einrichtungen aufgrund der meist hohen Autonomie der Fachkräfte und der engen Orientierung an den Bedürfnissen der Zielpersonen als lose gekoppelte Systeme bezeichnet: Das bedeutet, dass die einzelnen Fachkräfte zwar nicht völlig losgelöst von den Kolleginnen / Kollegen, aber doch ohne starre Kopplungen nebeneinander existieren, sodass aus dem Verhalten einer Person nicht die Reaktion einer anderen vorhergesagt werden kann (Orton & Weick, 1990).

Ein solches System, hier z.B. einer Schule / eines Kindergartens, ist hoch stabil und robust gegenüber jedweden Störungen. Es ist jedoch schwierig auf das Verhalten einzelner Fachkräfte und damit auf die Qualität der Arbeit gezielt Einfluss zu nehmen. Mit anderen Worten: „Über Angebot und Qualität des Kerngeschäfts einer sozialen Einrichtung, nämlich von Lernen bzw. Erziehen, entscheiden überwiegend Faktoren, die außerhalb der einzelnen Einrichtung angesiedelt sind" (Ahlgrimm, 2010, S.18).

Bleiben die umgebenden, bestimmenden Faktoren einer sozialen Einrichtung weitgehend gleich, so bedeutet dies, dass um effektiver zu werden, bestehende Routinen analysiert, verbessert und ggf. so angepasst werden müssen, dass wieder ungehindert gearbeitet werden kann. Kommen jedoch neuartige, den bisherigen Rahmen sprengende Herausforderungen auf die Organisation zu, so müssen neue Handlungsstrategien entwickelt, erprobt und implementiert werden. Die Fachkräfte benötigen hierfür eine erhöhte Kommunikation, mehr Zusammenarbeit und Abstimmung sowie größere Freiheiten, um effizient situationsspezifische und passende Lösungen zu erarbeiten und zu erproben. Über die Qualität der neuen Routinen entscheiden die pädagogischen und fachlichen Kompetenzen und Erfahrungen der Fachkräfte. Auch Ressourcen müssen in einem stimmigen Umfang ggf. verlagert werden, um Kapazitäten für Planung, Entwicklung, Erprobung und Reflexion von Lerneinheiten und Strukturen zur Verfügung zu haben.

Hier setzt nun die Idee der „lernenden Professionellen" an: Am wichtigsten Part der Organisation, im betrieblichen Kern, der lehrenden bzw. erzieherischen Tätigkeit, werden durch organisatorische Maßnahmen von Seiten der Leitung nach umfassenden, intensiven Kommunikationsprozessen sukzessive und zielstrebig Veränderungen eingeleitet mit dem Ziel von engeren Kopplungen zwischen den Fachkräften im Kerngeschäft: Dies erfordert Zeitfenster, die effizient genutzt werden müssen, um bei den Fachrkräften zumindest mittel- und langfristig eine erhöhte Arbeitszufriedenheit und mithin auch Arbeitsentlastung zu bewirken.

Nach dem Modell von Mintzberg entwickelt sich aus einer Expertenbürokratie nach und nach eine Adhocratie oder eine innovative Organisation.

3.1.4 Kopplungs- oder Koordinierungsmechanismen

Wie oben benannt, ist eine soziale Einrichtung meist ein lose gekoppeltes System, in dem Koordinierungsmechanismen wirken, damit sie ihre Aufgaben erfüllen und existieren kann. Was hält nun eine konkrete Einrichtung zusammen? Wirkende Mechanismen finden sich extern und intern. Die Umwelt, in der sich eine Einrichtung befindet wirkt von außen in diese hinein (externe Faktoren), z.B.:

- Gesellschaftliche Rahmenbedingungen (bestehende kulturelle und soziale Normen, Traditionen, kollektive Erfahrungen);
- Politische Vorgaben (Gesetze, Satzungen, Rechtsverordnungen, Lernplan);
- Qualifizierung der Fachkräfte (Auswahl und Ausbildung);
- Örtliche Bedingungen (Einzugsbereich, materielle und räumliche Ausstattung, usw.).

Die konkreten Gegebenheiten wirken intern (interne Faktoren), z.B.:

- Die Zusammensetzung des Kollegiums, die „Chemie" zwischen den Fachkräften,

- die Fortbildungs- und Experimentierbereitschaft,
- Priorisierung, Auslegung und Ergänzung besehender allgemeiner Vorgaben,
- bestehende „latente Regeln“,
- Struktur des Kollegiums (Interessen der Fachkräfte (mikropolitisch motivierte Handlungen), Erfahrungen und Ansichten, Deutungsmuster),
- Kultur der Einrichtung(z.B. gelebte Werte und Regeln von Leitung, Fachkräften, Eltern usw).

Dies zeigt schon, dass jede soziale Einrichtung ein eigenes System darstellt und sich verschiedene Einrichtungen selbst derselben Art stark unterscheiden.

3.1.5 Handlungsgrundlagen - Leiten des konkreten Systems

Jede Organisation benötigt eine Leitung, damit der Organisationszweck erfüllt und die Organisationsziele erreicht werden können. Dies um so mehr, als eine lose Kopplung vermehrte planerische, koordinierende, organisatorische und kommunikative Anforderungen stellt. Eine Leitung agiert dabei in vier Feldern, die wechselseitig aufeinander bezogen sind. Insbesondere achtet sie auf deren Zusammenhang:

a) *Strategie:* „Der übergeordnete große Plan bzw. das grundsätzliche Handlungsmuster“ gründend auf einer Vision bzw. einem allgemeinen, vorgegebenen Zielfeld. Sie ist ein mittel- bis längerfristiges, planvolles Anstreben eines Ziels oder einer günstigen Lage für Weiterentwicklungen. Sie beinhaltet die Gesamtheit aller Entscheidungen über wesentliche Erfolgsfaktoren. Eine Strategie beruht auf einer durchdachten, ausgearbeiteten strategischen Planung und mündet in ein zielbewußtes, zielorientiertes Handeln.

b) *Taktik:* Sie beinhaltet alle Entscheidungen im kurzfristigen, konkreten Handeln; d.h. alle Maßnahmen und Handlungen, um mit den gegebenen Ressourcen kurz- oder mittelfristige Ziele zu erreichen suchen; z.B. den Einsatz jeweiliger Fachkräfte (z.B. Deputatsverteilung) in jeweiligen Gruppen bzw. Jahrgangsstufen; die Verwendung von zugewiesenen Mitteln in Absprache mit der Gesamtkonferenz.

Strategie und Taktik sind eng aufeinander bezogen und zielen beide auf den zielbezogen stimmigen Einsatz bestimmter Maßnahmen.

c) *Kultur:* Sie beinhaltet alle Wertvorstellungen, Denkhandlungen und Normen (ausgesprochene und unausgesprochene), die das Verhalten der Fachkräfte bestimmen. Eine Leitung muss die angetroffene Kultur in einem Kollegium so weit als möglich kennenlernen und erkennen; denn jede Aktivität in einer Organisation ist durch die bestehende Kultur beeinflusst. Erst mit Kenntnis der bestehenden Kultur kann z.B. eine neue Leitung dann ggf. Veränderungsprozesse einleiten und mittel- und langfristig stimmigere Alternativen implementieren.

d) *Struktur:* Sie umfasst alle aufbau- und ablauforganisatorischen Regelungen; d.h. die Gestaltung der Handlungsbeziehungen und Verteilung der Zuständigkeiten. Sie gibt einen konkreten, organisatorischen Rahmen vor, in dem die Fachkräfte im organisatorischen Bereich agieren und interagieren mit Blick auf die übergeordneten Ziele.

In und mit diesen vier Feldern zu arbeiten ist die originäre und wichtigste Aufgabe der Leitung. Hierfür benötigt sie die meiste Energie und mithin Arbeitszeit.

3.1.6 Soziale Einrichtung als innovative Organisation

Zentrales Element einer solchen Organisation ist die gegenseitige Abstimmung als bestimmender Koordinierungsmechanismus: „Die Handlungen der Experten richten sich weniger an den extern bestimmten Standards der Profession aus, sondern an den in gegenseitiger Abstimmung entwickelten, innovativen Strategien zum Umgang mit aktuellen und anstehenden Herausforderungen. An die Stelle elaborierter Standardroutinen treten situativ passende, innovative, interdis-ziplinär entwickelte Handlungsmuster, die vielfach erfordern, dass Experten „fachfremd“ neue Aufgaben übernehmen“ (Ahlgrimm, 2010, S.18). Dies erinnert z.B. an das Konzept „selbständige Schule“. Das Kollegium versteht sich als eine lernende

Gemeinschaft, ein Team lernender Professioneller, in der alle für die Handlungsstrategien und -muster sowie die Ergebnisse verantwortlich sind. Im Organigramm weist eine solche Organisation eine Matrixstruktur auf.

„Die Matrixorganisation ist eine Organisationsstruktur, die durch die Überlagerung einer funktionsorientierten (vertikal strukturiert) mit einer projekt- oder produktorientierten (horizontal strukturiert) Organisation entsteht.“
(http://www.wirtschaftslexikon24.com/d/matrixorganisation)

Beispiel einer einfachen Leitungsmatrix einer einzelnen Schule:

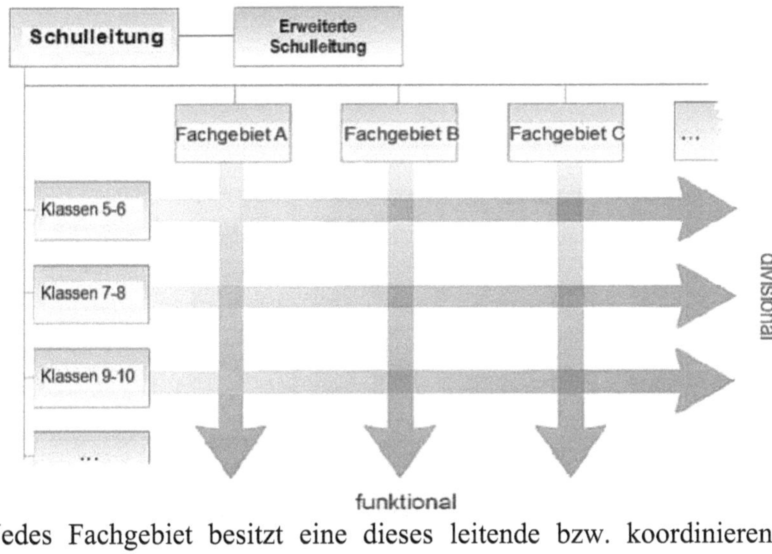

Jedes Fachgebiet besitzt eine dieses leitende bzw. koordinierende Person. Jedem Fachgebiet sind die mitarbeitenden Fachkräfte zugeordnet. In einer solchen Organisationsstruktur arbeiten die Fachkräfte als Experten sowohl in fachlich orientierten als auch in fachübergreifenden Konstellationen zusammen.

Die Leitung begleitet diese Prozesse. Sie ist in den Prozessen präsent im Sinne von förderlicher Unterstützung als grundsätzlicher Haltung, im Beobachten oder Rückfragen, im Vereinbaren oder Anpassen veränderbarer Rahmensetzungen sowie erforderlicher Entscheidungen im organisatorischen oder im materialen Rahmen.

Literatur

M. Engelhardt; Die pädagogische Arbeit des Lehrers. Eine empirische Einführung; Paderborn 1982

G. Jerger; Kooperation und Konsens bei Lehrern: Eine Analyse der Vorstellungen von Lehrern über Organisation, Schulleitung und Kooperation, Frankfurt 1995

W. Hacker; Arbeitstägigkeitsanalyse; Heidelberg 1995

W. Hacker; Allgemeine Arbeitspsychologie; Psychische Regulation von Wissens, Denk- und körperlicher Arbeit; Bern 2005

K. Sanders & A. Kianty; Organisationstheorien; Eine Einführung; Wiesbaden 2006

H.G. Rolff; Studien zu einer Theorie der Schulentwicklung; Weinheim 2007

A. Soltau; Zusammenarbeit in Schulkollegien, Teamorientierung und Einstellungen zu Formen der Lehrerkooperation bei Bremer Lehrkräften; Bremen 2007

S.G. Huber, F. Ahlgrimm, Was Lehrkräfte davon abhält zusammenzuarbeiten - Bedingungen für das Gelingen von Kooperation, in: PraxisWissen Schulleitung (81.10), München 2008

F. Ahlgrimm, Untersuchungen zur Kooperation in Schulen, Erfurt 2010

Anlagen

Checkliste - bestehende Organisationskultur (in Huber & Ahlgrimm 2008)

» Professionelles Rollenverständnis im Kollegium;

» Klima der Unterstützung im Kollegium;

» solide Kritik- und Fehlerkultur;

» konstruktiver Umgang mit Konflikten im Kollegium;

» Führungskultur der „Schatzsuche" und reflektierte Fehlertoleranz;

» gemeinsam getragene grundsätzliche Wert- und Zielvorstellungen über die Art kollegialer Arbeit;

» konstruktive Kultur der Kollegialität mit Respekt, Anerkennung und Vertrauen;

» Klima der Offenheit für Innovationen, reflektiertes Erproben und Veränderungsbereitschaft."

Checkliste – Elemente einer innovativen Organisation (nach Huber & Ahlgrimm 2008)

» „Beteiligung des Kollegiums an Entscheidungs- und Gestaltungsprozessen, ein Führungsstil der Schulleitung, der dies aktiv anstrebt;

» Vorhandensein (oder die Bildung) von Teamstrukturen im Kollegium;

» ein „echtes Thema", ein sinnvoller Anlass, der die Notwendigkeit und Zweckhaftigkeit der Zusammenarbeit erkennen lässt („konkrete von allen Beteiligten akzeptierte Aufgabe" an deren erfolgreicher Bewältigung alle bzw. die qualifizierte Mehrheit der Beteiligten interessiert sind;

» ein erkennbarer Nutzen der Beteiligten von der Zusammenarbeit;

» gemeinsam getragene Zielvorstellungen;

» transparente und klare Ziele;

» „Freiwilligkeit" der Teilnahme;

» Übertragung der gemeinsamen Verantwortlichkeit an die beteiligten Fachkräfte für das Gelingen des Prozesses der Zusammenarbeit und für die Ergebnisse;

» Anerkennung und Bewahrung der Autonomie des Einzelnen;

» Verbildlichkeit der vereinbarten, klaren Regeln für die Zusammenarbeit;

» realistische, verbindlich vereinbarte Zeitfenster;

» Bereitstellen geeigneter Räumlichkeiten und passender Ausstattung;

» Vereinbarung von „Freiräumen";

» Transparenz und Verbindlichkeit der Vorgehensweise (z.B. Aufgabenklarheit; Rollenklärung und-aufteilung);

» stimmige, gerechte Aufgabenverteilung;

» Rückkopplung aller bei Erreichung von Teilzielen bzw. dem Endziel;

» regelmäßiges Feedback innerhalb der Gruppe;

» klare, passende und durchdachte Ergebnissicherung;

» Präsentation von (Teil-)Ergebnissen erwünscht;

» Anerkennung und Würdigung des Erreichten;

» Entlastung der Beteiligten an anderer Stelle."

3.2 Kooperation in einer innovativen Organisation

3.2.1 Gesichtspunkte der Kooperation von Organisationsmitgliedern

Organisationen, so z.B. auch die Organisation „Schule“ bzw. Kindergarten sind soziale Systeme, und weisen gemeinsame Merkmale auf. Sie sind

- offen, jedoch operational geschlossen im Sinne der Selbstreferenz und Zirkularität,
- strukturdeterminiert,
- durch strukturelle Koppelung an ihre Umwelt gebunden,
- in ständiger Entwicklung – (sie „evolvieren“),
- fähig zur Selbstorganisation,
- komplex und erfordern Komplexität im Umgang mit ihnen,
- durch Grenzen gekennzeichnet.

In systemischer Sicht ergeben sich Interdependenzen und Beziehungsgeflechte zwischen den Fachkräften, den Fachkräften und den Kindern / Jugendlichen, sowie deren Eltern, der Leitung und den sonstigen Rahmenbedingungen.

Hinsichtlich einer internen Entwicklung gibt es nach Soltau (2007) Einflussfaktoren auf drei Ebenen:

- Ebene der Organisation (Erziehungs- und Bildungseinrichtung);

- Ebene der Gruppenprozesse innerhalb des Kollogiums;

- Ebene der individuellen Faktoren.

Huber und Ahlgrimm (2008) unterscheiden ebenfalls drei Bereiche:

-„Der **institutionelle Bereich** umfasst z.B. formale Organisationsstrukturen und Prozessabläufe, organisatorische Rahmenbedingen der Einrichtung, Aufgaben und Verantwortlichkeiten der beteiligten Akteure.

- Der **personelle Bereich** umfasst z.B. Wissen, Fähigkeiten und Fertigkeiten, Einstellungen und (Wert-)Haltungen sowie Lebensumstände und (berufs-)biographische Hintergründe (auch Erfahrungen) der Akteure.

- Zum **organisationskulturellen Bereich** gehören Aspekte der organisationsinternen Kultur, der kollektiven Erfahrungen, Normen, Werte und Verhaltenskodizes einzelner Einrichtungen mit den ungeschriebenen Gesetzmäßigkeiten, den informellen Strukturen und Prozessen."

Soll sich eine Einrichtung hin zu einer innovativen Organisation entwickeln, müssen alle drei Bereiche be- und durchdacht sowie als Herausforderung zunächst und vor allem von der Leitung, dann so weit als möglich vom gesamten Kollegium angenommen werden.

3.2.2 Systemisches Denken - Grundlage für nachhaltige Entwicklungen

Unsere Welt besteht aus komplexen Verknüpfungen zwischen den verschiedensten Dingen. So sind die Personen in der Einrichtung durch verschiedene Wirkmechanismen miteinander verknüpft. Eine analytische Betrachtung stößt ob der Vielfalt bald an ihre Grenzen. Zunehmend gefordert ist ein vorausschauendes Denken und Handeln. Um nachhaltig zu handeln, komplexe Zusammenhänge und Rückkopplungseffekte zu verstehen oder Probleme zu lösen, wird holistisches, systemisches Denken erforderlich.

Die Bedeutung des Begriffs „System", kommt ursprünglich aus dem Griechischen und lautet „Zusammenstellung", „Ganzes" oder „Vereinen". Ein System besitzt Grenzen sowie ein zeitliches Entwicklungsverhalten, besteht aus abgrenzbaren Elementen, welche in Wechselbeziehung zueinander stehen, und es hat Subsysteme oder kommt selbst als Subsystem vor.

Systemisches Denken hat genau wie der Terminus „System" unzählige Definitionen und meint einen Denkansatz, welcher sich mit der „Gesamtheit einer Situation, mit all ihren Verbindungen und Querverweisen zu anderen Objekten" beschäftigt. Dabei sind die Begriffe Systemdenken, vernetztes Denken, Denken in Systemen, Systemtheorie sowie komplexes Problemlösen Synonyme dieses Ansatzes.

Günther Ossimitz formulierte eine Definition zum systemischen Denken, welche vier zentrale Schlüsselkomponenten enthält:

a) Vernetztes Denken in systemischen Strukturen

b) Denken in Zeitabläufen: „Dynamisches Denken"

c) Denken in Modellen & Modellbildung

d) Systemgerechtes Handeln (Fähigkeit zur praktischen Systemsteuerung)

Für Pädagogen / Pädagoginnen, Erzieherinnen / Erzieher bieten systemische Denkweisen die Chance, ein neues Verständnis sowie neue Haltungen und Handlungsmöglichkeiten für den Arbeitsalltag zu finden (vgl. Hubrig & Herrmann 2007), um im Bildungs- bzw. Erziehungsbereich bestehende Komplexität, Dynamik und Zielpluralität kompetent mitgestalten zu können. Wird ein gegebener, realer Sachverhalt als System angesehen, so ist die Bestimmung und Beschreibung der Beziehungen zwischen den Systemkomponenten ebenso bedeutsam wie die Betrachtung jeder einzelnen Komponente an sich. Eine systemische Denkweise ist daher sowohl für die Entwicklung einer einzelnen Einrichtung wie der Umsetzung von Vorhaben, Projekten oder Lerneinheiten angemessen und erforderlich damit u.a. Nachhaltigkeit in eingeleiteten Aktivitäten und Entwicklungen erzielt wird.

Soll eine Aufgabe oder ein Problem im umfassenden Kontext unter systemischer Sicht bearbeitet und einem Ergebnis zugeführt werden, kommen folgende Gesichtspunkte und ihre Verflechtungen in den Blick:

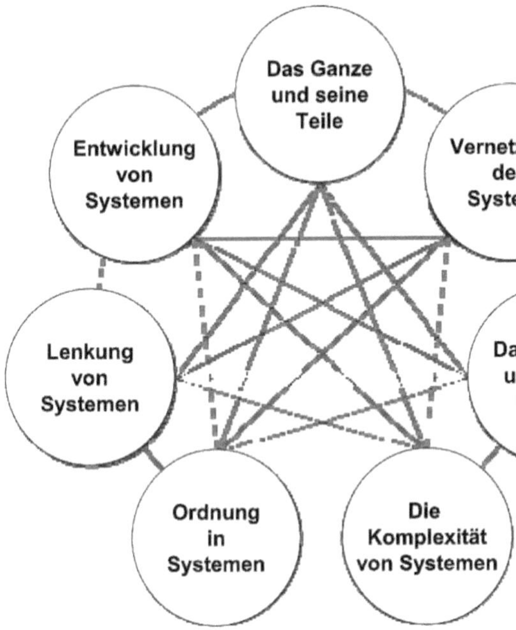

(Probst / Gomez 1991, S. 8)

Systemisches Denken bezieht auch den Ansatz der Synergetik, d.h. der „Lehre vom Zusammenwirken“ mit ein, u.a. die Entstehung von Ordnung durch Selbstorganisation. „Selbstorganisation meint dabei die generelle Fähigkeit eines nicht-trivialen Systems,“ z.B. einer Bildungs- und Erziehungseinrichtung an einem spezifischen Standort, „bei Veränderung der Umweltparameter verschiedene Systemzustände herzustellen, ohne hierfür auf eine äußere ´Hilfsinstanz´ angewiesen zu sein. Ordnung entsteht also durch die innere Dynamik des Systems“ (vgl. Probst). Eine Steuerung des Verhaltens im System kann dabei durch Lenkung, d.h. durch Selbstkontrolle der Mitwirkenden, aber auch durch Steuerung, hier der Leitung, durch konkrete Vorgaben oder Anweisungen erfolgen, was genaue Kenntnisse des Systems und der prozessualen Einflussfaktoren voraussetzt. Meist genügen von Seiten der Leitung organisatorische oder strukturelle Regelungen, die Abweichungen innerhalb gewisser Toleranzgrenzen zu halten.

Eine soziale Einrichtung als soziales System hat die Chance, sich zu einem weitgehend selbstorganisierenden System zu entwickeln und damit „zu lernen“.

3.2.3 Aspekte einer Kooperation von Professionellen

Prozesse der Kooperation zwischen Fachkräften sollen in wesentlichen Teilen selbstorganisiert erfolgen. Die Theorie der Selbstorganisation benennt hierzu vier Schlüsselbegriffe, die sowohl Grundlagen- als auch Beobachtungsfaktoren darstellen:

- „**Struktur** (Syntax): Sie ist der Rahmen, in dem man sich bewegen kann. Die Struktur ist notwendig zur Selbststabilisierung eines Systems und ein Epiphänomen der Funktion. Des Weiteren ermöglichen Strukturen erst die Praktiken und Funktionen.

- **Funktion** (Semantik): Sie gestattet es dem selbstorganisierenden System, einen angesteuerten Zustand in Korrespondenz mit den Rahmenbedingungen zu realisieren und den Sinn des jeweiligen Handelns zu begreifen.

- **Praktiken** (Pragmatik): Darunter sind die Verhaltensweisen zu verstehen, von denen man auf einen individuellen Prozess der Selbststabilisierung schließen kann. Sie werden daraufhin betrachtet, ob und ggf. wie die Strukturbildung in Korrespondenz zu den äußeren Rahmenbedingungen gelingt. Sofern sichtbar ist, dass zwischen den beobachtbaren Praktiken, den Bedeutungen dieser (also den Funktionen) und den strukturellen Gegebenheiten eine Kohärenz besteht, kann von einer erfolgreichen Selbststabilisierung gesprochen werden. Wenn keine Kohärenz besteht, spricht man von einer Krise, also einer Instabilität in der Zeit.

- **Korrespondenz** zu den Rahmenbedingungen meint die wechselseitige Beeinflussung zwischen System und Umwelt, die die Selbstorganisation des Systems möglich macht. So können sich Organisationen der Umwelt anpassen, beeinflussen diese aber auch durch ihre Systemaktivität und Grenzziehung. Wenn diese Wechselseitigkeit zur Selbststabilisierung beiträgt, wird von Korrespondenz „zwischen dem

System und den äußeren Bedingungen seiner Existenz“ gesprochen“ (vgl. Cornelius; Kantelberg).

In einer Einrichtung findet sich ein hoher Anteil an Professionellen mit großem Gestaltungsspielraum in ihren Tätigkeitsfeldern. Dieses System ist prädestiniert für mikropolitische Prozesse, d.h. Fachkräfte einer Einrichtung können ihre eigenen Interessen verfolgen, diese durchsetzen und damit Macht akkumulieren. Diese Macht beruht auf informellen Prozessen und kann wirksamer sein als die hierarchisch legitimierte Positionsmacht der Leitung.

Solche Machtkonstellationen im Kollegium gilt es von Seiten der Leitung zu erkennen, um in der Kommunikation (u.a. Transparenz der Erwartungen, Feedback) im Leitungshandeln (u.a. Rituale), der Struktur- und Regelsetzung (u.a. organisatorische Entscheidungen, projektartige Vorhaben, Ressourcen) sowie einer zielorientierten Personalentwicklung angemessen agieren zu können, sodass an der Einrichtung nachhaltige Entwicklungsprozesse angestoßen, eingeleitet und implementiert werden können.

Sollen oben genannten Faktoren realisiert werden, braucht es auf Seiten der Professionellen inklusive der Leitung ein integriertes Verständnis von Systemen und ihren Wechselwirkungen sowie kontinuierliche Reflexions- sowie Lernprozesse: „Wenn das ‚Führen des Lernens‘ wirklich praktiziert wird, dann wird bei diesem Prozess eine Professionelle Lerngemeinschaft gebildet, die viele der ‚Disziplinen‘ beherrscht, die eine lernende Organisation kennzeichnen. Eine solche Einrichtung wäre nicht nur eine ‚lehrende Institution‘, sondern würde auch die Bezeichnung ‚Haus des Lernens‘ verdienen“ (Bessoth, 2007).

Eine organisatorische Struktur sowie entsprechende Regelungen, die die Kooperation im Kollegium fördern will, bezieht die Interessen der Fachkräfte mit ein und eröffnet zugleich Möglichkeiten der persönlichen und fachlichen Entwicklung. Solche Strukturen beinhalten z.B.:

- Verwirklichung individueller Entwicklungsziele,

- Aktivierung von bisher nicht genutzten Fähigkeiten und Kenntnissen,
- Übernahme größerer Verantwortung und ggf. Vorbereitung auf Karrieremöglichkeiten,
- ermöglichen qualifizierender Weiterbildung (Anpassungs- oder Zusatzqualifizierung),
- Möglichkeiten zur Selbstverwirklichung.

3.2.4 Kooperation - grundlegende Kompetenzen

Die Qualität der Lernprozesse sowie diejenige des Ergebnisses hängt von der Zusammensetzung der kooperierenden Personen ab. Die Leitung wird daher diesen Prozess im Blick haben und regeln. Die Handlungsmöglichkeiten einer Fachkraft können grob unter vier Kompetenzaspekten gesehen werden:

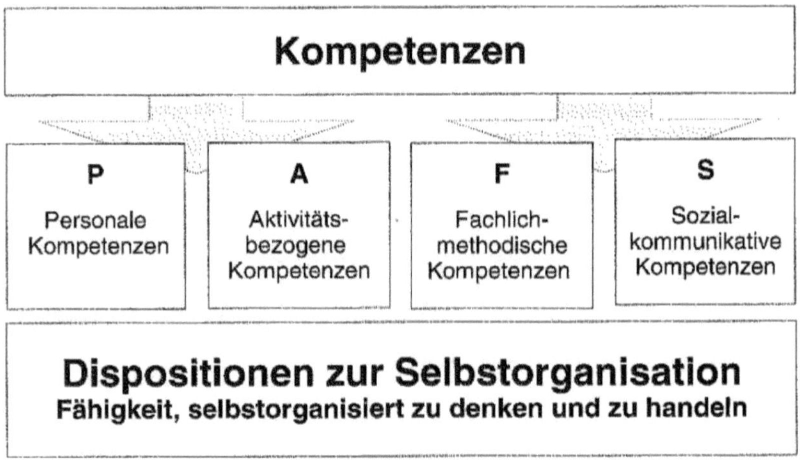

(Eppenberg/Rosenstil, 2007)

Die **personale Kompetenz** zeigt sich in Einstellungen, Wertvorstellungen und Motiven. Sie ist „die Disposition, reflexiv selbstorganisiert zu handeln, d.h. sich selbst einzuschätzen, produktive Einstellungen, Werthaltungen, Motive und Selbstbilder zu entwickeln, eigene Begabungen, Motivationen, Leistungsvorsätze zu entfalten und sich im

Rahmen der Arbeit und ausserhalb kreativ zu entwickeln und zu lernen“ (Erpenbeck/Heyse, 2007).

Die **fachlich-methodischen Kompetenzen** beziehen sich auf die Gegenstände, Objekte und Prozesse, die zur Lösung von sachlich-gegenständlichen Herausforderungen erforderlich sind (z.B. Kenntnisse, Methoden, Regel-, Wert-, Norm- sowie Erfahrungswissen) (nach ebd., 2007).

Die **sozial-kommunikativen Kompetenzen** beziehen sich auf die Interaktionen mit der Umwelt und umfassen das kooperative und kommunikative Handeln sowie die Beziehungsorientierung allgemein.

Die **aktivitäts- und umsetzungsorientierten Kompetenzen** bilden die Basis für alle anderen Kompetenzbereiche. Sie beinhalten den individuellen Antrieb, den Willen zum Auslösen und nachhaltigen Ausführen von Aktivitäten (nach ebd., 2007).

Für eine sachbezogene, zielgerichtete Kooperation sind drei weitere Kompetenzen als eine Art Querschnittskompetenzen bedeutsam:

Die **Lernkompetenz** als Fähigkeit zu erfolgreichem Lernhandeln (Lernbereitschaft, Lernmotivation und Lernfähigkeit). Dies beinhaltet die Bereitschaft und Fähigkeit sach- oder kontextbezogene Informationen selbständig auszuwerten, zu analysieren, zu verstehen und gemeinsam zu reflektieren (Lerntechniken und -strategien) und in Strukturen einzuordnen. Dies umfasst auch soziale Prozesse.

Die **Veränderungskompetenz** umfasst die Fähigkeit einer Person, die eigenen Stärken und qualifikationen situationsangemessen einzusetzen, auf die sich ändernden Anforderungen einzugehen und die spezifischen Anforderungen der individuellen und beruflichen Entwicklung produktiv zu verarbeiten (nach Wittwer, 2007).

Die **Medienkompetenz** umfasst sowohl den technischen Aspekt als auch die Bewertung von Medienangeboten bzw. Informationen, deren Selektion und kritische Reflexion.

Die Leitung wird zum einen jeweilige Kompetenzen der Fachkräfte zu erkennen suchen, sie fürs Gesamtsystem förderlich einbeziehen und zum anderen „auf Entdeckung gehen“, um schlummernde, noch verdeckte Kompetenzen durch passende Maßnahmen sich entfalten und aufbauen zu lassen im Sinne von Personalentwicklung. Je mehr der genannten Kompetenzen eine Person aufweisen und aktivieren kann, desto eher wird sie sich in eine Kooperation von Professionellen einbringen können und wollen. In jedem organisationalen Entwicklungsprozess wird die Leitung alles daran setzen, um aus Betroffenen Beteiligte zu machen.

„Hinter dem Prinzip der Kooperation steckt eine Haltung: Wir sind alle wichtig. Wir leisten alle einen wichtigen Beitrag zum Erfolg der Lernenden (und damit zu unserem Erfolg). Aber: Wir können nicht alle alles gleich gut und wir machen nicht alle alles gleich gerne. Wir fokussieren unsere Stärken und anerkennen die Stärken der anderen. Wir sind uns bewusst, dass es Mitspieler (Kollegen/Kolleginnen) gibt, die aufgrund ihrer Kompetenzen eine besondere Rolle einnehmen. Wir tragen alle dazu bei, dass diese Schlüsselspieler ihre Rolle als Leistungsträger ausüben und den Erwartungen gerecht werden können.

Ein Stichwort dazu heißt „Kohäsion“. Der Begriff leitet sich vom lateinischen Verb cohaerere (zusammenhängen, miteinander verbunden sein). Kohäsion wird als multidimensionales Konstrukt oder Gruppenkonzept begriffen, dessen zugrunde liegendes Verständnis im allgemeinen Sprachgebrauch auch Begriffe wie Gemeinschaftssinn, Teamgeist, Wir-Gefühl oder auch Solidarität umfasst.

Dabei beschreibt Kohäsion einen – ständigen Schwankungen und Veränderungen unterliegenden – dynamischen Prozess, der sich durch die emotionale Bindung der Mitglieder untereinander sowie durch die Bindung an eine gemeinsame Aufgabenerfüllung oder Zielerreichung auszeichnet“ (A. Müller).

3.3 Eine Organisation lernender Professioneller

3.3.1 Lernende Professionelle → lernende Organisation

Entscheidende Grundvoraussetzungen für eine gelingende Kooperation, ein gelingendes gemeinsames auf den Weg machen bzw. ein gemeinsames Lernen sind eine Kultur der Kooperation und Akzeptanz. Dies muss von allen Mitgliedern des lernenden professionellen Systems geachtet, getragen, gepflegt und weiterentwickelt werden. Vorhandene Ressourcen aller Beteiligten sind respektvoll einzubeziehen. Die zentrale Botschaft muss lauten: Jeder Beitrag ist wichtig, um eine kooperative Kultur zu entwickeln und zu stärken.

3.3.2 Kooperierende Professionelle - Frage nach „Macht“

Zu Beginn eines kooperativen Lernprozesses muss auch die Frage nach „Macht“ in der Gruppe bedacht und geklärt werden. Macht ist immer kontextbezogen: „Macht ist die Möglichkeit von Personen, auf Menschen und/oder die Rahmenbedingungen, unter denen diese leben bzw. arbeiten, einzuwirken, d.h. die Möglichkeit, das Erleben und Verhalten von Menschen zu beeinflussen und/oder die Rahmenbedingungen zu verändern, unter denen Menschen leben bzw. arbeiten.“ (Gerlacher et al. 2002, S. 94). Macht ist ein wechselseitiger Prozess z.B. zwischen Vorgesetzten und Mitarbeitenden oder zwischen Gleichgestellten, z.B. Kolleginnen/Kollegen im Fachkollegium. Macht konsituiert sich durch:

- „*Strukturen der Organisation*, auf denen die Macht einer Person beruht: Prinzipien und Regeln der Kommunikation, das System von Strafe und Belohnung, die Legitimität des Rollenhandelns, das Expertenwissen und die Verfügungsmacht über Information;

- *psychische Prozesse*, die den persönlichen Umgang mit Macht bzw. die persönliche Beziehung zu einer mit Macht ausgestatteten Person beeinflussen: Gefühle der Macht bzw. Ohnmacht, Selbst- und Fremdattributionen, Kontrollüberzeugungen und der Bezug zu den inneren und äußeren Realitäten;

- die *Ebene des Verhaltens*, d.h. des gezeigten Umgangs mit Macht; Leitthemen sind hier: Unterdrückung, Vermeidung, Anpassung, gemeinsames Handeln, Kompromiss, und Toleranz" (Bertsch).

3.3.3 Lernende Professionelle - Kultur des Lernens

Eine das gemeinsame Lernen unterstützende Kultur beruht nach Michael Fullan wesentlich auf folgenden Prinzipien: Eigenverantwortung und Engagement jedes Organisationsmitglieds; der Bereitschaft zum offenen Austausch und zur Kooperation mit anderen sowie die Haltung einer grundlegenden professionellen Neugier, d.h. permanent Lernen zu wollen: „Good teachers are good learners!" Betrachten wir das je eigene Lernen, so kommen uns meist Begriffe wie etwas Schönes, Gutes oder Kostbares, jedoch auch Mühe, Arbeit und Techniken in den Sinn. Nun sollen wir als doch Lehrende wieder selbst und sogar zusammen mit Kolleginnen/Kollegen lernen: Eigenes Lernen, selbstbestimmt und -organisiert. Wir sollen unsere Organisation für uns selbst zu einer Lernumgebung gestalten. Die Kooperationstreffen oder -tagungen müssen eine thematische Plattform mit klarer Ziel- und Zeitstruktur bilden, auf der die Professionskultur und die fachliche Qualifikation und Identität der Mitglieder gefördert wird. Vorhandene Ressourcen werden ziel- und ergebnisbezogen eingebracht, besprochen und durchdacht sowie gewürdigt, um so zusammen themenbezogen stimmige Strategien und Lösungen zu generieren. Dabei achtet die die Gruppe koordinierende Person u.a. auf die ablaufenden sozialen Prozesse und setzt diese zur gemeinsamen Beratung ggf. auf die Tagesordnung. So findet dort sowohl persönliches Lernen als auch Teamlernen statt.

3.3.4 Systemische Perspektiven für eine Kooperation lernender Professioneller

Kooperationen fördernde Entwicklungskonzepte sollten zweierlei gewährleisten:

- Konstrukive Integration und Wertschätzung der Originalität und Individualität jedes Mitglieds im Gesamtprozess.

- Erstellen von Regeln, die verschiedene Positionen der Mitglieder für eine gemeinsame Entwicklung nutzbar machen.

Systemisch betrachtet, sollte sich die Organisation selbst als lernfähiges und lernendes System verstehen, in dem jedem Organisationsmitglied, hier vor allem den beteiligten Kolleginnen/Kollegen, den Professionals der Einrichtung, im beruflichen Kontext individuelles und kooperatives Lernen ermöglicht und erleichtert wird mit dem Zweck, dass die Organisation als Ganzes erfolgreich aktuell gestellte, absehbare und zukünftige Herausforderungen in einer sich rasch ändernden Umwelt bestehen kann. Das bedeutet, dass sich die örtliche Organisation mit und über das Lernen ihrer Mitglieder, im Rahmen der ihr gegebenen sachlich-funktionalen Setzungen, in sich verändert und weiterentwickelt.

Sowohl für das individuelle wie das kooperative Lernen der Fachkräfte kommen die Lernreichweiten von Argyris/ Schön (1978) in den Blick: Einschleifiges, zweischleifiges und Deutero-Lernen:

- Einschleifiges Lernen (single loop) meint einfaches Problemlösungsdenken.

- Zweischleifiges Lernen (double loop) reflektiert den Lern-Weg zur Problemlösung und dessen Wiederholbarkeit. Der Lernprozess selbst wird zum Gegenstand des Lernens.

- Deutero-Lernen umfasst eine Lernkultur, in der das Reflektieren über Lernen als systematische Handlungs- und Überlebensstrategie verstanden wird und die Kultur einer Organisation prägt.

Nach dem systemischen Organisationsverständnis von Harald Geißler (1991) ist Lernen eine „Veränderung des Steuerungspotentials

» von Individuen als Individuen;

» von Individuen als Mitglieder einer Organisation;

» von formellen oder informellen Gruppen von Individuen als Teil einer Organisation;

» von ganzen Organisationen."

Ziel des Lernens ist es, das individuelle und organisationale Steuerungspotential zur Bewältigung aktueller und zukünftiger Probleme verbessern; sprich „Deutero-Lernen" bzw. organisationsbezogene Kompetenz zu erreichen.

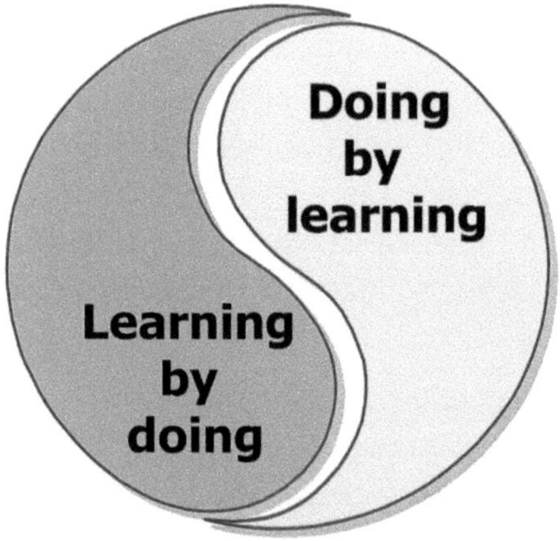

Im Kontext einer konkreten Einrichtung wird ein solches Lernen in Planungs-, Handlungs- und Reflexionsschleifen konkret in der örtlichen Organisation stattfinden:

Lernen in Kooperation bzw. in Gemeinschaft muss mindestens zweischleifig (Problemlösen lernen) und selbstreflexiv angelegt sein; d.h. die Lernprozesse müssen effektiv und effizient gestaltet und zugleich planerisch-evaluative Funktionen aufweisen. Damit müssen die ablaufenden Lernprozesse im individuellen wie kooperativen Bereich folgendes Muster als Grundlage jeden Problemlösung- und Lernprozesses aufweisen:

4 Lernstufen	4 Übersetzungen	4 Fragen (keine Stufenentsprechung)
1. Unbewusste Inkompetenz	Ich weiß nicht, was ich nicht weiß	1. Was wissen wir? Wissen wir das?
2. Bewusste Inkompetenz	Ich weiß, was ich nicht weiß	2. Was wissen wir nicht?
3. Bewusste Kompetenz	Ich weiß, was ich weiß	3. Was müssten wir wissen?
4. Unbewusste Kompetenz	Ich weiß nicht, was ich weiß	4. Wo kriegen wir das her?

(H.W. Franz)

Überblickartig zeigt die Grafik Elemente für ein Lernen in und mit einer Organisation:

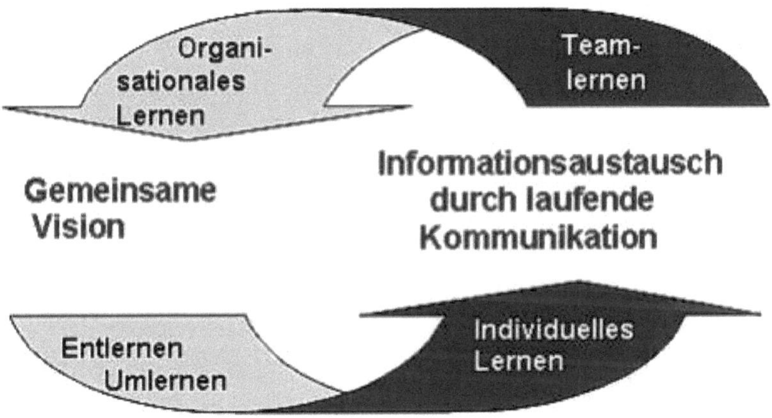

(Quelle 2016: https://www.teialehrbuch.de//Kostenlose-Kurse/Unternehmensfuehrung/23153-Lernprozesse-in-der-Lernenden-Organisation.html)

Peter Senge (1996) benennt folgende fünf Disziplinen für das Lernen in und von Organisationen:

- **Personal Mastery:** Die Disziplin der Selbstführung, der Persönlichkeits- und Fachlichkeitsentwicklung, der Grad der professionellen Meisterschaft, die Klärung und Vertiefung der eigenen Vision und Lebensentwürfe, die Bündelung und Fokussierung der Energien auf zu bewältigende Aufgaben, die Entwicklung der Geduld und die Fähigkeit, sich innerhalb der beruflichen Rolle fachlich weiter zu entwickeln und davon auch persönlich zu profitieren.

- **Mentale Modelle:** Die innere kognitiv-affektive Landkarte; sie enthält Annahmen der Menschen über sich Selbst, die Anderen und die gesellschaftlichen Verhältnisse; kulturell, familiär und persönlich gebildete Werte, Normen und Regeln; sinngebende Geschichten und Symbole; Wahrnehmungs- und Erkenntnismuster.

- **Visionen:** In die Zukunft weisende Leitbilder und Ideen, über die sich die Identität einer Organisation herstellt und mit denen sich die MitarbeiterInnen identifizieren können; daraus speist sich ihre Motivation und ihr Einsatz für die Ziele der Organisation.

- **Teamlernen:** Gemeinsames Lernen in der Organisation durch Kooperation im Arbeitsalltag, Foren für eine Metakommunikation über die Prozesse im Arbeitsalltag und gemeinsame Fortbildungen der Mitarbeitenden; dadurch kann deutlich werden, dass in der Informationsgesellschaft eine durchdachte, zielgerecht organisierte Teamarbeit der Einzelarbeit meist überlegen ist.

- **Systemdenken:** Systemdenken ist Denken in Zusammenhängen und Abhängigkeiten; ein vernetzendes Denken. Es ist eine den bisher genannten Komponenten übergeordnete Perspektive; mit dessen Hilfe Lernprozesse ganzheitlich organisiert und metakommunikativ reflektiert werden können (vgl. Bertsch, 2004).

Alle fünf Disziplinen sind Voraussetzungen für das stimmige Entwickeln eines kooperativen Lernens in Lerngemeinschaften z.B. eines Kollegiums, um so eine konkrete Einrichtung als innovative, lernende Organisation aufzubauen.

Die ablaufenden Prozesse weisen eine helixartige Gestalt auf und folgen in ihrer grundlegenden Struktur dem von Lewin dargestellten Modell: „Auftauen“ (unfreezing), Verändern (changing), Stabilisieren (reframing).

3.3.5 Sinn und Qualität des Lerneinsatzes

Von jeder Person in einer Einrichtung werden im jeweiligen Umfeld zunehmend Veränderungen wahrgenommen: Das Arbeitsfeld ist/wird vielfältiger, teils auch unüberschaubarer. Die Zielpersonen sind ′Kinder dieser Zeit′ und bisher „bewährte“ Standardroutinen kommen an ihre Grenzen oder wirken nicht mehr. Unsicherheiten, Fragen oder gar Ängste greifen Raum. Alleine sind die Anforderungen oft nur noch schwer oder gar nicht mehr zu bewältigen: Die Sinnhaftigkeit von konstruktiver, kooperativer Zusammenarbeit der Fachkräfte in situativ stimmigen, örtlich passend organisierten und themenorientierten Arbeitsgruppen sollte bei zuvor stattgefundener, transparenter und offener Kommunikation durch die Leitung evident sein.

Wird mit aktuellen, als dringend empfundenen und überschaubaren Fragestellungen begonnen, die zeitlich zügig bearbeit- und umsetzbar sind, werden sich erste Erfolgserlebnisse einstellen, die den Sinn von Absprachen und gemeinsamen Aktivitäten verdeutlichen: Die Erkenntnis, dass jede(r) für sich und alle zusammen erst recht mehr wissen oder bewirken, als sie zu wissen bzw. zu bewirken glaubten, bringt Selbstvertrauen, Öffnung für konstruktive Kritik und Motivation, sich am Finden der Verbesserung zu beteiligen. Wichtig ist, dass bereits bei diesen „einfachen“ Themenstellungen die ablaufenden Prozesse thematisiert und reflektiert werden (im Sinne von Training). Dabei wäre z.B. eine Moderation durch eine dafür kompetente Person aus dem Kollegium hilfreich. Schon zu Beginn ist die Haltung und Kommunikation sowie eine klare, transparente organisatorische Struktur- und Rahmensetzung der Leitung von entscheidender Bedeutung.

Anlagen

Fragenkatalog

Wollen Fachkräfte in Arbeitsgruppen oder in Teams themen- und zielbezogen über einen längeren Zeitraum zusammenarbeiten, so sollten sie sich ganz am Anfang mit folgenden Fragen befassen:

- Wie können wir vom Reden zum Handeln kommen?
- Wie schaffen wir uns Zeit zum Lernen? Welche sozialen Räume gibt es dafür? Dürfen Fehler gemacht und selbstverantwortlich behoben werden?
- Wie erfahren wir als Handelnde, vor allem die Leitungsperson sie sich die Entscheidungen auswirken?
- Wie beabsichtigen wir uns bzw. die koordinierende / leitende Person zu führen?
- Wie lassen sich Kooperation, Demokratie und Hierarchie miteinander verknüpfen?
- Wie kann die professionelle Arbeit zielorientiert gestaltet, beschrieben, evaluiert und gegebenenfalls verändert werden?
- Wie gehen wir mit Macht um: wird sie tabuisiert oder transparent gemacht, wird Macht missbraucht oder als Ressource für die Entwicklung von kooperativen Lernprozessen genutzt (nach Bertsch)?

Test für die Lernqualität einer Organisation

	Immer	Oft	Manchmal	Selten	Nie
1. Die Organisation lernt aus Erfahrung und wiederholt ihre Fehler nicht.	❐	❐	❐	❐	❐
2. Wenn jemand die Organisation verläßt, bleibt ihr/sein Wissen erhalten.	❐	❐	❐	❐	❐
3. Wenn ein Team eine Aufgabe beendet, wird destilliert und dokumentiert, was gelernt wurde.	❐	❐	❐	❐	❐
4. Wissen, das in der Organisation erzeugt wird, wird gesichtet, bewertet und allen Teilen der Organisation zugänglich gemacht mit Hilfe von Datenbanken, Trainings etc.	❐	❐	❐	❐	❐
5. Die Organisation erkennt den Wert des Wissens an, das von Teams und Individuen erworben und zugänglich gemacht wird.	❐	❐	❐	❐	❐
6. Es werden systematisch Pläne dafür aufgestellt und umgesetzt, welches Wissen in Zukunft benötigt wird.	❐	❐	❐	❐	❐
7. Die Organisation ermutigt das Experimentieren als einen Weg des Lernens.	❐	❐	❐	❐	❐
8. Die Organisation verbessert ihre Fähigkeiten, indem Lernerfahrungen von anderen Organisationen ausgewertet und angewendet werden.	❐	❐	❐	❐	❐

Quelle: Arthur D. Little

Ablaufmodell individueller und systemischer Entwicklungsprozesse

<table>
<tr>
<td>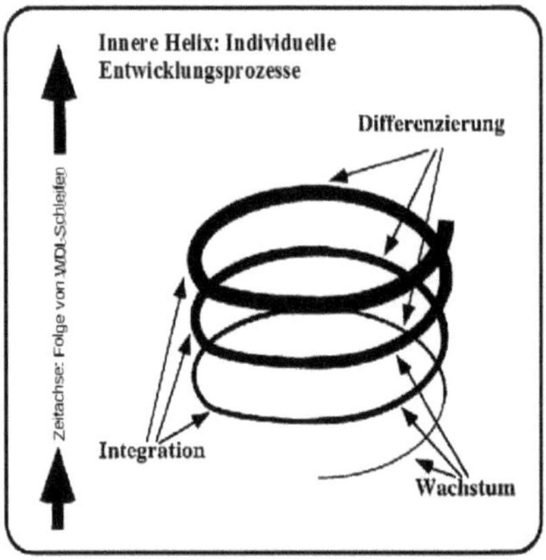
</td>
<td>W = Wachstum:
• Neue Erfahrungen machen
• In neue Situationen kommen
• Neue Aufgaben übernehmen
• Sich neuen Bedingungen gegenüber sehen
D = Differenzierung:
• Bekannte Dinge in neuem Licht sehen
• Subtile Unterschiede wahrnehmen
• Neue Eigenschaften an einer Sache oder an einer Person entdecken
• Bekannte Dinge neu beurteilen
I = Integration:
• Grundlegende Ähnlichkeiten aufdecken in Menschen, Ereignissen oder Bedingungen, die oberflächlich betrachtet unterschiedlich aussehen
• Zusammenhänge erkennen
• Verschiedene Aspekte eines Problems gleichzeitig in Betracht ziehen / ganzheitlich denken</td>
</tr>
<tr>
<td>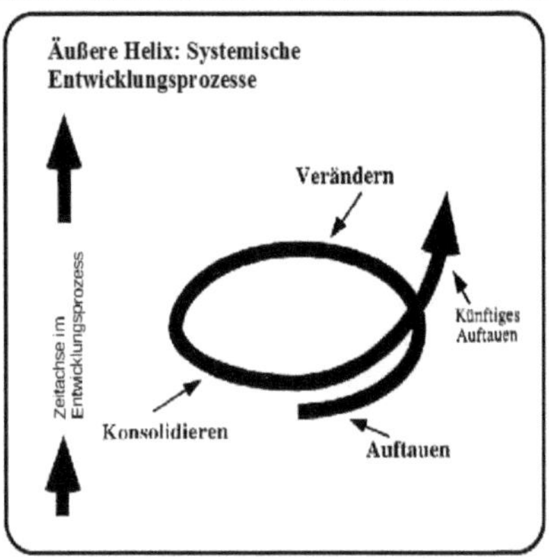
</td>
<td>Hier finden sich bezogen auf Entwicklungs bzw. Veränderungsverläufe die Begriffe von Lewin wieder: "Auftauen" eines IST-Zustandes, "Verändern" und "Konsolidieren" (einfrieren).

G. Bruggmann, Organisationsentwicklung / Change-Management/lernende Organisation, Basel 2010</td>
</tr>
</table>

3.4 Wissensmanagement in einer innovativen Organisationen

3.4.1 Wissen generieren, sichern und teilen

Es gibt aktuell keine einheitliche Definition des Begriffs „Wissen“. Wissenssysteme unterliegen auch einem historischen Wandel. Daher folgende Annäherungen:

Der Begriff „Wissen“ bezeichnet nach Platon eine gedankliche Idee z.B. eines Menschen, die losgelöst von Materie existiert. Psychologisch definiert sich Wissen als „Ergebnis eines Erkenntnisprozesses, in dem subjektive und objektive Fakten und Schlussfolgerungen zu Überzeugungen über Ereignisse, Gegenstände und Beziehungen zwischen Gegenständen verarbeitet werden.“ Organisationspsychologisch wird unterschieden zwischen „Kennen–Wissen als Kenntnis von Theorie und Forschung, Können–Wissen als praktische Kenntnisse von Produkten und Prozessen und schließlich Wollen–Wissen als handlungsleitende Vision.... In der Praxis weit verbreitet ist die Trennung zwischen explizitem und implizitem Wissen: Dabei gilt ein Wissen dann als implizit, wenn es nicht direkt artikulierbar ist, in hohem Maße von Erfahrungen abhängt und das Merkmal der Gleichzeitigkeit besitzt. Dagegen spricht man von explizitem Wissen, wenn es sprachlich artikuliert werden kann, im weitesten Sinne verstandesabhängig ist und sich mit der Eigenschaft „sequentiell“ charakterisieren läßt.

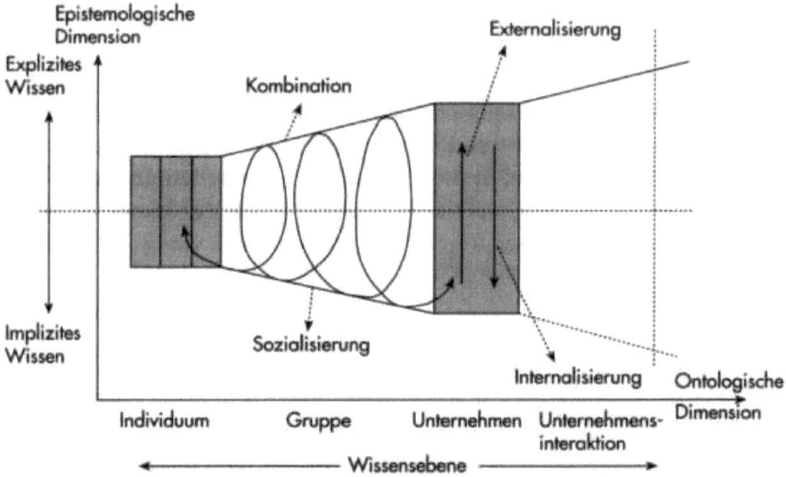

(Wissensspirale von Nonaka et al.)

„Organisationstheoretisch ist die Unterscheidung von individuellem Wissen und organisationalem Wissen zentral. Letzteres ist unabhängig von Personen z.B. in Aufzeichnungen, Verfahrensempfehlungen, Leitlinien usw. festgehalten ... In der Psychologie wird auch zwischen Information und Wissen unterschieden. Man ordnet Zeichen, Daten, Information und Wissen in einer Art „Wissensleiter“ an: Zeichen (etwa in Form von Buchstaben, Ziffern oder Sonderzeichen) bilden als die kleinsten Einheiten die unterste Stufe der Leiter. Daten bestehen aus einer sinnvoll kombinierten Folge von Zeichen, besitzen aber noch keine Verwendungshinweise. Sie werden erst zu Information, wenn sie in einen Problemzusammenhang gestellt werden und zur Erreichung eines Ziels dienen. Information ist der Rohstoff für die Bildung von Wissen. Damit aus Information Wissen wird, muß die Information in einem bedeutungshaltigen Kontext mit der Erfahrung einer Person und ihrem Vorwissen verknüpft werden. ... Im Gegensatz zu Informationen dreht sich Wissen um persönliche Vorstellungen und individuelles Engagement; dabei ist es kontext- und beziehungsspezifisch und letztlich am (sozialen) Handeln orientiert.“ (Quelle, nach: http://www.spektrum.de/lexikon/psychologie/wissen/16892)

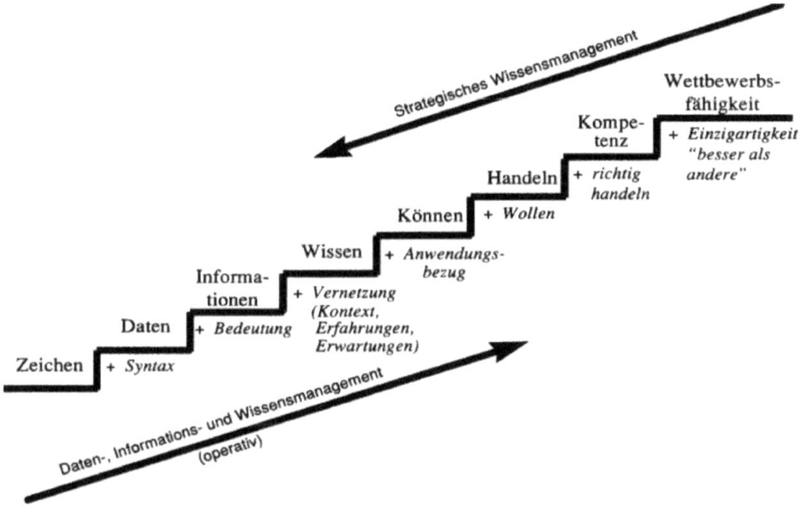

(Wissenstreppe von North)

Eine eingängige Definition von „Wissen" bietet Probst et al. (2010):

„Wissen bezeichnet die Gesamtheit der Kenntnisse und Fähigkeiten, die Individuen zur Lösung von Problemen einsetzen. Dies umfaßt sowohl theoretische Erkenntnisse als auch praktische Alltagsregeln und Handlungsanweisungen. Wissen stützt sich auf Daten und Informationen, ist im Gegensatz zu diesen jedoch immer an Personen gebunden. Es wird von Individuen konstruiert und repräsentiert deren Erwartungen über Ursache-Wirkungs-Zusammenhänge."

3.4.2 Grundlagen zur Nutzung der Ressource „Wissen"

Bei der praktischen Verwendung der Ressource „Wissen" kommen nach Probst sechs Kernprozesse zum Tragen (Wissenskreislauf), die alle miteinander in Verbindung stehen. Der Wissenskreislauf von Probst ist eher auf die Nutzung expliziten Wissens gerichtet.

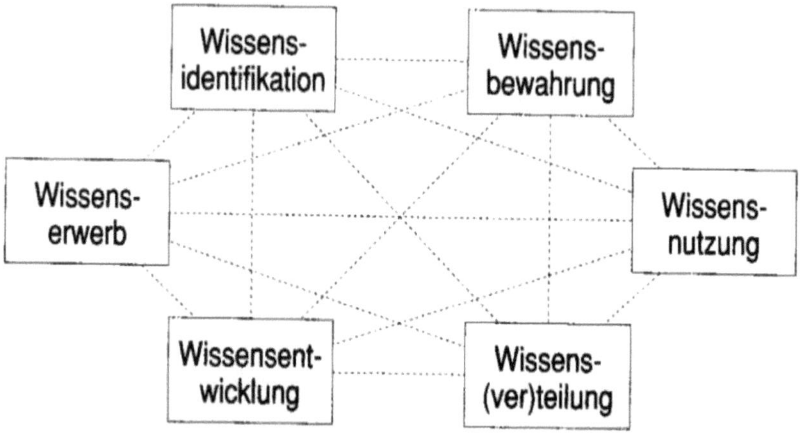

Wissensidentifikation: Hier geht es darum sich einen Überblick über internes und externes Wissen der Organisation zu schaffen und dieses transparent zu machen.

Wissenserwerb: Organisationen erwerben Wissen oft aus externen Quellen, z.B. Schulen über Partnerbeziehungen (Unternehmen, Vereinigungen, Sponsoren, Eltern, Behörden usw.). Hier liegt oft ein unausgeschöpftes Potential, welches Schulen besser nutzen könnten.

Wissensentwicklung: Die Wissensentwicklung ist eine der wichtigsten Bausteine im Wissensmanagement. Es sollen neue Ideen, neue Prozesse und neue Elemente in der Organisation geschaffen werden. Wissensentwicklung umfasst alle Prozesse, die sich mit der Schaffung neuer interner oder externer Fähigkeiten in der Organisation beschäftigt.

Wissensverteilung: Bei der Wissensverteilung wird das Wissen in der Organisation sinnvoll verteilt. Nicht alle Mitglieder der Organisation müssen auf dem gleichen Wissensstand sein. Es geht eher darum, das richtige Wissen an die richtige Person bzw. Team zum richtigen Zeitpunkt zu bringen (Übergang von individuellem Wissen zu kollektivem Wissen).

Wissensnutzung: Die Nutzung des vorhandenen Wissens wird sichergestellt. Fremdes Wissen ist nicht jederzeit unbeschränkt verfügbar. Die Nutzung von bestimmten Fähigkeiten und Wissensbeständen wird sichergestellt.

Wissensbewahrung: Wissen soll auch für die Zukunft zur Verfügung stehen. Dazu muss es sinnvoll gespeichert werden und auch wieder auffindbar sein. Viele Organisationen verlieren durch Personalwechsel oder -ausscheiden einen Teil ihres Wissens, weil vorhandene Wissensträger ohne dass sie ihr Wissen weitergegeben haben „verloren gehen“.

3.4.3 Wissensmanagement - eine Aufgabe der Führung

Wissensmanagement ist eine professionelle und systematische Aufgabe, die landläufig bisher „irgendwie gemacht“ wurde. Es gehört zu den Aufgaben und Merkmalen „innovativer, intelligenter“ Organisationen Wissen in ihre Strukturen, Prozesse und Regelsysteme einzubauen; denn dies entscheidet mit über Erfolg, Stabilität und aufgabengemäßes Funktionieren der Organisation. So ist es im Interesse einer Organisation, das Wissen und die Erfahrungen von Mitarbeitenden für andere Mitglieder der Organisation zugänglich und nutzbar zu machen und somit für die Organisation zu erhalten. Aufgrund seiner Bedeutung ist Wissen zu einer Managementaufgabe geworden. Wissensmanagement beinhaltet Informationsmanagement, geht jedoch weit darüber hinaus und nimmt direkten Einfluss auf die Wissensbasis einer Organisation. „Unter „Wissensbasis“ sind sowohl Daten und Informationen, als auch das Wissen und die Fähigkeiten von Menschen („Humankapital“) zu verstehen, die eine Organisation zur Lösung ihrer vielfältigen Aufgaben benötigt. ... Wissensmanagement umfasst alle Maßnahmen, die darauf gerichtet sind, den effizienten Umgang mit Wissen in eine Organisation zu unterstützen und zu optimieren.“ (Mader u.a. 2009). Somit umfasst Wissensmanagement alle Konzepte, Strategien und Methoden zur Schaffung einer intelligenten, innovativen Organisation, insbesondere konzentriert sie sich auf die Organisationskultur: Gelebte, gemeinsame Werte, Haltungen und Regeln sind für die Organisation, Nutzung, Bewahrung und Vermittlung organisationalen Wissens ebenso entscheidend wie die Unterstützung von Wissensarbeit. Auch beim Wissensmanagement gilt das Bild des „Eisbergs": Nur ein Teil des z.B. an einer Organisation Schule vorhandenen Wissens „ragt über die Wasserlinie" und ist damit explizit, greifbar und dokumentierbar. Ein großer Teil des vorhandenen Wissens – vor allem personengebundenes Erfahrungswissen – wird gar nicht oder zu wenig wahrgenommen. Dies zu ändern ist u.a. eine Aufgabe der Leitung.

3.4.4 Austausch von Wissen zwischen Personen

Nonaka/Takeuchi stellen mit der Wissensspirale ein Modell vor, das eine Umwandlung von implizitem Wissen in implizites Wissen und von implizitem Wissen in explizites Wissen in Organisationen möglich machen soll. Es ist ein Idealmodell und bedarf der praktischen Konkretisierung. Hierbei ist vor allem die Analyse vorhandener Barrieren erforderlich, die es Organisationsmitgliedern erschweren, ihr Wissen weiter zu geben. Ein Ansatzpunkt ist die vorhandene Kultur der Organisation: Sind Organisationsmitglieder bereit und willens, ihr Wissen weiter zu geben? Wird ein offener Erfahrungsaustausch von der Organisationsleitung gefördert bzw. gewollt? Befinden sich die Personen, die Wissen austauschen wollen, auf einer gemeinsamen Erfahrungsebene?

Kennen: Durch Nachfragen, im Gespräch wird dem Mitglied bewusst über welches für die Organisation relevantes Wissen es verfügt.

Können: Das Mitglied wird in die Lage versetzt, sein Wissen zu kommunizieren; z.B. Einräumen von Gesprächszeit, PIN-Wand usw.

Sollen: Es gibt einen klaren Wunsch, ggf. eine Anweisung von Seiten der Leitung, dass das Mitglied sein relevantes Wissen z.B. auch durch Hospitationsmöglichkeiten, weitergibt.

Wollen: Wissensweitergabe setzt Vertrauen voraus; Vertrauen darauf, dass das Wissen geschätzt wird; es z.B. mit entscheidend ist für zukünftige Entwicklungsprozesse, ggf. auch für eine bestimmte Person / Personengruppe.

3.4.4.1 Methoden des Wissensaustausches

- **Nonverbale Wissensweitergabe:** Nachmachen bzw. Mitvollziehen einer Tätigkeit (z.B. im Technik-, HTW- oder Naturwissenschaftsbereich (Versuchsaufbau, Materialordnung, usw.).

- **Verbale Wissensweitergabe (unstrukturiert):** Wissen wird durch „lautes Denken“ (Denk- und Handlungsstrategien) oder durch Analogien verdeutlicht und weitergegeben. Es dient auch dazu, eine gemeinsame Verständigungsbasis zu schaffen (u.a. „story telling).

- **Nicht-moderierte Gruppendiskussion:** Ein gemeinsamer Kenntnisstand wird angestrebt; nach individueller thematischer Vorarbeit: zum Ideenaustausch (Intuitionsketten);

- **Praxistreffen (communities of practice):** Informationsweitergabe bei gleichem Interessen-, Wissens- und Arbeitsgebiet und ähnlichen Fragestellungen bzw. Herausforderungen.

- **Erzählen / Berichten (story telling):** Wissenssuchende fordern Wissensträger auf, ihr Erfahrungswissen in den Prozess einzubringen (feedbackorientierter Wissensaustausch).

- **Aus Fehlern lernen (lessons learned):** Arbeitsteams profitieren von Wissensträgern, die ihnen von Fehlern und ihrer Bewältigung in der Vergangenheit bei ähnlichen Gegebenheiten berichten. Ziel ist es, aus Fehlern lernen zu können. Wichtig ist hierbei, dass die Organisations- bzw. die Teamkultur Fehler zulassen kann und sie als Anreize für verändertes Handeln verstanden werden.

- **Kurzdokumente verfassen (mikroarts):** Wissensträger halten bestimmte Erfahrungen fest, sammeln sie und geben sie anderen Mitgliedern weiter bzw. machen sie zugänglich (z.B. Planen eines Lerngangs zu ...; eines Schullandheimaufenthalts; Elemente eines Elterngesprächs, usw).

- **Experteninterview:** Beim Experteninterview werden einem Experten, der über viel Erfahrungswissen verfügt, von einem Moderator gezielt Fragen gestellt, möglichst viel von seinem Wissen zu kommunizieren.

- **Moderierte Gruppendiskussion:** Eine externe Person moderiert das Gespräch / die Diskussion, gibt gezielt Anregungen und stellt Fragen.

Beim Austausch von Wissen, insbesondere implizitem Wissen, sind Menschen beteiligt, die das, was gesagt wird, je nach ihrer Persönlichkeit, ihrer derzeitigen Gestimmtheit und ihren Erfahrungen unterschiedlich interpretieren können („vier Seiten einer Nachricht", Schulz von Thun). Besteht zwischen dem Wissenssender und -empfänger eine persönliche Nähe, und ist diese durch Vertrauen und Wertschätzung positiv geprägt, so läßt sich implizites Wissen nachhaltiger austauschen.

3.4.4.2 Wissensaustausch in Kooperationen bzw. in Arbeitsteams

Von zentraler Bedeutung für die Bereitschaft einer Person, ihr individuelles Wissen in eine Kooperation bzw. ein Team einzubringen sind z.B.: Arbeitsatmosphäre, Grad der Wertschätzung, gegenseitiger Respekt, attraktive und transparente Arbeitsbedingungen und Arbeitsgestaltung, Beteiligtsein, sich einbringen können, Bedeutung und Sinn der Arbeit, Möglichkeit von selbständigem, eigenverantwortlichem sowie abwechslungsreichem und anspruchsvollem Tun. Hier liegt ein breites Arbeits- und Aufgabenfeld für jede Leitung.

3.4.5 Informationsmanagement

Für ein Informationsmanagement in einer Einrichtung seien hier exemplarisch folgende Fragen benannt u.a.:

Wie ist mit den heute immens anfallenden Daten und Informationen in ´meiner´ konkreten Einrichtung umzugehen? Welche sind wann, wie und warum kurz-, mittel- und langfristig relevant? Wie sollen wichtige Informationen in Wissen der Mitglieder der Organisation und in Wissen der Organisation (organisationales Wissen / Gedächtnis) transformiert werden? Wer sammelt das Wissen und wo wird es archiviert, um jederzeit abgerufen werden zu können? Wie wird „verstecktes" Erfahrungswissen zugänglich gemacht?

3.5 Informationsmanagement in einer innovativen Organisation

3.5.1 Informationen herausfiltern - entscheidungsrelevanten Wissen generieren

Die Herausforderung in einer sozialen Einrichtung besteht darin, die richtige Information zum richtigen Zeitpunkt der richtigen Fachkraft zur Verfügung zu stellen. Grundlage jedes Informationsmanagement ist das *Implementieren eines strategischen Informationsmanagements*. Diese Aufgabe obliegt genuin der Leitung. Strategisches Informationsmanagement hat als Ziel, aus der rasant wachsenden Datenmenge entscheidungs- und steuerungsrelevante Informationen herauszufiltern und daraus auf den Entscheidungsebenen handlungsrelevantes Wissen zu generieren. Seine Aufgaben bestehen aus der Situationsanalyse (Bestimmung der strategischen Rolle der Informationsfunktion), Zielplanung (Festlegung der strategischen Ziele), Strategieentwicklung (Entwicklung der Strategie), strategische Maßnahmenplanung (Planung der Maßnahmen zur Erreichung der strategischen Ziele gemäß der Strategie) und der Beschaffung von Informationen (Informationsbeschaffung für die Planung, Überwachung und Steuerung zur wirksamen Schaffung, Aufrechterhaltung und Nutzung der Informationsinfrastruktur).

Aus einem strategischen Informationsmanagement erwächst das *taktische Informationsmanagement*. Aufgabe ist die Umsetzung der im strategischen Informationsmanagement für notwendig erkannte Entwicklungsprojekte. Es umfasst:

- Phasen der Systementwicklung (fachliche und inhaltliche Aufgaben, Einbeziehen der Beteiligten)
- Bereitstellung Beschaffungsaufgaben (Zeitfenster, Materialien)
- Projektmanagement (Planung, Steuerung und Überwachung des Entwicklungsprojektes).

Es schließt sich das *operative Informationsmanagement* an. Es umfasst u.a.:

Betreuung der gegebenen Informationssysteme bzw. deren Aus- und Aufbau

- Literatur (ggf. auf CD´s), IT-Ausstattung (Hard- und Software)
- Regelungen der Zugänglichkeit (Bibliothek, Schulhomepage interner Zugang)
- Fortbildungen
- Installation von Feedbackschleifen.

3.5.2 Informationsmanagement – gelingende Kooperation

Ein bewusstes Informationsmanagement ist hoch bedeutsam und eine Voraussetzung für gelingende Kooperation innerhalb jeder Einrichtung sowie nach außen z.B. zu Partnern oder zu Erziehungsberechtigten. Die Intention sollte sein, gezielt Informationen an die verschiedenen Akteursgruppen zu geben und den Informationsfluss zu gewährleisten. So lassen sich u.a. Informationslücken schließen. Ein guter Informationsfluss ist für den gesamten weiteren Entwicklungsprozess von großer Bedeutung und wird zu einem wesentlichen Gelingensfaktor. Innerhalb des Informationsmanagements nimmt die Leitung eine zentrale Rolle ein. Die Leitung ist eine Art Schaltstelle im Empfangen und Weitergeben von Informationen jeglicher Art. Da Leitungen auch oft alleinige Träger spezifischer Informationen sind, ist mit Blick auf kooperative Strukturen einer Einrichtung eine enge Verbindung zwischen der Leitung und z.B. der Steuergruppe der Einrichtung besonders wichtig. Es erweist sich als Vorteil, wenn bei der Zusammensetzung der Steuergruppe der Gedanke einer „Informations-Schaltstelle“ bedacht und umgesetzt wird. Damit ist auch die Funktionalität der Steuergruppe als Verbindungsglied zum Kollegium und zugleich zentrales Informationsorgan in den Entwicklungsprozessen gewährleistet. Die Leitung wird insbesondere darauf achten, dass alle Akteure bereits im Vorfeld und zu Beginn eines Entwicklungsprozesses mit genügend Informationen versorgt werden.

Am Anfang des Entwurfs eines strategischen Informationskonzepts steht eine möglichst umfassende Situationsanalyse. Diese beinhaltet die Beschreibung der Ausgangslage, eine Standortbestimmung zur bisherigen Informationstätigkeit sowie die Berücksichtigung wichtiger Hintergrundinformationen:

Beschreibung der Ausgangslage: Zunächst interessiert der Hintergrund, vor dem der Informationsauftrag erfüllt werden muss.

Eine Standortbestimmung soll einen Überblick über das bisherige Informationsmanagement und die jetzt einzubeziehenden Stellen geben. So können bisherige Lücken und Entwicklungspotenziale erkannt werden: Wo liegen Stärken, Schwächen, Chancen und Risiken der Informationsarbeit?

Eine zentrale Herausforderung für ein strategisches Informationsmanagement ist die Zielgruppenerreichung. Für eine zielgruppenadäquate Informationstätigkeit ist daher eine sorgfältige Analyse des potenziellen Adressatenkreises (auch innerhalb einer Einrichtung) unerlässlich. Was bei der einen Personengruppe gut ankommt, trifft bei einer anderen Zielgruppe unter Umständen auf Unverständnis. Deshalb ist es oftmals von Vorteil, unterschiedliche Kommunikationskanäle und -instrumente einzusetzen. Bei „schwer zu Erreichenden“ wird meist deutlich, dass es sich bei Problemen der Zielgruppenerreichung häufig auch um Vertrauensprobleme handelt. Für alle Entwicklungsprozesse in einer Einrichtung ist ein grundlegend gegebenes Vertrauen zur Leitung und ihrem Handeln unerlässlich.

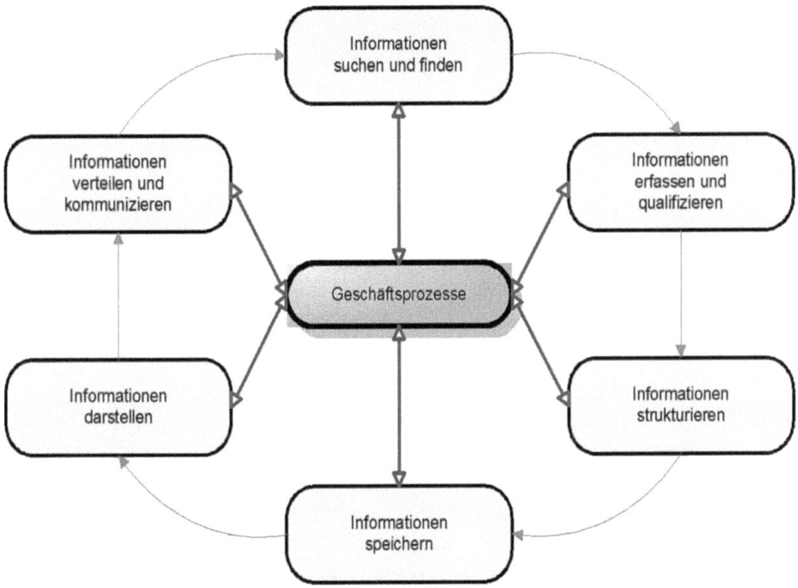

Ein strategisches Informationskonzept hat auch die Sicherstellung der erforderlichen personellen und finanziellen Ressourcen zu bedenken und zu regeln. Bei der Zuweisung der Aufgaben und Zuständigkeiten gilt es nicht nur die Frage „wer tut was am besten?“, sondern auch die Anschlussfrage „und welche Ressourcen benötigt er oder sie dazu?“ zu beantworten.

3.5.3 Anforderungen an Informationen und ihre Weitergabe

- Die Zugänglichkeit der Informationen (accessibility) ist gegeben, wenn ihre einfache, direkte Abrufbarkeit für die Anwender gewährleistet ist.

- Informationen sind leicht bearbeitbar (ease of manipulation), wenn die einfache Möglichkeit besteht, sie zu verändern, zu manipulieren und für verschiedene Zwecke zu benutzen.

- Eine knappe und präzise Darstellung der Informationen (concise representation) trägt zu ihrer Übersichtlichkeit bei. Wir wissen, dass die übersichtliche Darstellung der Informationen (u.a. Gesetz der Nähe) ein wichtiger Faktor des Verständnisses ist.

- Eine einheitliche Darstellung von ähnlichen Sachverhalten begünstigt die schnelle Einordnung in einen Kontext und lenkt damit den Fokus auf die Dateninhalte. Daher soll auf die konsistente Präsentation der Informationen geachtet werden, sie sollen in dem gegebenen Kontext auf dieselbe Art abgebildet werden (consistent representation)

- Die Interpretation der Informationen darf nicht zweideutig auslegbar sein (interpretability), ihre Darstellung soll dies möglichst ausschließen.

- Informationen sind verständlich (understandability), wenn ihre Nutzer sie direkt verstehen und für die anvisierten Zwecke verwenden können.

- Informationen sind vollständig (completeness), wenn Informationsbedarf und Informationsnachfrage sich gegenseitig abdecken und sie in dem jeweiligen Prozess zur Verfügung stehen.

- Informationen sind relevant (relevancy), wenn sie für den Anwender notwendige Informationen liefern.

- Informationen sind vollständig (completeness), wenn Informationsbedarf und Informationsnachfrage sich gegenseitig abdecken und sie in dem jeweiligen Prozess zur Verfügung stehen.

3.5.4 Informationskonzepte bewirken Klarheit

Informationskonzepte wollen Transparenz schaffen über den Informationsfluss: Wer bekommt welche Informationen, wer ist für die Auswahl und Informationsweitergabe verantwortlich. Oft werden Informationskonzepte zum raschen Überblick grafisch dargestellt und sind allen Beteiligten zugänglich. Bei der Erstellung eines Informationskonzepts sollten die Beteiligen im engeren Arbeitsfeld einer Einrichtung (z.B. Fachkräfte, Erziehungsberechtigte und (je nach Alter) Zielpersonen) einbezogen sein. Informationskonzepte beinhalten sowohl den inneren (z.B. Kollegium, Zielpersonen) wie den äußeren Bereich (Erziehungsberechtigte, Kommune, Kooperationspartner aus Vereinen oder der Wirtschaft).

Das Informationskonzept dient auch als Planungsinstrument, mit dem die vielfältigen Aktivitäten im Bereich der Informationsarbeit aufeinander abgestimmt und in eine ganzheitliche Informationsstrategie eingebettet werden. Es gibt Auskunft über die Ziele der Information, die zu erreichenden Zielgruppen, die Strategie, die Bereiche der Botschaften der Information, die Informationskanäle und die konkreten Maßnahmen, wie die Ziele erreicht werden sollen. Das Informationskonzept sollte in regelmäßigen Abständen evaluiert und weiterentwickelt werden.

3.5.4.1 Informationskonzept nach innen

Ein Informationskonzept nach innen umfasst alle am Leben der Einrichtung Beteiligen (Fachkräfte, Zielpersonen, Erziehungsberechtigte), z.B.:

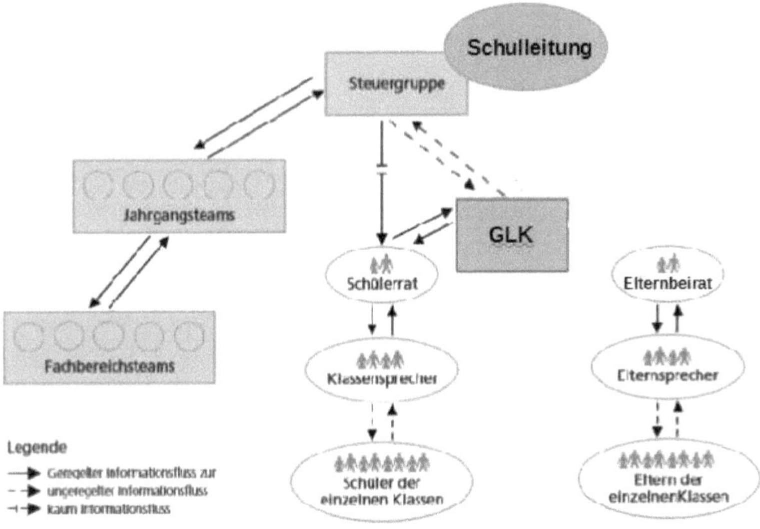

Beispiel eines Infogramms (verändert nach Friedrich-Ebert-Stiftung, Halle 2009)

Im Informationskonzept werden die Verknüpfung zwischen den Beteiligten in einer Einrichtung deutlich. Um das Informationsmanagement in Entwicklungsprozessen zu optimieren, sollten folgende Fragen beantwortet werden:

- „Mit welcher Absicht soll der jeweilige Empfänger informiert werden?
- Welche Inhalte sollen übermittelt werden?
- Wie, in welcher Form sollen die Informationen weitergeleitet werden?
- Wie viel Informationen benötigt der Empfänger?
- Wann soll er die Informationen erhalten?
- Wo wird die Information bereitgestellt?
- Wer trägt die Verantwortung für Erstellung, Ablage, Freigabe, Verteilung und Rückmeldung der Informationen?

Die Beantwortung dieser Fragen bildet die Grundlage für eine gezielte und nachhaltige Gestaltung des Informationssystems.“ (Friedrich-Ebert-Stiftung, Halle 2009).

3.5.4.2 Informationskonzept nach außen

Im Informationskonzept nach außen werden die Informationserfordernisse und Informationsflüsse zu den äußeren Partnern bedacht, festgehalten und diesen auch hinsichtlich erforderlicher Rückmeldungen transparent gemacht. Entscheidend sind die Gesichtspunkte, welche Informationen diese Partner von der Einrichtung erwarten und welche der Einrichtung zurückgegeben werden sollen. Die Informationsinhalte sollten genau spezifiziert und in einer adressatenbezogen passenden Sprache und Darstellung verfasst sein.

Anlagen Beispiel Informationskonzept Schule Bischofszell in der Schweiz (2009):

Eltern

↓

Was	**Form**	**Wann**
Interne Adressänderung	schriftlich	Sobald bekannt
Wegzug	schriftlich	Sobald bekannt
Krankheit oder Unfall des Kindes	Schriftliche, kurze Notiz oder mündliche Mitteilung; bei Abwesenheit über drei Tage oder häufigem Fehlen kann ein Arztzeugnis verlangt werden	Sobald bekannt
Voraussehbare einzelne Abwesenheit bis zu einem ganzen Tag (nicht in Verbindung mit Ferien)	schriftlich	Sobald bekannt
Todesfälle in der Familie	mündlich	Sobald bekannt
Arztbesuch während der Unterrichtszeit	Mündliche Mitteilung oder ärztliche Bescheinigung auf Verlangen	Sobald bekannt
Besonderheiten (gesundheitlich, sozial, ...), die von den Lehrpersonen beachtet werden müssen	Mündlich oder schriftlich (Personalblatt aktualisieren)	Bei Schuleintritt oder wenn es bekannt wird.
Verspätung des Kindes	mündlich	sofort
Fragen, Unklarheiten	Mündliche oder schriftliche Anfrage	Möglichst sofort

↓

Lehrperson

Lehrperson

↓

Was	Form	Wann
Stundenplan	schriftlich	Nach den Sommerferien
Änderungen im Stundenplan	Schriftliche oder mündliche Mitteilung	Sobald bekannt
Zeugnisse / Halbjahresinformationen	schriftlich	Am Schuljahrsende / halbjährlich
Schulärztliche Untersuchung	Schriftliche oder mündliche Mitteilung	Sobald bekannt
Elterngespräche	schriftlich	Bei Bedarf, mindestens eine Woche vorher
Vorhersehbarer Schulausfall	schriftlich	4 Wochen vorher
Projekte / Klassenaktivitäten mit Auswirkungen auf den Stundenplan	schriftlich	Mindestens zwei Wochen vorher
Schulreisen / Exkursionen	schriftlich	Mindestens zwei Wochen vorher
Verspätete Entlassung eines Kindes aus dem Unterricht	Mündlich oder schriftlich	Im Voraus
Schüler-AG in der schulfreien Zeit	Mündlich oder schriftlich	Im Voraus
Nichteintreffen eines Kindes im Unterricht	Mündlich	sofort
Disziplinarische Meldungen	Mündlich oder schriftlich	sofort

↓

Eltern

Schulleitung

↓

Was	**Form**	**Wann**
Infoblatt der Schule	schriftlich (Homepage)	Jährlich / bei Bedarf / zu Schuljahresbeginn
Informationen zum allgemeinen Schulbetrieb	schriftlich	Bei Bedarf
Einladungen zu Schulanlässen	schriftlich	Vier Wochen vorher
Antwort auf Urlaubsgesuche	schriftlich	sofort
Infos für Zugezogene	schriftlich	sofort
Außerordentliche Elterngespräche	schriftlich	sofort
Entscheid Lernzielanpassung	schriftlich	Sobald bekannt
Entscheid Nichtversetzung und Umstufungen	schriftlich	Sobald bekannt

↓

Eltern

Lehrperson

↓

Was	**Form**	**Wann**
Offizieller Stundenplan	Elektronisch oder schriftlich	Ende September
Unterrichtsbesuch	Schriftliche Kurzvorbereitung	Beginn des Besuchstags
Abwesenheit / Krankheit / Unfall der Lehrperson	Telefonisch oder mündlich	Sobald bekannt
Arztzeugnisse	Schriftlich bei Erkrankung länger als eine Woche (5 Arbeitstage)	Nach spätestens einer Woche
Eingabe Schullandheim	schriftlich	Mindestens zwei Monate vorher
Eingabe Exkursionen	schriftlich	Mindestens vier Wochen vorher
Projektwochen mit Stundenplanänderungen	schriftlich	Mindestens vier Wochen vorher
Projekte und Klassenaktivitäten	Mündlich oder schriftlich	Mindestens vier Wochen vorher
Einladung kritisches Elterngespräch mit Moderation durch Schulleitung	schriftlich	Mindestens drei Werktage vorher
Information über Unfälle während des Schulbetriebs	Mündlich (Unfallmeldeformular ausfüllen)	sofort
Disziplinarische Meldungen (angedachte Erziehungs- und	Mündlich oder schriftlich	sofort

Ordnungsmaßnahmen)		
Tagesordnungspunkte für Konferenzen	schriftlich	Mindestens drei Tage vor dem Termin
Lernzielanpassungen	schriftlich	Sobald bekannt
Nichtversetzung, Umstufung	schriftlich	Sobald bekannt
Adressänderungen und familiäre Änderungen Lehrperson	schriftlich	Sobald bekannt
Wegzug / Adressänderungen Kinder	Mündlich und mit Formular	Sobald bekannt
Mitteilung über außergewöhnliche Vorkommnisse	Mündlich oder schriftlich	sofort
Stoffverteilungsplan	Im Fach einsehbar	Mitte Oktober (ggf. vierteljährlich)

↓

Schulleitung

Schulleitung

↓

Was	Form	Wann
Jahresplan	Schriftlich oder elektronisch	Schuljahresanfang / Änderungen quartalsweise
Unterrichtsbesuch	Feedback mündlich mit Protokoll	Mindestens drei Tage vorher
Entwicklungsgespräch	Mündlich mit Protokoll	jährlich
Klasseneinteilung / Klassenlisten	Elektronisch oder schriftlich	Möglichst vor den ´Großen Ferien´
Neuzugänge (Kinder)	Mündlich oder schriftlich	sofort
Adressliste der Kinder	Elektronisch oder schriftlich	Schuljahresbeginn (aktualisiert n.B.)
Einladung zu Konferenzen / DB	Elektronisch oder schriftlich	Eine Woche vorher
Protokoll Konferenzen	Elektronisch oder schriftlich	Eine Woche danach
Dienstliche Beurteilung	schriftlich	Bei Bedarf
Vorgaben zum Stundenplan	Mündlich oder schriftlich	Bis Ende Mai
Information zum Etat	schriftlich	Nach Zuteilung durch die Gemeinde
Fortbildungsangebote	mündlich oder schriftlich	sofort nach Ausschreibung

↓

Lehrperson

4 Führen und Leiten in einer innovativen Organisation - Eine Art zusammenfassender Rück- und Ausblick -

4.1 Führung und Leitung bei Entscheidungsunsicherheit → wechselseitige Verantwortung

Eine allgemeine Definition von Führung, die sich im Grunde in allen Führungstheorien findet, hat Weinert gegeben:

1)"Führung ist ein Gruppenphänomen (das die Interaktion zwischen mehreren Personen einschließt);

2) Führung ist intentionale soziale Einflussnahme (wobei es wiederum Differenzen darüber gibt, wer in einer Gruppe auf wen Einfluss ausübt und wie dieser ausgeübt wird, u. a. m.);

3) Führung zielt darauf ab, durch Kommunikationsprozesse Ziele zu erreichen" (Weinert, 1989).

Eine spezifischere Sicht auf Führung gibt Neuberger:

„Führung in Organisationen ist ein von Beobachtenden thematisierter Interaktionsprozess, bei dem eine Person in einem bestimmten Kontext das Handeln individueller oder kollektiver Akteure legitimerweise konditioniert; als kommunikative Einflussbeziehung nutzt sie ein unspezifisches Verhaltensrepertoire, um – auch mit Hilfe von und in Konkurrenz zu dinglichen und institutionellen Artefakten – die Lösung von Problemen zu steuern, die im Regelfall schlecht strukturiert und zeitkritisch sind.

Kürzer: Personelle Führung ist legitimes Konditionieren bestimmten Handelns von Geführten in schlecht strukturierten Situationen mit Hilfe von und in Differenz zu anderen Einflüssen.

Die Termini in diesen Definitionen zielen auf folgende Unterscheidungen:

Durch eine Person/personell: Es wird ausdrücklich auf das Handeln eines Subjekts Bezug genommen; wenn durch Artefakte oder Substitute geführt wird, dann nur, wenn diese durch die betreffende Führungskraft gezielt geschaffen oder genutzt wurden.

Legitim: gedeckt durch geltende Ordnungen; Abgrenzung zu Verfügung, Gewalt, Täuschung etc.

Konditionieren: Bedingungen so gestalten bzw. Interventionen so platzieren, dass sie für die Geführten zu Prämissen ihres Entscheidens und Handelns werden.

Handeln: Gemeint ist ein umfassendes Verständnis, das Wahrnehmen, Denken, Fühlen, Wollen, Tun einschließt; dieses Handeln soll ermöglicht, angeregt oder eingeschränkt werden.

Bestimmtes Handeln: Gemeint ist absichtsvolle und zielorientierte Einwirkung, nicht unwillkürliches, beliebiges, zufälliges Beeinflussen oder allgemeine inspirierende Vorbildwirkung.

Geführte: Zum einen soll damit auf die interaktionale oder personale Dimension hingewiesen werden (die zur materiellen oder strukturellen Bedingungsgestaltung hinzukommt); zum anderen sind ‚Geführte' in Organisationen normalerweise formal Unterstellte; die Überlegungen können aber auch auf formal gleichgestellte Individuen und Kollektive übertragen werden.

In schlecht strukturierten Situationen: Führungsinterventionen sind vor allem dann nötig, wenn Überraschungen und Abweichungen vom geplanten oder gewohnten Gang der Dinge zu registrieren sind.

In Konkurrenz zu anderen Einflüssen: Unterstellt wird, dass die Konditionierung nicht in einem Vakuum erfolgt, weil die Geführten durch eine meist große Zahl anderer Einflüsse bereits vorbestimmt sind. Erst wenn in Differenz zu diesen Ausrichtungen interveniert wird, soll von Führung gesprochen werden.

Folgende Qualifikationen werden (u. a.) nicht thematisiert: Gemeinsam ein Ziel erreichen, bestimmte Eigenschaften besitzen, einen bestimmten optimalen Stil praktizieren (z. B. kooperativ, autoritär, charismatisch, transformational), exklusiv über bestimmte Ressourcen verfügen, einschränkende Bedingungen der Zielerreichung erfüllen (z. B. Effizienz, Effektivität)" (Neuberger, 2002).

4.2 Gewinnen einer Führungskultur

Führen ist ein komplexer Vorgang mit feinen Wechselwirkungen zwischen dem Führer/der Führerin und der/dem Geführten, das erfahren Interessierte an Leitungsfunktionen in der Einrichtung bereits im aufmerksamen Beobachten ihres beruflichen Umfeldes. Auf der Suche nach Orientierung finden sie oft verschiedene Führungsansätze in der Literatur. Diese Ansätze können als spezifische Modelle mit deutlichen Grenzen fürs z.B. System Schule betrachtet werden. Ein für die Leitung interessanter Ansatz, der sich deutlich von den anderen abhebt ist der der „dialektischen Führung". Er baut auf die gesamten, auch divergierenden Denkansätze von Mitarbeitenden, um so eine Fragestellung bestmöglich von allen Seiten in den Blick nehmen zu können. Damit abweichende Meinungen und Informationen in die eigene Sichtweise integriert werden und nicht zu Beziehungskonflikten führen, sollte die Führungsperson dafür sorgen, dass eine vertrauensvolle Atmosphäre in der Arbeitsgruppe herrscht, sich alle Mitglieder gleichmäßig an der Diskussion beteiligen und die vorhandenen Alternativen zwar kontrovers, aber anhand übereinstimmender Zielkriterien diskutiert werden. Während Dissens die Qualität von Entscheidungen verbessern kann, ist bei der Umsetzung der Entscheidung Konsens wichtig, den die Leitung durch Beteiligung aller Mitglieder aber auch durch partizipativ-kooperatives Verhalten fördern kann.

Die Grenzen bestehender Führungsansätze liegen in dem Glauben der direkten, zielgerichteten Steuerung von Personen und Organisationen durch entsprechendes Führungshandeln. Insbesondere das hochkomplexe soziale System einer Einrichtung für Bildung und Erziehung, in dem unterschiedliche Gruppierungen und Institutionen explizit und implizit in der Entwicklung „mitwirken", Führende und Geführte in unklaren Beziehungsverhältnissen stehen, Leiter/innen mit geringer Macht ausgestattet sind und zwischen Fachkraftrolle und Führungsrolle ständig wechseln müssen, greifen Führungsansätze aus der Wirtschaft und Industrie oft zu kurz. Systemische Ansätze von Führung können Komplexität für Leitung reduzieren und hilfreiche Denk-

und Handlungsmodelle für die Entwicklung von Organisationen und Führungspersonen anbieten (vgl. Engel, 2009).

4.3 Dilemmata der Leitung

Gegenwärtige und zukünftige Herausforderungen für erfolgreiches Führen / Leiten einer sozialen Einrichtung sind wesentlich durch zunehmende Instabilität, Dynamik und Komplexität gekennzeichnet. Jede Leitung hat für die möglichst optimale Funktions- und Leitungsfähigkeit „ihrer" Organisation Sorge zu tragen; das bedeutet, sie hat dafür zu sorgen, dass die „richtigen Dinge" (Leadership) und zugleich „die Dinge richtig" (Management) getan werden.

Management-Elemente	Leadership-Elemente
Ressourcen zuteilen (beschaffen) Strukturen, Ordnung und Berechenbarkeit schaffen Budget erstellen und überwachen Analysieren, Planen Organisieren Delegieren Personal managen	Visionen kommunizieren (Langfristperspektive) Werte vermitteln (Vorbildfunktion) Mobilisieren, Innovationen einleiten (inspirieren) Energien zielgerichtet wecken Ziele vereinbaren Konsens erzeugen Vertrauen ausstrahlen

Führungskräfte in sozialen Einrichtungen befinden sich auch im Dilemma zwischen dem formalen, legitimierten Rahmen der Organisationsstruktur, die ihre Aufgaben, Kompetenzen und Verantwortlichkeiten definiert und damit limitiert (z.B. Recht; Satzungen; Rechtsverordnungen), und der Notwendigkeit, die bestehende örtliche Struktur und damit die vorherrschende Organisationskultur zu hinterfragen, um situativ erforderliche, passende Wandelprozesse zu initiieren. Die von der vorgesetzten Verwaltung derzeit gegebenen und gespiegelten hierarchischen Gegebenheiten und Prozesse wirken deutlich in die einzelne Einrichtung hinein und werfen für eine

Leitung Fragen nach den Entscheidungsspielräumen auf, wenn z.B. konkrete Entscheidungen oft sehr rasch getroffen werden müssen.

„Eine aufgabenbezogene Organisationsgestaltung ist in ihrem Regelungsgehalt mechanistisch stark an hierarchischen Mustern der Aufbauorganisation orientiert, die eine dauerhafte Einzelregelung aller denkbaren Fälle anstrebt. Auf dem Weg zur personenorientierten Soziostruktur verschiebt sich die Gestaltungsrichtung dagegen hin zu einer eher organisch entwickelten Prozessorganisation. Statt vielfältiger Einzelregelungen einer Routineprogrammierung greifen lockere, zweckbezogene Rahmenregelungen häufig auf Zeit. Die Orientierung an der Erfüllung von Aufgaben in einzelnen Arbeitsschritten wird durch eine Orientierung am zu erreichenden Ziel oder einem übergeordneten Zweck ersetzt“ (Bleicher, 1999).

Um unter den aktuellen Rahmenbedingungen erfolgreich agieren zu können, muss eine Leitung stets auf Veränderungen, deren Gestalt und Ausmaß sie häufig nicht abschätzen kann, vorbereitet sein. In einer solchen Situation handlungsfähig zu bleiben erfordert u.a. ein breites, intensives Beobachten und Verfolgen örtlicher und landesweiter bildungspolitischer Tendenzen, um solche frühzeitig in die kollegiale Kommunikation einfließen zu lassen und ggf. zu ersten, experimentellen Schritten im Kollegium zu ermuntern. Mit entscheidend für die Handlungsfähigkeit ist die Rollenklarheit in der Leitung: Wann agiere ich in welcher Rolle (z.B. hierarchisch: weisungsbefugt oder beratend, ermunternd: kollegial).

Bei anstehenden Entwicklungsprozessen sind die Entwicklungsschritte (Lewin) zu bedenken:

Eine mittel- und langfristig denkende, erfolgreiche Leitung wird anknüpfend an das Wertschätzen und Würdigen bisheriger Traditionen (Stabilität, „Sicherheit“) zugleich bezogen auf sich verändernde Rahmenbedingungen frühzeitig Veränderungsbedarfe offenlegen bzw. verdeutlichen, damit eine Verunsicherung (i.d.R. überschaubar) einleiten und unter Einbezug der Steuergruppe sukzessive neue Elemente finden (ggf. auch vorstellen), erproben und mutig implementieren. Es schließt sich erneute Vergewisserung (Feiern des Erreichen) an, die neuen Elemente sind jetzt Bestandteil des örtlichen Systems geworden. Führung wird hier auch als Neuorientierung in Bezug auf Vertrauen in die Kompetenzen der Mitarbeitenden sowie Motivation und Inspiration der Kolleginnen / Kollegen durch Führung verstanden.

Somit findet Führung im Prozess der Vermittlung der Strategie, der Schaffung entsprechender Strukturen und dem aktiven Leben von Kultur der jeweiligen Organisation statt (nach Probst, 1997).

Um die daraus entstehenden neuen Systemanforderungen verstehen und handhaben zu können, muss eine Leitung (und alle anderen am Führungsprozess beteiligten Personen) lernen, flexibel zu handeln, mit vorübergehenden Unsicherheiten oder Widerständen der Mitarbeiter konstruktiv umzugehen sowie selbstständig, systemisch und vernetzt-ganzheitlich zu denken und zu handeln; denn das Einbinden der Menschen mit ihren Kompetenzen und Potenzialen wird umso wichtiger, je komplexer die Anforderungen sind.

„Mit der Leitung befasste Personen (engere und erweiterte Leitung) müssen lernen, mit Situationen zurechtzukommen, in denen sie nichts befehlen können, in denen sie selbst weder kontrolliert werden noch Kontrolle ausüben können. Das ist die elementare Veränderung. Wo es ehedem um eine Kombination von Rang und Macht ging, wird es in Zukunft Verhältnisse wechselseitiger Übereinkunft und Verantwortung geben“ (Drucker, u.a. 2002).

4.4 Führungsansätze – Skizzen

Führungsmodelle können Führungspersonen helfen, die aus einem bestimmten Verhalten oder einer tatsächlichen Situation resultierenden Ergebnisse zu reflektieren und damit die beobachteten Phänomene in vergleichbaren Situationen in der Zukunft durch eine bewusste Anpassung des Handelns in ein passendes, qualitativ stimmiges Ergebnis zu verwandeln.

Innovative, systemisch orientierte Führungsansätze rücken vermehrt die wechselseitigen Interaktionsprozesse von Personen-, Verhaltens- und Situationsvariablen in das Zentrum der Betrachtung; denn „die Wirklichkeitskonstruktionen der Mitarbeiter und Führungskräfte üben einen entscheidenden Einfluss auf das gesamte Führungsgeschehen aus“. Personen der Leitung und des Kollegiums sind zugleich Subjekte und Objekte von Beeinflussung und Steuerung.

Eine grundlegende Erkenntnis der Systemtheorie ist, dass hochkomplexe Systeme, so auch Systeme wie z.B. Kindergarten oder Schule, nicht zielgerichtet beeinflusst werden können. Der systemische Theorieansatz geht davon aus, dass die entstandenen Strukturen und Kulturen eines Systems zu komplex sind und sich deshalb einer klassischen Steuerungsvorstellung entziehen. Es handelt sich bei sozialen Systemen um Netzwerke bzw. Verknüpfungen von Handlungen, Wirkungen und Interaktionswirkungen mit einer Vielzahl an Rückkopplungsschleifen unter Beachtung selbstverstärkender Mechanismen. Konstruktivistisch betrachtet entsteht Führungswirklichkeit, verstanden im Prozess der Interaktion, so als Gegenstand der Wahrnehmung im Kopf der Führenden sowie Geführten und ist somit eine soziale Konstruktion, die sehr von den handelnden Individuen, gesetztem Rahmen und den herrschenden gesellschaftlichen Bedingungen abhängt.

4.5 Grundlegende Führungs- und Leitungsansätze

Insbesondere eine neu in einer Einrichtung befindliche Leitungsperson wird die aktuell gelebte Kultur der Organisation zu ergründen suchen (Organisationsanalyse). Dabei umfasst Kultur „alle symbolischen Bezugspunkte und Gewissheiten, an denen wir Menschen uns im alltäglichen Reden und Handeln in einer selbstverständlichen Weise orientieren und auf die wir uns verlassen können“. Eine bestehende Organisationskultur kann als die „gelernte Reaktion auf Probleme und Herausforderungen in Bezug auf das Überleben und auf die interne Integration der Mitarbeiter dieser Organisation“ verstanden werden.

„Systemisches Führen ist dadurch gekennzeichnet, dass die Führungskraft strategisch, zielorientiert, in größeren Zusammenhängen und in langfristigen Mustern denkt. Probleme werden umfassend analysiert und beschrieben, aber nicht negativ bewertet. Im konstruktivistischen Sinn sind Probleme und Störungen zu begrüßen, denn sie initiieren Veränderung und Fortschritt. Sie zwingen das System dazu, flexibel und lernfähig zu bleiben.“...'Entwicklung' bedeutet in diesem Sinne nicht Revolution, sondern Lernen. Lernen müssen alle Mitglieder einer Organisation und zwar ständig. Lebenslanges Lernen ist eine der zentralen Erfolgsstrategien in der Wissensgesellschaft. Eine systemisch denkende und handelnde Führungskraft regt andere zum Lernen an und gibt ihnen alle Möglichkeiten, sich Neues anzueignen. Zugleich befindet auch sie sich in einem permanenten Lernprozess, holt immer wieder Feedback ein und ist offen für andere Perspektiven und Ideen (vgl. Pinnow, 2008).

Bei einer systemisch agierenden Leitung sind gute Intuition und ein kalkuliertes Maß an Risikobereitschaft wichtige Eigenschaften. So wird sie z.B. bei rechtlichen Setzungen immer ausloten, wie weit ihr Ermessensspielraum im Einzelfall geht und diesen im Interesse insbesondere der anvertrauten Kinder und Jugendlichen maximal ausschöpfen.

Das Führen bzw. Leiten einer Bildungs- und Erziehungsorganisation lässt sich mit der grundsätzlichen Autonomie des Systems vereinbaren, indem die Führungskraft lediglich die wesentlichen organisatorischen Strukturen bzw. Bedingungen des Handelns der Mitarbeitenden vorgibt, ihnen alle erforderlichen Informationen und Befugnisse zur Selbststeuerung bereitstellt, im Prozessen präsent ist und die erreichten Ergebnisse bzw. Zwischenschritte kontrolliert. Eine Leiterin / ein Leiter darf dabei entdecken, dass sie / er nicht nur „im System“ arbeitet, sondern auch „am System“. Das wiederum bedeutet, dass sie / er die Bereitschaft zum Verlassen ihrer / seiner „Komfortzone“ haben muss, um so in der Lage zu sein, ihr / sein eigenes System mit seinen Vor- und Nachteilen auch von außen zu betrachten, um es gegebenenfalls anpassen oder verändern zu können (Selbstreflexivität; Leitungssupervision).

Beim Führen und Leiten einer sozialen Einrichtung stehen die Prozesse der Selbststeuerung im Vordergrund, die neben die bewusst geschaffene Ordnung treten. Einerseits schaffen Strukturen den Rahmen für selbstorganisatorische Prozesse. Andererseits begrenzen selbstgesteuerte organisatorische Prozesse das Handeln und den Einfluss der Leitung auf die Fachkräfte. Somit kommt es darauf an, Rahmenbedingungen so optimal zu gestalten, dass die Organisationsmitglieder ihre Aufgaben selbstverantwortlich und selbstorganisiert bewältigen können (z.B. Zeit- und Ressourcenrahmen, Implementieren einer Feedbackkultur, „Meilensteine" für Rückmeldungen an die Leitung).

Die Leitung führt vorwiegend mittels kontextureller Interventionen, d.h. sie führt Prozesse und Veränderungen über eine passende Gestaltung des „Umweltrauschens" bei den Beteiligten herbei, indem sie u.a. Bedingungen und Möglichkeiten schafft, damit sich das konkrete System, z.B. Kindergarten, Schule, in die erkannte und angestrebte „richtige" Richtung bewegt - ein kommunikativ und organisatorisch anspruchsvoller Prozess, der sowohl Zeit als auch eine Vision von Seiten der Leitung, eine grundlegend konstruktive Kooperation mit und im Kollegium erfordert (u.a. Realisierung in Leitbild / Organisationsprogramm) intensiv durchdacht, geplant (Zeitperspektive) und projektartig, transparent strukturiert werden muss.

4.6 Merkmale einer systemischen Führungs- bzw. Leitungskultur - eine Art Checkliste -

- Klärung der (neuen) Rolle „Leiter / Leiterin";
- Aufbau eines Führungsteams (engere und erweiterte Leitung; Steuergruppe);
- Stimmiges Selbstvertrauen, Selbstrefleksivität u.a. im Umgang mit eigenen Emotionen;

- Ambivalenzen, Unsicherheit und Paradoxien aushalten können (Ambiquitätstoleranz);
- Visionen haben bzw. entwickeln und in Haltung und Handlungen dazu stimmig sein;
- Fähigkeit auf die Metaebene zu wechseln (u.a. eigene und fremde „Spiele“ erkennen);
- Fehlertoleranz - Fehlerkultur entwickeln;
- Konstruktive Neugierde zeigen, echte Fragehaltung zeigen;
- Ein Lernsystem entwickeln (Zielpersonen, Fachkräfte, Erziehungsberechtigte, Leitung), Lerngelegenheiten fördern (nach Engel, 2009).

Eine systemische Leitung geschieht meist in Form von Fragen und Gesprächen mit den Beteiligten (Kolleginnen/Kollegen /'Zielpersonen/Erziehungsberechtigte usw.). Geeignet für den Führungsalltag sind lt. Steinkellner (2007) Klassifikationsfragen, Skalenfragen, Fragen zur Wirklichkeitskonstruktion sowie Fragen zur Möglichkeitskonstruktion.

Ordnungsmoment	Strategie	Kultur	Struktur
Funktion	Ausrichtungsfunktion	Sinnstiftungsfunktion	Koordinationsfunktion
Ziel	Definition der Ziele und Wege der Schulentwicklung	Erarbeitung gemeinsamer sinnstiftender Wertvorstellung	Koordination arbeitsteiliger Aufgaben
Leitfrage	WAS soll die Schule erreichen?	WARUM und WOZU will eine Schule ihre Ziele in bestimmter koordinierter Weise erreichen?	WIE sind die Kohärenz und die Feinabstimmung aller Aktivitäten ausgestaltet?
Leitsatz	Die richtigen Dinge tun.	Den Dingen Sinn geben.	Die Dinge richtig tun.

(Quelle: Kantelberg, Cornelius)

Bei allen Führungs- und Leitungsentscheidungen muss die jeweilige Leitung einen Blick aufs Ganze haben und wissen, dass sie in vernetzte Gesamtzusammenhänge eingebettet ist. In diesem Kontext ergeben sich aus heutiger Sicht drei Anliegen:

- Übernahme der pädagogischen Führung durch die Mitarbeitenden;
- Sensibilisierung für die interkulturellen Aspekte der Erziehung;
- kontinuierliche Auseinandersetzung mit der Wertediskussion;
- Definition eines klaren, eindeutigen und lebbaren Ordnungsrahmens.

Literatur

Ahlgrimm, F.; Untersuchungen zur Kooperation in Schulen, Erfurt 2010

Bertsch, H.E.; Böing, H.; Lernende Organisationen - lernende Professionelle, in Ritscher, W.; Systemische Modelle der Sozialen Arbeit, Heidelberg 2004

Bessoth,, R.; Wirksame Weiterbildung. Eine Literaturrecherche. Pädagogik bei Sauerländer, Oberentfelden 2007

Bruggmann, G.; Organisationsentwicklung / lernende Organisation, Basel 2010

Cornelius, K.; Kantelberg, K.; Führungskräfte als Katalysatoren für organisationale Lern- und Veränderungsprozesse, Berlin 2010

Engelhardt, M.; ; Die pädagogische Arbeit des Lehrers. Eine empirische Einführung; Paderborn 1982

Engel, G.; Führen in der lernenden Organisation Schule - Chancen systemischen Denkens und Handelns für Schulleiterinnen und Schulleiter, in systhema 3/2009

Erpenbeck, J.; Rosenstiel, L.; Handbuch Kompetenzmessung – Erkennen, verstehen und bewerten von Kompetenzen in der betrieblichen, pädagogischen und psychologischen Praxis, Stuttgart 2007

Erpenbeck, J.; Heyse, V.; Die Kompetenzbiographie. Wege der Kompetenzentwicklung, Münster 2007

Fullan, M.; Die Schule als lernendes Unternehmen. Konzepte für eine neue Kultur in der Pädagogik, Stuttgart. 1999

Geißler, H.; Geißler; Vom Lernen in der Organisation zum Lernen der Organisation, in: Sattelberger, Th.: Die lernende Organisation - Konzepte für eine neue Qualität der Unternehmensentwicklung, Wiesbaden 1991

Gerlacher, C. & Stumpf, S.; Macht und Veränderung in Organisationen, In: Zeitschrift für Transaktionsanalyse 2-2002, S.93-116

Hacker, W.; Arbeitstägigkeitsanalyse; Heidelberg 1995
Hacker, H.; Allgemeine Arbeitspsychologie; Psychische Regulation von Wissens, Denk- und körperlicher Arbeit; Bern 2005
Hofbauer, H.; Kauer, A.; Einstieg in die Führungsrolle. Praxisbuch für die ersten 100 Tage, München 2008
Huber, S.G.; Ahlgrimm, F.;Was Lehrkräfte davon abhält zusammenzuarbeiten - Bedingungen für das Gelingen von Kooperation, in: PraxisWissen Schulleitung (81.10), München 2008
Jerger, G.; Kooperation und Konsens bei Lehrern: Eine Analyse der Vorstellungen von Lehrern über Organisation, Schulleitung und Kooperation, Frankfurt 1995
Hubrig, C.; Herrmann, P.; Lösungen in der Schule, Systemisches Denken in Unterricht, Beratung und Schulentwicklung, Heidelberg 2007
Mader, W.; Marcher, G.; Regionales Wissensmanagement, Lernende Regionen, Wien 2009
Müller, A.; Weg vom „Ich und meine Klasse", die Schule als lernende Organisation, Reihe: learning factorie, Heft 8, o.J.
Neuberger, O.; Führen und führen lassen. Ansätze, Ergebnisse und Kritik der Führungsforschung. Stuttgart 2002
Nonaka, I.; Hirotaka, T.; Die Organisation des Wissens: Wie japanische Unternehmen eine brachliegende Ressource nutzbar machen Frankfurt/Main 1997
North, K.; Wissensorientierte Unternehmensführung, Wertschöpfung durch Wissen, Wiesbaden 2005
Ossimitz, G.; Zur Entwicklung systemischen Denkens, Wien 2000
Probst, G.; P. Gomez, P.; Die Methodik des vernetzten Denkens zur Lösung komplexer Probleme, Wiesbaden 1991
Probst, G:J.; Raub, B.S.; K. Romhardt, Wissen managen: Wie Unternehmen ihre wertvollste Ressource optimal
nutzen, Wiesbaden 2010
Rolff, H.G.; Studien zu einer Theorie der Schulentwicklung; Weinheim 2007
Sanders, K. & Kianty, A.; Organisationstheorien; Eine Einführung; Wiesbaden 2006
Senge. P. et al, Die fünfte Disziplin, Stuttgart 1996
Soltau, A.; Zusammenarbeit in Schulkollegien, Teamorientierung und Einstellungen zu Formen der Lehrerkooperation bei Bremer Lehrkräften; Bremen 2007

Steinkellner, P.; Systemische Intervention in der Mitarbeiterführung, Heidelberg 2007
Wittwer, W.; [ONLINE] Individuelle Kompetenzen zur Bewältigung von Veränderungsprozessen. Workshop 2009: http://www.change-chance.de /fileadmin/Multimedia/Praesentation_transferworkshop_wittwer.pdf
Zech, R.; Schule als widersprüchliche Einheit von Organisation und Unterricht, Hannover 2010

Anlagen

Gedanken zur Leitung einer innovativen Organisation

Das kollektive und zielgerichtete Lernen vollzieht sich in einem Vierstufen-Modell:

1. **Bewusstsein.** Vorstufe für den Lernprozess ist das Bewusstsein, dass Lernen nötig ist. Die Organisation braucht ein gemeinsames Verständnis, dass nur durch Lernen der gegenwärtige Zustand verbessert werden kann.

2. **Verständnis.** Eingeleitet wird durch eine gemeinsame Idee davon, was getan werden muss. Ohne die Ziele, die von der gesamten Organisation geteilt werden, kann kein zielgerichteter und effektiver Lernprozess vonstatten gehen.

3. **Handeln.** Mit gemeinsamem Handeln kann der Weg in den Lern- und Veränderungsprozess gegangen werden. Alle Beteiligten einer Schule werden einbezogen, damit ein Maximum an Wirkung erzielt wird und keine lernfreien Inseln zurückbleiben.

4. **Rückschau.** Keine Lernaktivität ohne Kontrolle: Was haben die Lernprozesse gebracht? Wo wurden Fortschritte erzielt, wo haben sich neue Fragen ergeben, die noch bearbeitet werden müssen? - Aufbau eines gesteuerten Lern-Regelkreises!

Beispielhafter Überblick von Faktoren, die in einer Führungssituation wirken

Quelle: HOFBAUER/KAUER 2008, S. 12

Grundsätze systemischer Führung

- „**Behandle das System mit Respekt!** Denn Systeme sind komplex, nicht zu trivialisieren und erfordern in hohem Maße Toleranz. Realitäten bestehen aus zahlreichen Perspektiven, Verständnissen, Werten, etc., die das System prägen. Wir alle sind Teil des Systems, das wir gestalten und lenken.

- **Lerne mit Mehrdeutigkeit, Unbestimmtheit und Unsicherheit umzugehen!** Denn Ambiguität, Unklarheiten und Unsicherheiten sind natürlicher Bestandteil der Beschreibung und Zwecksetzung komplexer Systeme. Jede Simplifizierung oder Reduktion wirkt zerstörend auf die Eigenschaften des Systems.

- **Erhalte und schaffe Möglichkeiten!** Denn Organisationen sollen ermöglichen, nicht befehlen. Redundante Funktionen sind dabei ein Mittel zur Komplexitätsbewältigung; Spezifizierungen sind sorgfältig zu wählen. Das Fundament stellen wenige detaillierte Vorgaben und eine klare Ziel- und Zweckorientierung dar.

- **Erhöhe Autonomie und Integration!** Dies gelingt durch das Streben nach Identitätsverstärkung, durch die Gestaltung und Lenkung der Beziehungen und Interaktionen sowie durch bewusste Ausgrenzung. Heterarchisches Denken und Handeln statt hierarchischer Vorstellungen sind gefragt.

- **Nutze und fördere das Potenzial des Systems!** Durch die Bildung relativ autonomer Teil- und Subsysteme werden Möglichkeiten zur Komplexitätsbewältigung geschaffen. Die Systembeteiligten leisten ihren Beitrag zur Schaffung von Ergebnissen sowie zur Lösung ihrer eigenen Probleme und sind grundsätzlich befähigt, zu befähigen. Die Gestaltungs- und Lenkungsfähigkeit ist über das gesamte System verteilt.

- **Definiere und löse Probleme auf!** Konflikte oder Probleme bieten Chancen. Diese zu erkennen, erfordert Offenheit und die Beschäftigung mit ungewohnten oder neuen Fragestellungen. Problembehandlung erfolgt darüber, indem die Natur des Systems und/oder seiner Umwelt so gestaltet wird, dass ein erkanntes Problem erst gar nicht produziert wird. Damit werden sie nicht auf Kosten anderer (Gewinn/Verlust-Situation), durch Kompromisse, durch Ignoranz oder Abwarten „gelöst“. Ebenso gehören nun Selbstkritik, Selbstevaluation und die Freiheit, sich mit ungewohnten, neuen Fragen auseinanderzusetzen, zum notwendigen Inventar.

- **Erhalte Flexibilität und Eigenschaften der Anpassung und Evolution!** Dazu gehört beispielsweise, die Verhaltensbreite des Systems mindestens zu erhalten oder zu vergrößern und die Fähigkeiten, zu lernen, aktiv und bewusst zu gestalten und zu lenken.

- **Strebe vom Überleben zu Lebensfähigkeit und letztlich nach Entwicklung!** Jede Organisation und Planung ist letztendlich darauf ausgerichtet, die Lebensfähigkeit zu erhalten, indem sie Entwicklung ermöglichende Rahmenbedingungen schafft. Besonders das schlecht Funktionieren oder Fehlen von ökonomischen, wissenschaftlichen (inkl. technologischen), psychischsozialen, ethischen und ästhetischen Faktoren und deren Interaktionen stellen Warnhinweise für fehlende Entwicklung dar.

- **Synchronisiere Entscheidungen und Handlungen im System mit zeitgerechtem Systemgeschehen!** Durch eine gewisse Systemsensibilität lassen sich die vernetzten und dadurch unklaren

Systembeziehungen und deren kritische Tendenzen und Eigenschaften besser durchschauen. Dazu gehört ebenfalls, zum passenden Zeitpunkt die Dinge auch „geschehen zu lassen“.

- **Halte die Prozesse im Gang – es gibt keine endgültigen Lösungen!** Und wenn es Lösungen gibt, dann sind diese alles andere als einfach einzuführen. Konflikte wie Fluktuationen sind nützlich und schaffen neue Perspektiven oder lernrelevante Problemstellungen. Experimente sind unterstützenswert und Fehler sogenannte Lerngeschenke.

- **Balanciere die Extreme!** Da Extreme systemzerstörend wirken, müssen die Gegensatzpaare Flexibilität und Rigidität, Wandel und Stabilität, Autonomie und Integration, Freiheit und Sicherheit,

Individualität und Kollektivität, Varietätserhöhung und -reduktion, Einzigartigkeit und Gleichheit, Lang- und Kurzfristziele ausbalanciert werden. Die Kunst besteht darin, zwischen neuen Perspektiven, Experimenten, Ideen, Einflussnahmen, Handlungen usw. und vergangenen und bestehenden Leistungen, Zielen, Traditionen, Erfahrungen, Simulationen ausgleichend zu wirken. Dabei ist die Geschichte eines Systems zu beachten und die Zukunft aus einer ideal gedachten Gegenwart heraus zu organisieren und zu entscheiden“ (Probst).

Zuständigkeiten der Steuergruppe

- „Beobachtung, Moderation und mitwirkende Organisation aller schulischen Entwicklungsprozesse;
- Durchführung von Bestandsaufnahmen (Stärken-Schwächen-Diagnose);
- Unterstützung der Schulleitung bei der Instrumentenentwicklung und der Steuerung der internen Evaluation;
- Begleitung, Koordination und Vernetzung einzelner Projekte;
- Unterstützung der Schulleitung beim Planen und Initiieren von Entwicklungsprozessen;
- Organisation von Feedbackkonferenzen (Bekanntgabe und Würdigung von Erfolgen);
- Ermittlung und Abstimmung des Bedarfs an Qualifizierungsmaßnahmen;
- Abstimmung von Maßnahmen zur Lehr-Lernentwicklung;
- Information der beteiligten Statusgruppen (Aufbau eines Informationsflusses)“ (Rahm & Schröck 2008, S. 46).

Systemisches Denken in „lernenden Organisationen“

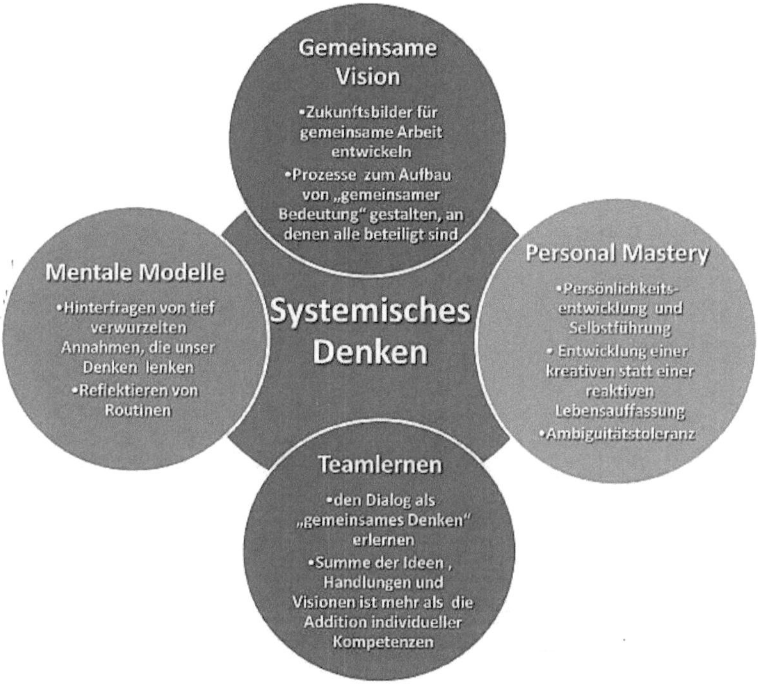

5 Disziplinen in lernenden Organisationen (P. Senge)